GALERIE

DES

PEINTRES CÉLÈBRES.

GALERIE

DES

PEINTRES CÉLÈBRES,

AVEC DES REMARQUES SUR LE GENRE DE CHAQUE MAITRE ;

Par C. LECARPENTIER, Peintre, Professeur de l'Académie des Arts de dessin et de peinture de Rouen , Membre de l'Académie royale des Sciences , Arts et Belles–Lettres , de la Société d'Émulation de la même ville , Correspondant de l'Athénée des Arts , de la Société philotechnique de Paris et de l'Académie de Caen , etc.

Quod pulchrum aspectu pictores pingere curant.
DUFRESNOY , *De arte graphicâ.*

TOME SECOND.

A PARIS ;

Chez TREUTTEL et WURTZ, libraires , rue de Bourbon , n°. 17 , faubourg Saint-Germain ;

A STRASBOURG ET A LONDRES ;

Même Maison de commerce.

1821.

GALERIE

DES

PEINTRES CÉLÈBRES.

LESUEUR (Eustache),

*Né à Paris en 1617 , mort dans la même ville
en 1658.*

LA courte apparition de *Lesueur* dans la carrière
de la peinture est un de ces phénomènes qui tiennent
du prodige et dont les annales des arts offrent très-peu
d'exemples.

Dès l'âge le plus tendre, *Lesueur* marqua par les
jeux de son enfance sa forte inclination et son penchant
naturel pour l'art de la peinture qu'il a tant honoré.
Il reçut presqu'en naissant le crayon de la main de
son père , qui était sculpteur ; mais celui-ci ayant
reconnu dans son fils un génie tout particulier pour
la peinture, se hâta de le placer chez *le Vouet*, qui
était alors le premier peintre de Paris.

Cette école célèbre formait déjà les *le Brun* , les
Mignard, les *de la Hyre*, les *Dufresnoy*, les *Testelin*,
et cette foule d'autres artistes habiles qui contribuèrent
à la gloire du dix-septième siècle si fameux dans
notre histoire ; ces hommes dont les talents conduisirent au temple de la gloire le char du monarque
qui mérita le nom de grand.

1

Lesueur parut au plus beau moment de ce règne glorieux, et que ne fit-il pas pour en augmenter la célébrité ?

Le jeune *Lesueur* se fit bientôt remarquer dans cet essaim nombreux, par son extrême facilité et le jugement solide qui devait diriger ses pensées pendant la courte durée de sa vie.

Sans vouloir suivre servilement la manière de son maître, il sut en conserver les grands principes et ce qu'elle avait de bon pour le mécanisme de l'art.

Bientôt il porta ses pensées vers l'étude de l'antique, et il saisit tout ce qu'il put trouver en France, soit en originaux, soit en figures moulées. Privé de voir l'Italie, il ne put former son goût sur les grands modèles qu'offre cette patrie des arts, mais il semblait en avoir deviné le style, et il a trouvé dans l'étude de la nature cette grandeur, cette beauté de forme, cette justesse de proportions qui rapprochent son dessin de la beauté des ouvrages de *Raphael* et des plus grands maîtres de cette école.

A l'aide de ses observations sur les chef-d'œuvres des anciens, la nature semblait s'agrandir à ses yeux, et il ne la peignit plus qu'avec les formes les plus belles et les plus nobles.

Il est à remarquer que *Lesueur* voulut dès le commencement de sa carrière prendre *Raphael* pour modèle, et s'il ne l'a pas égalé il en approcha si souvent, qu'il eût mérité le titre du *Raphael* de la France, si *le Poussin*, son illustre précurseur, ne l'eût obtenu avant lui ; semblable à *Raphael*, il parut destiné par la nature à retracer après plus de deux siècles la mémoire de ce premier peintre de l'univers. Comme

Raphael, sa physionomie fut douce et ses manières nobles et agréables. Leur destinée fut la même, et ils vécurent pendant le même nombre d'années. On les vit descendre au tombeau à peine au commencement de leur carrière, et à l'âge où la plupart des hommes célèbres acquièrent à peine quelque réputation.

Attachés dès leur première jeunesse aux principes des maîtres qui les avaient formés, ils les suivirent comme la règle principale de leur conduite. Ce qui se remarque dans *Raphael*, dont *le Perrugin* guida les premiers pas dans l'étude de la peinture, se réalise également dans *Lesueur*, quoique tous deux avec des nuances différentes.

On retrouve dans *Lesueur* des souvenirs et des traces remarquables du *Vouet*, son maître, dont il conserva soigneusement les grands principes d'effet et de grandiose. Ceux qui veulent se donner la peine d'observer avec attention ses tableaux y retrouvent souvent *le Vouet*, jusque dans ses ouvrages les plus parfaits.

Il avait retenu de son maître cette façon de peindre large, qui caractérise ses ouvrages par une touche franche, un coloris frais, joint à l'entente parfaite de la lumière et des ombres. Il avait appris du *Vouet* la belle manière de disposer ses plans, de varier ses groupes, qualités particulières et distinctives de ce peintre.

Lesueur, livré dès sa plus tendre enfance à l'étude du dessin et au mécanisme de la peinture, avait eu à peine le temps de se pénétrer des richesses de la poésie et de la sublimité de l'histoire ; mais la nature

y avait suppléé ; en lui formant un génie propre à
saisir avec rapidité ce qui eût coûté souvent tant de
peines et d'études à beaucoup d'autres hommes.

Très-jeune encore, *Lesueur* était déjà regardé
comme un des premiers peintres de son siècle. A
quel degré serait-il donc arrivé, si un travail continuel
et une étude trop assidue n'eussent épuisé ses forces
avant la maturité de l'âge ?

Lesueur, privé de visiter Rome, ne put, comme
je viens de le dire, former son goût sur les grands
modèles que possède ce sanctuaire des arts ; mais il
semble en avoir deviné le style noble et sévère. Les
belles estampes, qui sont les interprètes des grands
génies de l'école d'Italie, contribuèrent à former
son goût vers le beau, comme en avait usé *le Poussin*
dans sa jeunesse.

Voilà, sans doute, quels furent les moyens et les
seules ressources qui conduisirent *Lesueur* à ce degré
de perfection rare qu'il ne devait qu'à ses observations.

Où trouver en effet des pensées plus sages, des
expressions plus justes et plus nobles que dans les
tableaux de *Lesueur*, qui offrent je ne sais quel
air de virginité et de pureté du style caractéristique,
de la douceur et de la noble simplicité de cet artiste.

On y découvre toute la fraîcheur de l'aurore de
l'âge, jointe à de très-grands talents qui n'appartiennent qu'à la maturité de longues années. C'est, je
crois, le jugement qu'en porterait tout étranger observateur qui n'aurait pas eu la tradition de la courte
existence de ce grand peintre.

Par une prédestination toute particulière de la
nature, elle lui créa un génie facile, un sens droit,

qui le faisaient opérer sans peine et sans effort d'imagination.

Ses pensées toujours grandes, toujours sublimes, se présentent d'elles-mêmes, et n'offrent que peu d'exemples dans l'histoire de l'art. La seule ressemblance qui se puisse observer, c'est celle qui le rapproche de *Raphael*, qu'il avait pris pour modèle, ou seulement par une inspiration qui l'avait conduit sur les traces de ce grand peintre.

De tous les ouvrages de *Lesueur*, celui qui contribua le plus à sa réputation fut la longue suite des tableaux de la vie de Saint-Bruno, qu'il peignit dans le petit cloître de la Chartreuse de Paris. Rien n'offre en même temps un style plus noble et plus simple que cette belle collection qui forme un espèce de poëme en peinture, où le sublime se trouve réuni à la plus belle facilité d'exécution.

Il semble que *Lesueur* ait pris plaisir à peindre avec délices ce fameux ouvrage qu'il ne regardait, disait-il modestement, que comme les esquisses de tableaux d'une plus grande dimension.

Toutes les pensées de ce bel ensemble sont marquées du sceau d'un jugement solide et du meilleur goût ; elles excitent dans l'ame du spectateur une sorte de mélancolie mêlée d'admiration. L'effet en était bien plus surprenant sur-tout, lorsqu'elles étaient placées dans cet asyle de la paix et du silence perpétuel. L'artiste, l'observateur ne pouvaient s'arracher de cette solitude, où le pinceau de *Lesueur* avait si bien retracé l'image de la vie religieuse et solitaire.

Il serait trop long d'entrer dans tous les détails de ces tableaux, dont chacun mériterait une dissertation étendue, pour faire connaître à quel degré *Lesueur* possédait l'art difficile de la composition, ainsi que la belle manière de rendre ses idées nobles et pleines de sagesse.

C'est sur-tout dans le cloître des chartreux que se réalise la ressemblance de la touche de *Lesueur* avec celle du *Vouet*, son maître. L'artiste y découvre aisément la source de facilité avec laquelle ces tableaux sont exécutés.

On y trouve réunies, par un heureux accord, toutes les parties de la peinture : correction de dessin, expressions vraies et naturelles, étonnante fidélité dans la représentation des costumes religieux, la pureté et les belles proportions de l'architecture ; beaux fonds de paysages peints avec toute la franchise possible. *Lesueur* s'est aussi montré le plus scrupuleux observateur des lois immuables de la perspective. On n'apprendra pas sans étonnement qu'un aussi grand ouvrage ait été terminé en moins de trois années.

Heureux les artistes qui ont eu le bonheur de voir ce beau monument de l'art dans son état primitif, et tel que *Lesueur* l'avait exécuté dans le cloître des chartreux qui était souvent fréquenté par les élèves studieux de la capitale. Il est bien peu de peintres de notre école qui n'en ayent copié plusieurs morceaux.

Je ne puis cesser de parler du cloître des chartreux sans reporter mes pensées vers le dernier de ses tableaux, qui représente la mort de Saint-Bruno, par un effet de nuit. Comme tout y est sagement placé, avec quel ordre il a su disposer ses plans ! Quelle noble simplicité dans tous les personnages, et comme *Lesueur* a donné à chacun d'eux le véritable caractère qui leur est propre , et quelle vérité dans l'effet de la lumière !

Arrêtons - nous avec une admiration silencieuse devant ce tableau , regardé comme le chef-d'œuvre de cette galerie. Le peintre s'est surpassé lui-même , en représentant le fondateur de cet ordre antique , expirant , entouré de ses religieux , dont les visages et les attitudes expriment au suprême degré les différents caractères de la douleur.

Lesueur a eu l'art d'y rendre jusqu'à l'extrême stupeur, cette insensibilité totale et cette abnégation de toute pensée ; c'est ainsi que ce grand peintre , en observateur habile , a trouvé la science de graduer les divers mouvements de ce pénible sentiment qui afflige l'ame.

A peine *Lesueur* eut-il terminé ce grand ouvrage , qu'il fut chargé , en l'année 1649 , du tableau du Mai (1), lequel acheva de mettre le sceau à sa réputation. Ce tableau destiné pour la cathédrale de Paris représente Saint-Paul prêchant à Ephèse. Chacune des parties qui contribuent à la perfection de ce bel ouvrage , lui eût mérité des autels chez les peuples de l'antiquité. Que de beautés réunies dans cette magnifique conception , où il s'est montré plus que jamais l'émule de *Raphael* !

En fut-il un plus bel éloge que le témoignage du

______

(1) La communauté des orfévres de Paris était dans l'usage d'offrir chaque année, au premier de Mai , un tableau votif à la Sainte Vierge ; souvent cet ouvrage , confié à un jeune peintre , faisait ordinairement sa réputation. C'est ainsi que cette basilique a été décorée d'un grand nombre de tableaux qu'on y voit aujourd'hui.

savant et judicieux *Félibien*, cet habile appréciateur des grands talents !

Citons ses propres paroles : » La disposition , » dit-il , de ce tableau est grande et noble , les attitudes » aisées et naturelles , les airs de têtes bien variés et » pleins de majesté , les draperies simples , mais bien » disposées en plis larges et de belles formes. La lu- » mière est si judicieusement répandue sur toutes les » parties de ce tableau , qu'il n'y a aucune confusion. » Saint-Paul , la principale figure , y est peint avec » cet air de majesté et plein de ce zèle divin dont » il était rempli.

» On remarque parmi les groupes admirables de » ce tableau , un homme occupé à écrire avec soin » les paroles de l'apôtre , et un autre qui paraît les » lui expliquer «.

Tel est le jugement qu'en porte cet illustre écrivain. Il est vrai de dire que la prédication de Saint-Paul est un de ces tableaux qui , semblables à ceux de *Raphael* et du *Poussin* , sont faits pour fixer particulièrement l'attention des gens d'esprit et des vrais connaisseurs , par la justesse et la grandeur des pensées.

Ce chef-d'œuvre fut suivi des peintures qu'il exécuta dans l'hôtel du président Lambert , en l'île Notre-Dame. *Lesueur* qui était doué d'un talent naturel pour tous les genres de la peinture , prouva par ces nouvelles conceptions d'un tout autre style , que son pinceau savait sacrifier aux grâces , et comme il s'était pénétré dans la suite des richesses de la poësie et de la fable. Ce fut dans le salon de l'amour qu'il fit briller tous les charmes de la peinture , ainsi que dans celui des bains.

Mais il sembla vouloir épuiser toutes les ressources de son génie dans le cabinet des muses.

C'est là qu'on le trouve si semblable au *Poussin*, lorsque ce grand homme composait ses gracieux tableaux du poëme d'Adonis, sous la dictée du cavalier Marin, à mesure que ce poëte célèbre s'abandonnait à l'essor de sa verve abondante. C'est dans les lambris et les plafonds de cet asile des arts qu'il faut admirer le génie sublime de *Lesueur*. C'est là que semblable à *Raphael*, il se montre avec ce style grandiose et ces pensées poëtiques qui le rapprochent de ce premier peintre du monde.

Tout ce que la peinture peut offrir de charmes se trouve réuni dans ces jolis tableaux, dont la plupart ont été dispersés, quelques-uns échappés aux fureurs du vandalisme et à la sottise de l'ignorance ont été placés dans la superbe galerie du Louvre avec les productions du *Poussin*, de *Bourdon*, de *le Brun* et des premiers peintres de l'école française.

Les ouvrages que *Lesueur* entreprit en 1651 pour le président Turgot, ne contribuèrent pas moins à sa gloire, que les deux grands tableaux de la vie de Saint-Martin, pour l'abbaye de Marmoutier-lez-Tours.

On croira difficilement que dans la courte durée de la vie de cet habile homme, il ait pu suffire à tous les ouvrages qu'il a exécutés.

N'oublions pas le superbe Christ et la Madeleine qu'il peignit pour l'église des capucins de la rue Saint-Honoré.

Qui n'a pas connu, au moins par la gravure du célèbre *Gérard Audran*, le beau tableau du Martyre de Saint-Laurent qui était placé dans l'église de

Saint-Germain-l'Auxerrois, et que les marguilliers de cette paroisse vendirent à je ne sais quelle cour étrangère (1).

Lesueur termina sa carrière par les deux grands et magnifiques tableaux de la vie de Saint-Gervais et de Saint-Protais, qui ont été exécutés en tapisserie pour la paroisse de ce nom. Sa santé qui dépérissait chaque jour ne lui permit pas de mettre la dernière main au second de ces tableaux, qui fut terminé par ses frères, par *Goulais*, son beau-frère, et *Colombel*, de Rouen, son élève.

Le premier de ces tableaux qui représente Saint-Gervais et Saint-Protais conduits devant le proconsul, est aujourd'hui placé au musée du Louvre ; ils ont été gravés tous deux, ainsi que la presque totalité de l'œuvre de cet habile peintre.

Que de preuves éclatantes du mérite de *Lesueur*, qui, dans la durée d'une très-courte existence, traversa cependant une longue carrière, si l'on en juge par l'excellence et le nombre de ses productions.

Que de perfections réunies dans les ouvrages de ce peintre, qui rappellent la noblesse de *Raphael*, les formes grandes et savantes d'*Annibal Carrache*, les expressions simples et vraies du *Dominiquin*, la sagesse et le jugement sûr du *Poussin* ! Il ne manquait plus à *Lesueur* que le coloris et l'entente parfaite du clair obscur de l'école vénitienne.

Mais peut-on cesser de parler de *Lesueur* sans se reporter en idée dans ce cloître dont quelques ruines

______

(1) Ils employèrent le prix de la vente pour faire clorre l'entrée du chœur par une barrière de fer poli.

éparses attestent à peine aujourd'hui l'existence. Pénétrons dans ces murs détruits, où le génie de ce grand peintre avait produit tant de merveilles à l'âge de 28 ans.

Rappelons-nous comment *Lesueur* était parvenu, dans ce séjour silencieux, à varier avec autant de justesse que de discernement les événements divers de la vie du fondateur des chartreux.

En vain chercherions-nous à travers les ruines amoncelées la cellule qui fut témoin des derniers moments de la vie de cet habile peintre, qui avait choisi cet asile de paix, où il cessa de vivre, l'objet des soins et du zèle de ces pieux cénobites qui, pendant sa dernière maladie, lui donnèrent les consolations de la religion et l'assistèrent jusqu'au moment où sa belle ame quitta sa dépouille mortelle pour voler à l'immortalité.

Son extrême passion pour son art, le désir de la gloire, une application trop assidue pour arriver à la perfection, lui avaient fait faire de si grands efforts, qu'il épuisa bientôt une santé trop faible pour suffire à tant de travaux qui lui causèrent enfin la mort à l'âge de 38 ans.

LE BRUN (Charles),

*Né à Paris en 1619, mort dans la même ville
en 1690.*

Le peintre des batailles d'Alexandre , *le Brun*, l'honneur de l'école française, qui le premier conçut l'idée de réunir en un faisceau de lumières les plus célèbres artistes de son siècle ; *le Brun* , qui inspira au chancelier Seguier la noble pensée de former l'établissement de l'académie royale de peinture , sculpture et gravure (1), doit occuper une des premières places dans les fastes de la peinture.

Le Brun est un des plus beaux génies qui aient paru ; et il n'y a peut-être pas d'exemple de talents aussi précoces dans les arts. *Le Brun* n'eut point d'enfance , et la nature , en le créant , voulut douer ce grand homme des plus brillantes qualités. Il fut habile dès qu'il eut la force de penser, et son génie élevé le conduisit toujours à une plus grande perfection.

Dès l'âge de douze ans il peignit le portrait de son aïeul , et à quatorze il produisit un grand tableau (2) représentant Hercule assommant les chevaux de Diomède.

Le Poussin prédit alors que l'auteur serait un des plus grands peintres du siècle , et la prophétie s'accomplit.

---

(1) Il en fut nommé le premier directeur.

(2) Ce tableau était dans la collection du Palais royal.

Le Brun avait à peine onze ans lorsqu'il fut confié aux savantes leçons du *Vouet*, et sous cet habile maître il devint un des meilleurs élèves de cette fameuse école où se formèrent les plus grands peintres du dix-septième siècle.

L'Italie acheva de le perfectionner, et ce fut aux leçons du *Poussin*, à Rome, qu'il dut ses rares talents.

Son retour en France fut marqué par des prodiges, il semblait destiné pour éterniser les grands événements de la vie du monarque, qui s'opéraient sous ses yeux et qui devaient faire l'étonnement de l'Europe entière.

Aussi grand peintre que bon historien, *le Brun* sut faire un heureux emploi de ses connaissances littéraires. Ses observations sur le cœur humain, ses recherches sur le costume des divers peuples anciens, et son génie, qui embrassait tout à la fois, lui ont mérité le titre de l'Homère et du Quinte-Curce de la peinture.

En examinant avec attention les productions de *le Brun*, on s'aperçoit aisément qu'un penchant naturel l'entraîna vers les ouvrages d'*Annibal Carrache*, malgré son admiration pour l'école italienne. On retrouve dans son style de dessin, dans le grandiose de ses compositions, le genre distinctif d'*Annibal Carrache* ; peut-être pourrait-on reprocher à *le Brun* d'avoir préféré l'étude des *Carraches* à un examen plus réfléchi de l'antique.

Pour se faire une idée générale de ses talents et de son génie, il faut observer que les compositions de *le Brun* sont vastes, abondantes et remplies d'érudition ; que ses expressions sont fortes et sublimes ; ses attitudes imposantes ; son dessin d'un goût mâle, malgré ses proportions un peu courtes. Son coloris est vigoureux ; mais tirant peut-être sur le rouge, habitude qu'il s'était faite dans l'école qui l'avait formé, et qu'une étude plus réfléchie de l'école vénitienne aurait pu réparer. Quel exemple plus frappant de son étonnante ressemblance avec *Annibal Carrache*, que dans son beau tableau (1) du Martyre de Saint-Etienne, l'un des premiers chef-d'œuvres du dix-septième siècle, ouvrage plein de force, de verve, de grand style de dessin et d'expression, qui seul eût suffi pour conduire son auteur à l'immortalité.

Louis XIV fut si pénétré de toutes les connaissances de *le Brun*, qu'il voulut lui faire exercer une sorte de magistrature dans les arts, qui s'étendît à tous les travaux qui se faisaient pour le Roi ; peinture, sculpture, architecture, gravure, ciselure, décorations de théatres, ordonnances de fêtes, tout jusqu'aux broderies des habits du Roi, porta l'empreinte de son génie.

Il faut dire à la louange de *le Brun* qu'on ne le vit jamais se servir de cette extrême faveur du monarque que pour faire briller le talent des autres, et découvrir l'artiste modeste qui craignait de paraître au grand jour. L'ouvrier habile, mais que le besoin de sa nombreuse famille forçait à des ouvrages au-dessous de son talent, était occupé avec avantage par *le Brun* qui lui fournissait les occasions de se distinguer.

C'est ainsi qu'il parvint à fixer dans sa patrie le fameux peintre *de la Fosse* (2) qui, sollicité par les offres du Roi

---

(1) Ce tableau, placé à la cathédrale de Paris, a été supérieurement gravé par *Gérard Audran.*

(2) Ce peintre avait déjà peint en Angleterre plusieurs plafonds.

d'Angleterre, allait porter ses grands talents à Londres. *Le Brun* le désigne au Roi comme le seul peintre de la France dont la vaste exécution puisse décorer le dôme des invalides, chef-d'œuvre d'architecture que venait de terminer *Mansard.*

Le même zèle à faire briller les artistes habiles le porte à présenter *Jouvenet* à Louis XIV, qui lui ordonne de peindre à fresque les douze Apôtres de forme colossale qui décorent le pourtour de ce fameux dôme unique en France. On sait de quelle manière et avec quelle supériorité notre illustre compatriote s'acquitta de ce travail immense qui mit le sceau à sa réputation.

Le Brun ne se contente pas de faire briller les peintres français, il va chercher à Bruxelles le peintre de batailles *Vander Meulen* pour l'engager à venir s'établir à Paris. Il est aussi-tôt présenté au Roi qui lui accorde une pension avec le titre de son peintre de batailles, et dès-lors le pinceau de *Vander Meulen* ne fut employé qu'à immortaliser les victoires de Louis XIV avec la même rapidité que ce prince mettait à les remporter. Témoin oculaire de ces grands événements, les productions de *Vander Meulen* sont devenues l'histoire vivante du héros qui l'inspira.

Le Brun, favorisé de la plus haute protection du Roi, honoré de tous les grands du royaume, estimé de tous les savants et de tous les gens de goût, *le Brun* pouvait-il échapper aux traits de la calomnie. La jalousie et l'envie, compagnes fidelles de la médiocrité qui ne pouvait l'atteindre, ne cessaient de déclamer contre son cœur et ses qualités personnelles. Ses ennemis lui supposèrent un crime envers l'un de ses confrères et l'un de ses compagnons d'étude. La pensée d'avoir voulu faire gâter quelques tableaux du cloître des chartreux, de *Lesueur*, pouvait-elle entrer dans sa belle ame ; elle est totalement dénuée de fondement pour l'observateur impartial. Eh ! quel tort cela pouvait-il faire à *Lesueur* que la renommée avait déjà placé au premier rang de la peinture ? C'est en vain que les ennemis de *le Brun* se sont efforcés de le rendre coupable d'une aussi lâche jalousie, accréditée même de nos jours par l'ignorance toujours disposée à croire et à répéter les bruits les plus mensongers.

Sans vouloir entrer dans le détail immense des travaux de *le Brun*, je ne puis me dispenser de reporter l'attention vers les principaux chef-d'œuvres qui l'ont immortalisé. Pourrais-je passer sous silence la grande galerie de Versailles, ce poëme épique en peinture, où, avec le secours de l'ingénieuse allégorie, *le Brun* a tracé avec enthousiasme la vie entière du monarque dont le règne forme une des grandes époques de notre histoire ?

Qui n'a pas admiré les magnifiques plafonds du château de Sceaux, ainsi que ceux du séminaire de Saint-Sulpice, que les amis des arts ont à regretter par la démolition de cet antique établissement ! Puis-je oublier les grandes batailles d'Alexandre (1), ces conceptions les plus étonnantes du génie, qui lui eussent mérité des autels dans la savante antiquité ? Mais où *le Brun* a-t-il fait paraître plus de connaissance du cœur humain et des diverses passions qui l'agitent, que dans son beau tableau de la Tente de Darius, lorsqu'Alexandre accompagné du seul Ephestion vient

____

(1) On sait qu'elles ont été gravées en autant de chef-d'œuvres par *Gérard Audran.*

visiter

visiter le lendemain de la bataille d'Arbelles la famille en pleurs de ce roi vaincu ?

Avec quelle vérité il a su peindre les différents caractères de têtes , varier les attitudes , exprimer les diverses émotions de l'ame , suivant l'âge et la condition des personnages introduits dans ce tableau , lequel doit être regardé comme un des plus beaux qu'il ait faits et l'un des plus célèbres trophées de l'école française. Ce grand ouvrage lui inspira l'idée de faire un traité complet des passions , qui , dans la suite , est devenu d'une utilité générale.

Mais où cet habile peintre s'est-il encore montré plus sublime dans l'art de rendre la douleur , le repentir , la sensibilité d'une belle femme , que dans son tableau de la Madeleine des carmélites de Paris , tableau qu'on ne pouvait se lasser d'admirer , et que les étrangers ont toujours regardé comme une des merveilles de la capitale ? Quelle expression noble et pathétique de la belle pénitente ! Comme les draperies sont jetées et disposées avec art , avec goût ! Quelle douce harmonie et quels plus beaux effets du tout ensemble que dans ce chef-d'œuvre de peinture immortalisé une seconde fois par le savant burin de *Gérard Edelinck* qui en a fait un miracle de gravure , lequel sera précieusement conservé tant que l'amour des arts restera dans la pensée des hommes !

En célébrant les talents d'un des plus grands peintres de la France , j'ai voulu ne m'occuper que de ses principales productions ; car on ne peut faire un pas dans Paris et Versailles sans retrouver des traces de son génie.

Le Brun eut une influence considérable sur le goût

qui régna de son temps dans l'école française ; mais il faut convenir que l'ascendant de son génie suffisait pour lui donner cette influence, et qu'il n'en profita que pour la gloire de son siècle et pour faire briller les grands talents.

Non content d'avoir formé l'académie de peinture à Paris, *le Brun* voulut profiter de la faveur du Roi pour fonder à Rome un nouveau monument à la gloire et à la prospérité de l'école française. L'académie de France, en cette capitale des arts, fut établie en 1665.

Fallait-il après tant de gloire, tant de services rendus aux arts, éprouver les chagrins qui devaient accabler cet étonnant génie. La faveur met au-dessus de ses égaux, et la chute met toujours au-dessous, a dit la Bruyère. *Le Brun* offre un grand exemple de cette terrible vérité : sous le ministère de Colbert, il ne manquait à sa fortune et à sa gloire que le titre de souverain des arts ; sous celui de Louvois, il fut disgracié et abandonné des courtisans.

La philosophie qui aide à supporter les revers, ne vint point à son secours, et il succomba sous le poids de sa grandeur passée.

Louis XIV continua toujours de faire à *le Brun* un accueil marqué et des plus obligeants, et il vantait plus que jamais ses productions. Sur ce qu'on disait au Roi, devant *le Brun*, que les beaux tableaux semblaient acquérir un plus grand prix après la mort de leurs auteurs, » Quoiqu'on en dise, dit Louis XIV en » se retournant du côté de *le Brun*, ne vous pressez » pas de mourir, je vous estime autant à présent que » pourrait faire la postérité «. Paroles pleines de bonté de la part du monarque, pour l'homme dont il avait su apprécier le mérite.

Le Brun avait l'ame grande, beaucoup de probité et de noblesse dans les sentiments, l'esprit vif, universel ; il fut lié avec tous les savants et les écrivains du premier ordre ; Corneille, Molière, Despréaux, Racine, Fénélon et plusieurs autres grands hommes vécurent avec lui dans la plus intime liaison. Sa figure égalait ses manières, sa physionomie ouverte annonçait un caractère aussi bon qu'aimable, et on doit dire à sa gloire que, du côté de l'invention, il a égalé par la beauté, par la fécondité de son génie, les plus grands compositeurs qui l'avaient précédé.

J'ai cherché à donner une juste idée des grandes qualités de *le Brun*, de ses talents supérieurs, et à le venger de ses vils détracteurs.

Dire que les premiers graveurs de son siècle se sont empressés de graver presque tous ses tableaux, c'est faire l'éloge du beau génie qui les inspirait, et du bon goût de ceux qui s'en étaient pénétrés.

Les tableaux de *le Brun* sont si connus, et sa manière de peindre, large et fondue, est tellement à lui, que j'ai cru inutile d'entrer dans de plus longs détails.

VAN SWANEVELT,

Dit Herman d'Italie.

L'Italie réclame *Van Swanevelt* comme un de ses meilleurs paysagistes. Quoique né en Hollande, c'est à l'Italie, si fertile en grands hommes, qu'il doit les talents supérieurs qui ont rendu son nom célèbre dans les annales des arts.

C'est aussi à juste titre que la Hollande revendique *Swanevelt* au nombre de ses meilleurs peintres, puisqu'elle lui donna le jour et qu'il y reçut les premiers principes de son art de *Gérard Douw*, l'un des maîtres les plus renommés de l'école hollandaise. Soit qu'un penchant naturel ait entraîné *Swanevelt* vers l'étude du paysage, soit qu'il se crût peu propre au genre précieux de son maître, il le quitta pour s'adonner au paysage qu'il a traité avec le plus grand succès.

Le désir de voir l'Italie, si naturel aux peintres, et fort à la mode dans ce temps-là, le conduisit encore très-jeune à Rome, où il arriva au moment même où *Claude Lorrain* y jouissait de la réputation du plus grand paysagiste de l'univers.

Swanevelt s'empressa de faire connaissance avec cet habile peintre; il devint par la suite un de ses meilleurs élèves et son ami particulier. *Swanevelt* profita tellement des conseils du *Lorrain*, qu'en très-peu de temps il approcha de ce grand maître; et s'il ne l'a pas égalé dans toutes les parties de son art, il l'a peut-être surpassé dans quelques autres. Si ses fabriques ont moins de grandeur que celles du *Lorrain*, *Swanevelt* est souvent au-dessus de celui-ci par la fraîcheur de son coloris, la franchise de sa touche, et la manière fine et spirituelle avec laquelle il dessinait ses figures.

Herman Swanevelt passa presque toute sa vie à Rome, toujours occupé à dessiner et à peindre les plus beaux restes de l'antiquité et les différents points de vue de l'Italie, où tout présente un aspect délicieux.

La société des peintres flamands et hollandais établie à Rome l'ayant découvert, ne manqua pas de vouloir s'associer ce nouveau compatriote, auquel, suivant l'usage, on donna le sobriquet d'*Hermite*, à cause de son grand amour pour la solitude; mais *Herman*, loin de se plaire dans cette association dont Bacchus faisait les honneurs, parut préférer toujours l'étude de son art, aux plaisirs de ses joyeux compagnons.

On sait que *Swanevelt* a possédé au premier degré l'art de rendre la nature avec cette naïveté et ce charme qui plaisent tant aux véritables amis des arts. Aussi le trouvait-on toujours seul, dessinant dans les campagnes ou dans les lieux les plus retirés.

Semblable au chevreuil, tantôt *Swanevelt* gravissait les monts les plus escarpés, tantôt au fond des vallées il était au bord des rivières à observer le calme et la transparence de l'onde pure, ou à saisir les grands effets des torrents qui s'échappent avec fracas à travers les masses de rochers qui veulent en vain les arrêter dans leur chute bruyante.

C'est dans la solitude des forêts, dont le calme et le silence invitent à la méditation, que *Swanevelt* a saisi avec tant de vérité la forme différente des arbres, et la couleur de chaque espèce en particulier. Il est vrai de dire que très-peu de paysagistes sont parvenus à varier autant que ce maître le feuiller différent des arbres, et à éviter cette monotonie si désagréable dans les arts.

Les tableaux que *Swanevelt* s'est plu à peindre plus particulièrement représentent des lieux sauvages, mais qu'il avait l'art d'embellir par quelque trait de la fable ou de l'histoire, et dans lesquels il a su répandre un certain charme qui lui est propre et qui enchante.

A la vue des tableaux d'*Herman*, on se sent plongé dans une douce rêverie qui fait les délices de l'ame sensible; mais s'est sur-tout lorsqu'il a peint le coucher du soleil qu'il s'est surpassé et qu'il a le plus approché du *Lorrain* dont le talent inimitable rivalise si fort avec la nature, que l'œil peut à peine en soutenir tout l'éclat.

On retrouve dans les tableaux d'*Herman*, comme dans ceux du *Lorrain* cette vapeur chaude qui enveloppe les fonds d'une manière mystérieuse, qui présente souvent plus à l'imagination que le peintre n'a eu l'intention de le faire.

Cet habile paysagiste donne toujours la touche et la couleur propres à chaque objet. Ses terrasses, riches et de belles formes, sont embellies de diverses plantes qu'il a rendues avec la plus exacte vérité. Accoutumé à saisir la nature sur le fait, jamais *Swanevelt* ne peignit rien de manière, et tout dans ses tableaux retrace l'image la plus parfaite de cet invariable modèle.

Peut-être *Swanevelt* n'a-t-il pas mis dans ses productions la chaleur, la force et la grande magie de *Claude Lorrain*; mais ses couleurs ont mieux conservé ce ton de virginité qui ne sent point la fatigue et la peine que l'on remarque dans ceux du *Lorrain*, lequel n'est parvenu à obtenir la grande harmonie qui fait le caractère particulier de ses tableaux , qu'à force d'avoir repassé sur ses couleurs.

Il est peu de peintres qui aient rendu avec moins de crudité la belle verdure des prés , la pureté du ciel et le miroir transparent des eaux où tous les objets viennent se répéter si naturellement.

La forme de ses arbres est grande et noble ; il paraît sur-tout avoir adopté les chênes , dont les longs bras étendus vers la terre présentent à l'œil de belles masses d'un effet très-pittoresque. Avec quelle vérité il savait aussi rendre l'écorce des vieux arbres entourés de lierre , ou couverts d'autres plantes parasites.

En examinant avec attention les tableaux de *Swanevelt* , on dirait presque quelle heure du jour il a eu l'intention de représenter. Peint-il l'aube matinale ? On se sent rafraîchi par cette vapeur bleuâtre et légère qui précède le lever du soleil. Les dernières traces de l'aurore s'échappent en nuages de roses, et vont se dissiper et se fondre à travers les montagnes, dont on découvre à peine les moins éloignées. La terre ne brille point de cette richesse , de cette variété de tons et de ce beau vert qui vont bientôt la parer ; le calme de la nuit semble régner encore. *Swanevelt* , auquel l'amour de son art ne laisse aucun repos , est déjà debout , la palette à la main , presque seul au milieu du silence de la nature.

Son talent va faire succéder un autre tableau à celui-ci. Le soleil se dégage radieux au milieu des vapeurs qui l'enveloppent. Tout va s'animer par le mouvement des hommes et des animaux. L'herbe couverte des pleurs de l'aurore est déjà froissée par les premières traces de leurs pas. Les travaux recommencent de tous côtés ; les bœufs aiguillonnés par le diligent laboureur arrivent lentement à la charrue, et vont ouvrir. le sein de la terre.

Les ardeurs du soleil ne peuvent arrêter le laborieux *Swanevelt* ; un tableau plus brillant va bientôt succéder à celui du matin. *Herman* reprend ses pinceaux ; le ciel se peint du plus bel azur, où se promènent majestueusement des nuages aussi blancs que la neige.

Le soleil suspendu sur la terre répand de tous côtés sa lumière éblouissante. Une vive oscillation semble agiter toute la nature ; la chaleur du midi force le voyageur à se dérober aux ardeurs de cet astre brûlant. Le pâtre conduit ses troupeaux haletants dans le fond des vallées , ils se répandent au bord des rivières , ou vont chercher le frais à l'ombre des arbres les plus touffus , ou dans le creux des rochers. Tout-à-coup un silence profond succède aux cris bruyants des habitants de la campagne ; tout ce qui respire se livre à un repos momentané. Mais bientôt un air plus vif commence à rafraîchir la terre ; le laboureur étend les bras , se réveille ; les travaux recommencent de toutes parts ; les troupeaux reviennent en foule sur les pâturages. Les arbres légèrement agités produisent un doux frémissement. Le voyageur rafraîchi pique sa monture et s'empresse de continuer sa route.

Le soleil a déjà parcouru une grande partie de sa course , une vapeur rougeâtre se forme vers l'horizon. Quelques nuages légers bordés de couleur de feu annoncent le prochain coucher de cet astre , qui devient encore plus radieux.

L'œil ne peut plus soutenir l'éclat de ses rayons éblouissants ; l'air paraît tout en feu ; quel beau moment pour le paysagiste ! Toute la nature est parée d'émeraudes , et de toutes les richesses de la couleur. Un grand monument , un groupe d'arbres touffus dérobent à l'œil ce globe étincelant ; mais on aperçoit encore une partie de son disque doré. Il va reparaître à peine un moment resplendissant de lumière , et le jour va finir. Il se plonge peu à peu au sein des eaux ; quelques nuages légers et violâtres traversent l'horizon qui n'offre bientôt plus qu'un léger crépuscule.

Les troupeaux retournent à l'étable ; l'air paraît frappé de leurs mugissements ; on croit entendre au loin les chants mélancoliques du soir , et les sons mesurés de la cloche du temple.

Mais quel spectacle nouveau , quel calme succède à l'éclat et au bruit du jour ?

Un disque pâle s'élève derrière les montagnes ; c'est Diane qui , fatiguée d'avoir poursuivi les timides habitants des bois , va parcourir la voûte céleste dans son char d'argent. Un nouveau tableau se présente au génie du peintre. La chaste déesse s'avance en tremblant vers le mont fortuné où respire son cher Endymion ; enveloppée dans un nuage obscur , elle se dérobe à tous les regards pour lui donner un furtif baiser. Un léger souffle réveille le jeune Endymion et lui annonce l'approche de sa timide amante ; mais l'ordre imperturbable de la nature ne peut plus être interrompu. Forcée d'abandonner l'objet de sa flamme pour continuer sa course, dégagée des nuages qui la couvraient, sa lumière reparaît plus brillante et se peint dans les eaux en sillons frémissants ; sa clarté guide le voyageur surpris par la nuit. Les monuments, les arbres ne présentent plus que de grandes masses d'ombres dont on aperçoit à peine quelques détails.

Telle est l'impression que laisse dans l'ame la vue des tableaux de *Swanevelt*. Cette faible description est encore loin de donner une idée de sa belle façon de peindre, simple et facile.

Au grand talent de la peinture, *Herman d'Italie* joignit celui de graver à l'eau-forte avec une rare perfection. Son œuvre des plus considérables et très-recherché des artistes, se trouve dans les porte-feuilles de tous les curieux. On admire dans ses gravures une pointe légère, savante et moelleuse, qui rend toute la couleur, la vapeur et l'effet de ses tableaux. Ce sont souvent des vues de Rome et de ses environs, ornées de monuments antiques, de fabriques très-pittoresques ; des vallées à perte de vue, traversées par des rivières, près desquelles s'élèvent des rochers escarpés d'où l'onde jaillit et s'échappe en cascades écumantes : tantôt, ce sont des forêts sombres où règnent le calme et la fraîcheur.

Ses gravures ainsi que ses tableaux, sont enrichis de jolies figures qu'il dessinait avec beaucoup plus de goût que *le Lorrain*, avantage qu'il avait sur son maître, lequel emprunta souvent le pinceau d'*Herman* pour orner ses tableaux.

Herman Swanevelt vint passer quelque temps en France, où Louis XIII voulut le fixer ; mais il préféra retourner en Italie , sa patrie de prédilection. Il a terminé ses jours avec la réputation d'un des premiers paysagistes. Il fut un des amis du *Poussin* qui en faisait le plus grand cas.

Son véritable nom est *Van Swanevelt* , ou, selon d'autres , *Swanefelt* ; mais il est plus généralement connu dans l'histoire des arts sous celui d'*Herman d'Italie* , à cause du long séjour qu'il a fait dans cette ontrée.

Quand on ne peut posséder un *Claude Lorrain* , on est trop heureux de s'en consoler avec les tableaux d'*Herman d'Italie* , digne élève de ce grand maître ; il est le seul qui puisse se placer à côté de lui , et en soutenir le voisinage.

On trouve des tableaux d'*Herman d'Italie* dans les meilleures collections de l'Europe. On en voit au musée du Louvre et dans les galeries du Luxembourg.

Il en existe un très-beau à Rouen , et de son meilleur faire , dans la collection d'un amateur distingué (1) , dont le sujet est un coucher du soleil par un beau jour d'été , orné de figures et d'animaux du meilleur goût.

---

(1) M. Chapais.

L'auteur de cet ouvrage en possède aussi un autre de forme ovale , très-beau et très-bien conservé.

WOUWERMANS (Philippe),

Né à Harlem en 1620 , mort en 1668.

QUI croira jamais que *Wouwermans*, un des peintres les plus gracieux et des plus habiles de la Hollande , ait passé sa vie dans l'obscurité , et n'ait retiré qu'un médiocre profit du plus beau talent pour son art. Cet artiste modeste et timide suffisait à peine à l'entretien de sa famille , tandis que ses tableaux enchanteurs , transportés dans les foires de l'Allemagne et de l'Europe , y étaient achetés à grand prix.

Wouwermans offre peut-être l'exemple le plus frappant des bizarreries de la fortune. Sans ambition comme sans intrigue , attaché au sol qui le vit naître , il ne quitta jamais la ville d'Harlem , sa patrie , qui reçut aussi sa cendre , à peine à l'âge de 48 ans.

La timidité naturelle de *Wouwermans* l'empêcha de se produire au grand jour , et lui seul ignorait son véritable mérite. Les marchands de tableaux pour lesquels il travaillait , l'entretenaient dans une espèce d'oubli de lui-même , et l'infortuné *Wouwermans* se trouvait encore trop heureux d'abandonner presque pour rien le fruit de ses études et de ses veilles. Il n'eut pas même l'intention , comme les autres peintres ses contemporains , d'aller porter ses ouvrages dans la capitale de la Hollande , cette ville alors le centre des richesses du monde entier , et qui possédait dans son sein les plus célèbres amateurs , comme les plus précieuses collections en peinture.

Ainsi ce peintre désintéressé enrichissait l'Europe

de ses chef-d'œuvres , tandis que d'avides étrangers trafiquaient de ses rares talents : trop insouciant pour s'inquiéter du sort de ses tableaux , il en produisait à mesure qu'ils lui étaient enlevés. Tel qu'une mine féconde qui fournit avec abondance un métal précieux , *Wouwermans* enfantait sans peine ces tableaux qui font aujourd'hui l'ornement des premiers cabinets, qu'on n'obtient qu'à très-grand prix , et dont quelques-uns ont souvent été vendus de trente à quarante mille francs.

On concevra difficilement d'après l'immense quantité de tableaux qui restent de cet habile homme, dont la vie fut de si courte durée , qu'il en ait pu produire autant et d'une si grande perfection.

Wouwermans ne dut son talent ni à ses voyages , ni à l'émulation de ses contemporains. Semblable au *Corrége* , il resta sous le ciel qui l'avait vu naître , et n'en fut pas moins un des meilleurs peintres dont puisse s'honorer la Hollande. Mais comme la nature n'enfante que très-rarement de tels prodiges , je me garderai bien d'offrir l'exemple de ces deux grands hommes à ceux qu'un noble zèle conduit dans le sentier des arts.

C'est dans les voyages que le génie du peintre se nourrit et s'agrandit. C'est dans les voyages que se développent les grands talents. L'étude des beaux arts exige impérieusement l'abandon de ses foyers et de ses habitudes. C'est sur-tout pendant la jeunesse , ce temps d'effervescence si propre aux fatigues , qu'il faut faire une ample moisson d'études. C'est en parcourant les beaux climats de la Grèce et de l'Italie , sources fécondes en richesses de tous les genres , que le

génie inspiré par les merveilles de la savante antiquité devient capable de produire de grandes choses.
Alors l'artiste tout plein de ces beautés sublimes ,
rapporte dans sa patrie le tribut de ses veilles , et
captive par ses talents l'admiration de ses contemporains.

Mais nous avons laissé *Wouwermans* qui reçut
d'abord les premiers principes de son père , peintre
d'histoire assez médiocre, qui ne lui donna que de
faibles idées d'un art pour lequel la nature lui avait
accordé de si heureuses dispositions. *Winants*, un des
plus habiles paysagistes d'Harlem (1), le reçut dans
son école et lui découvrit les secrets de son art.

Wouwermans conserva toute sa vie la manière
agréable de *Winants* ; mais comme le talent de celui-ci
se bornait au paysage , et que *Wouwermans* était
doué d'un génie supérieur à ce genre de peinture ,
il ne tarda guères à prendre un nouvel essor.

Ce fut dans les marches d'armées , dans les batailles ,
les chasses , les foires , que le génie de ce peintre
parut avec un nouvel éclat. L'amour des chevaux fixa
son goût ; on le trouvait sans cesse occupé à les dessiner , pour en enrichir ensuite toutes ses compositions.

La nature qu'il ne négligea jamais , se retrouve dans
tous ses ouvrages ; et ce fut plus encore aux sérieuses
réflexions qu'il fit sur son art, qu'aux leçons de *Winants*,
qu'il dut ce genre gracieux dont il fut , pour ainsi
dire , le créateur. Quelques peintres de cette école ,

---

(1) Cette ville située dans une des plus agréables positions
de la Hollande, a produit beaucoup d'habiles paysagistes et de
peintres d'animaux.

tels qu'*Isaie Vandevelde* et plusieurs autres , avaient
peint des batailles et des chevaux avant *Wouwermans* ;
mais il fut le premier qui donna aux chevaux de
main cette grâce, ce feu, cette légéreté qui caractérisent ce fier animal , une des plus belles productions de la nature. *Pierre de Laar* , dit *Bamboche* ,
son contemporain, était arrivé de Rome en Hollande
avec de grands talents en ce genre , mais le goût particulier de celui-ci , qui le portait à peindre des voyageurs
dévalisés par des voleurs , des attaques de coches , etc. ,
quoiqu'avec une couleur forte et vigoureuse, n'eut
jamais ni la grâce, ni la finesse et le précieux fini des
tableaux de *Wouwermans* , qui en avait reçu l'inspiration de la nature.

Occupé sans cesse à consulter cette mère nourri-
cière du génie des artistes , et à dessiner tous les
objets qui pouvaient embellir ses compositions , il
ne tarda pas à se former cette belle façon de faire qui
le distingue des autres peintres hollandais.

Quoique chargé d'une nombreuse famille qui le
mit dans la nécessité de suivre un travail constant et
opiniâtre , on ne remarque pas que ce peintre ait
cessé de bien faire, et s'il se rencontre un tableau
médiocre sous son nom, on doit être sûr qu'il n'est
pas de *Philippe Wouwermans* , mais bien de ses
frères qui suivirent la carrière de la peinture avec
beaucoup moins de succès.

. Les tableaux de *Philippe Wouwermans* sont
remarquables par le précieux fini et par la patience
extrême avec laquelle il a su terminer jusqu'aux
moindres détails. Les figures, les chevaux, les arbres,
les ciels , les terrasses sur-tout qu'il a traités

parfaitement bien , sont tracés au coin du bon goût.
Une variété charmante se fait remarquer dans tous
ses tableaux , où l'effet du clair obscur est ménagé
avec une grande intelligence. Le point de vue ,
et placé souvent assez haut , lui donne l'occasion
de faire des fonds d'une immense étendue. Ce sont
tantôt des plaines à perte de vue , traversées par des
rivières , et enrichies de villages et de fabriques d'une
agréable variété : d'autres fois , il sait leur donner un
air de féerie , et il y place avec art des temples , des
statues , des bosquets qui donnent à ses tableaux un
certain air romantique. Ses ciels , qu'il a peints d'une
manière fondue et vaporeuse , sont quelquefois peut-
être un peu lourds , pour les avoir trop chargés de
nuages. Ce reproche , le seul qu'on puisse lui faire ,
est un léger défaut qui s'aperçoit à peine , et que font
disparaître les beautés sans nombre du génie le plus
abondant et le plus agréable.

Quel mouvement dans ses foires et ses marchés aux
chevaux , où l'œil se promène agréablement dans une
étendue immense. On ne peut trop admirer avec quel
art il a su varier à l'infini les groupes d'hommes et
de chevaux de toute espèce , jusque dans les plans
les plus éloignés.

S'il peint des batailles , le désordre y est au comble ;
il fait partager aux chevaux toute la fureur et l'achar-
nement des combattants. Ce sont souvent des escarmouches de cavalerie où l'on combat corps à corps.
Le devant du tableau est couvert de cavaliers et de
chevaux morts et mourants : des armes brisées et des
décorations militaires sont dispersées çà et là sur le
champ de bataille , et rendues avec une force de couleur

et

et une finesse de touche surprenantes. Contemporain des désastres qu'éprouva la Hollande, on peut regarder les tableaux de *Wouwermans* comme autant de traditions historiques qui rappellent les douloureux souvenirs de l'artiste.

Veut-il représenter les divers plaisirs de la chasse, avec quelle grâce il compose ces sujets charmants où tout respire un air de politesse et de galanterie. Les chasseurs invités de la partie sont déjà près du château; le son du cor, qui se répète au loin, donne le signal du départ. Les dames et les cavaliers ont saisi leurs coursiers impatients. On aperçoit à peine dans le lointain les premières meutes conduites par les piqueurs, tandis que d'autres, sur le premier plan, se disposent à les suivre. Les fauconniers portent les oiseaux de proie pour varier les plaisirs de la chasse. Le soleil qui commence à percer les nuages, annonce une belle journée; le brouillard enveloppe encore les fonds où l'on voit quelques fabriques frappées de ses premiers rayons.

Cet astre lumineux a déjà fourni les deux tiers de sa course, et la chasse a parcouru les plaines et les bois. Les chiens ont fait sortir de sa retraite le timide habitant des forêts, qui fuit à toutes jambes devant ses ennemis; mais ils l'ont bientôt atteint. Le cerf harcelé par une multitude de chiens acharnés à sa poursuite, croit échapper à leurs dents meurtrières, en se jetant tout en sueur dans l'eau; mais à peine s'y est-il élancé que les cruels se précipitent après lui. L'onde troublée s'élève en flots écumants, et le malheureux animal, dont les membres sont déjà glacés, reçoit le coup de la mort de ceux dont il implore la pitié.

3

Les chiens haletans , les piqueurs fatigués et couchés sur le devant du tableau , annoncent le retour. D'élégants cavaliers s'empressent de donner la main aux dames pour sauter de dessus leurs chevaux. Des mulets arrivent chargés des débris de la chasse. Le coucher du soleil , qui termine ce beau jour , enrichit les plaines de saphirs et d'émeraudes ; les fabriques frappées de ses derniers rayons paraissent toutes dorées , les lointains déjà chargés de vapeurs violâtres terminent ces riches et élégantes compositions que le génie de *Wouwermans* multiplie à l'infini.

Ce peintre a obtenu les honneurs du musée du Louvre. C'est dans ce dépôt des chef-d'œuvres des arts qu'il faut admirer le talent précieux de *Wouwermans*, parmi ceux de l'école hollandaise , dans laquelle il aura toujours un rang distingué.

Un précieux fini sans sécheresse , une couleur chaude et vraie , un pinceau gras et moelleux sans altérer la finesse de la touche , une harmonie générale qui enveloppe tout le tableau , et une entente parfaite du clair obscur , tel est le caractère distinctif des tableaux de cet agréable peintre.

Une ancienne tradition accréditée en Hollande , dit que *Wouwermans* , dans la dernière maladie dont il mourut , fit appeler son fils près de son lit , et que voulant le dégoûter d'un art qui l'avait rendu si misérable , il se fit apporter une cassette remplie de ses plus beaux dessins et les brûla en sa présence. Sans prétendre ajouter foi à cette opinion qui peut être fausse , j'avouerai cependant ma surprise sur l'extrême rareté des dessins de ce maître. Ceux qui nous restent sont faits , pour la plupart , à la mine de plomb ou à la pierre d'Italie, d'un faire très-terminé ; d'autres sont lavés à l'encre de la Chine sur le crayon.

Wouwermans est encore un des peintres dont le nom est le plus généralement répandu par les gravures faites tant en Hollande, par *Jean Wischer* (1), qu'en France, où plusieurs célèbres graveurs nous ont laissé de fort belles estampes d'après ses meilleurs tableaux. Le Sanglier forcé et le Pot au lait, gravés par *Laurent* (2), feront toujours les délices des vrais amateurs de la belle gravure à l'eau-forte.

On connaît peu d'élèves de *Wouwermans* ; deux de ses frères et *Jean Griffier*, dit *le Gentilhomme d'Utrecht*, prirent de ses leçons, et suivirent sa manière : quelques autres imitateurs de son genre sont restés fort au-dessous de lui.

Wouwermans a souvent associé son talent avec celui des meilleurs paysagistes hollandais, tels que *Winants*, *Jacques Ruisdaal*, en enrichissant leurs tableaux de jolies petites figures.

____

(1) *Jean Wischer*, ou *de Wischer*, d'une famille célèbre de graveurs en Hollande, a gravé d'après ce maître et d'après *Berchem*, des eaux-fortes d'un grand effet et d'une pointe délicieuse.

(2) Ce jeune graveur, élève de *le Bas*, mort très-jeune, avait un talent prodigieux pour la gravure à l'eau-forte.

Moreau, graveur français, du dix-huitième siècle, a gravé aussi presque tout l'œuvre de *Wouwermans*.

BRÉEMBERG (Bartholomée),

Né à Utrecht en 1620, mort en 1660.

IL paraît que *Bartholomée Bréemberg*, connu souvent dans l'histoire de la peinture sous le simple prénom de *Bartholomée*, quitta fort jeune son pays pour se rendre en Italie, où il se forma cette belle et précieuse manière qui lui fit une grande réputation pendant son long séjour dans cette patrie des beaux arts.

Bartholomée fit son étude particulière des fameux restes de l'antiquité, on le trouvait sans cesse à dessiner au milieu des ruines de ces vastes monuments, et à saisir les beaux effets de la nature. Comme la plupart de ses compatriotes, il s'adonna le plus souvent à peindre des tableaux d'une petite proportion, mais d'un ragoût admirable, soit par la finesse de la touche, soit par la grande vérité avec laquelle il peignait les débris de l'ancienne Rome. Il est impossible de rendre avec plus de fidélité les divers tons de couleur de pierre, de tuile et de brique, qui forment le caractère ordinaire des anciens édifices. Rien de plus agréable à l'œil que le mélange varié de ces diverses teintes qui produisent la plus agréable harmonie.

En examinant avec attention les tableaux de *Bartholomée* on serait tenté de croire qu'il y a quelque ressemblance avec le genre de *Poelembourg*, dont ce dernier se rapproche pour l'effet et pour le beau fini. Il est à remarquer qu'on y trouve cependant cette différence, c'est que *Poelembourg* n'a semblé placer des ruines que comme accessoires à ses personnages, tandis que dans les tableaux de *Bartholomée* les figures y sont en second ordre.

Les tableaux de *Bartholomée* ont été long-temps beaucoup moins connus en Hollande qu'en France, où ils étaient apportés d'Italie par les amateurs qui visitaient cette contrée.

On ne sait pas trop pourquoi l'empire passager de la mode les a fait considérablement baisser de prix, mais cet habile peintre ne peut manquer de recouvrer la gloire qu'on semble avoir voulu lui enlever ; et je pense que tout amateur éclairé s'empressera de conserver les ouvrages de ce maître. L'étranger toujours avide de nos possessions sait profiter de nos faiblesses pour nous les enlever à quelque prix que ce soit.

Il faut observer deux manières opposées dans les ouvrages de *Bartholomée*, savoir : sa première qui est devenue souvent un peu sombre, peut-être par le mauvais emploi des couleurs, mais la majorité de ses tableaux est exempte de ce défaut. Il y a aussi une façon d'opérer toute différente entre ses tableaux d'une plus grande proportion et ceux de moindre grandeur, qu'il peignait le plus ordinairement ; autant ses petits tableaux sont traités avec une sorte de vigueur de couleur, autant ceux qui sortent un peu de cette proportion sont clairs et produisent moins d'effet ; ou les croirait frappés par l'éclat d'un plein soleil.

J'en ai beaucoup examiné traités dans ces deux manières différentes, et si les plus grands ont moins de finesse que ceux d'une moindre proportion, ils n'en sont pas moins les uns et les autres le miroir fidelle de la nature, et les figures qu'il dessinait fort bien n'y perdent jamais de l'esprit qu'il avait coutume de leur donner, soit qu'elles soient peintes en grande ou en petite proportion.

Les tableaux de ce peintre sont en droit de plaire aux vrais amateurs qui ne se laissent pas abuser par les prix excessifs qu'on y attache, soit par la touche spirituelle, soit par la couleur vraie et par l'imitation de ces restes antiques qui produisent dans l'ame cette douce mélancolie qui les fait considérer long-temps. *Bartholomée* s'est plu souvent à orner ses tableaux de petits sujets historiques qui y répandent un nouvel intérêt.

Il est difficile d'après ces observations de ne pas les reconnaître au premier abord.

PYNAKER (Adam),

*Né à Pynaker entre Schiedan et Delft, en Hollande,
en 1621, mort en 1673.*

Qui peut ne pas reconnaître *Pynaker* à ce tact fin, à cette touche vive et pétillante, qui caractérisent si bien les productions de ce charmant paysagiste hollandais, dont les tableaux séduisants font l'ornement des premiers cabinets de l'Europe.

Les maîtres qui formèrent le goût naissant de *Pynaker* sont inconnus, et c'est une chose assez indifférente pour son talent qu'il paraît ne devoir qu'à lui et à l'étude de la nature rendue avec un charme qui séduit et qui lui est particulier.

Il est certain que *Pynaker* quitta fort jeune encore la Hollande pour aller étudier à Rome, où il passa plusieurs années à se former et à se perfectionner. C'est d'après ses observations et ses études sur les sites délicieux de l'Italie, qu'il acquit cette manière absolument à lui et avec laquelle les autres paysagistes, ses contemporains, n'offrent que peu de ressemblance. Si *Pynaker* pouvait se rapprocher de quelqu'autre peintre en ce genre, ce serait peut-être de *Jean Both*, à cause de la ressemblance dans la finesse de la touche et d'un certain pointu dans les formes des terrasses et des arbres.

Il n'est guère possible de feuiller avec plus d'esprit que *Pynaker*, et de varier avec autant d'adresse que de vérité la tournure, la forme, la légéreté des branches. Les buissons, la mousse, les cailloux, tout est varié et reçoit la touche qui lui est propre sous le pinceau spirituel de *Pynaker.*

Les animaux dont il ornait souvent ses paysages, semblent respirer; la manière piquante avec laquelle il avait l'art de les éclairer, leur donne un effet pétillant qui le fait reconnaître au premier aspect.

Pynaker s'était exercé, à son retour dans sa patrie, à peindre des paysages de grande proportion, pour décorer les appartements, suivant le goût du temps, et dans lesquels il avait trouvé l'art de transporter la nature comme par magie. Ces belles productions firent long-temps le charme et l'agrément des gens de goût qui les avaient ordonnées; mais un siècle a suffi pour en faire cesser la mode qui change tout à son gré. Ces magnifiques tableaux si long-temps admirés, ont été bannis des salons et relégués dans de sombres garde-meubles, ou dans les greniers, pour faire place à des glaces, à des objets de luxe et de frivolité.

C'est ainsi qu'ont disparu en Hollande et en France beaucoup d chef-d'œuvres de *Pynaker*, de *Lairesse* et d'un grand nombre d'habiles peintres contemporains, dont les productions ont été à jamais perdues pour les arts.

On n'a conservé de *Pynaker* que des tableaux de chevalet, et l'on n'en rencontre guères aujourd'hui d'une plus grande dimension. Ce qui reste de ce peintre suffit pour attester le mérite singulier qui distingue ce paysagiste, dont les ouvrages justement appréciés ont été portés à des prix assez élevés. Les tableaux de *Pynaker* mériteront toujours d'être

placés dans les meilleures collections , et feront long-
temps les délices des vrais amis de la peinture.

Ses ciels sont enrichis de belles masses de nuages
que l'air promène avec légéreté ; tantôt ils sont chauds
et vaporeux , tantôt clairs ils sont brillants et pétillent
à travers les masses des arbres.

Les chênes , qu'il peignait de prédilection , sont
traités avec esprit et avec un tact particulier à ce
maître. Ses terrasses dans lesquelles il a eu grand soin
d'éviter les formes lourdes et rondes , sont tellement
éclairées et piquées de lumières , qu'elles se présentent toujours sous l'aspect le plus agréable et en
même temps le plus varié. Les plantes , les broussailles
dont il orne le premier plan de ses tableaux ont la
même grâce et le même esprit.

Pynaker s'est aussi exercé à peindre des prairies ,
des bords de rivières , ornés de barques et d'animaux , ce qui le ferait presque souvent se rapprocher
de *Berchem* par une certaine ressemblance avec ce
célèbre peintre d'animaux.

On n'a aucune tradition sur les événements de la
vie privée de cet habile artiste , dont les ouvrages
pleins de sel et de grâce suffisent assez pour sa
célébrité et pour le faire connaître. Ils ont placé
son nom au premier rang , parmi les meilleurs
paysagistes d'une école justement célèbre dans l'histoire
des arts.

VAN EVERDINGEN (Aldert),

Né à Alcmaer en 1621 , mort en 1675.

EVERDINGEN est un de ces hommes qui , forts de leur propre génie , se sont fait un genre tellement original, qu'il est impossible de confondre leurs productions avec celles des autres peintres.

Roland Saviry et *Molyn*, paysagistes , furent ses premiers maîtres ; mais *Everdingen* , traversant à pas de géant la carrière de la peinture , laissa bientôt ses maîtres loin de lui : en ne suivant que la forte impulsion de son génie, il devint en peu de temps un des plus grands paysagistes de l'école hollandaise.

Différents genres furent exercés par cet habile peintre. On le vit peindre avec succès des marines , et rendre avec la plus grande vérité toute l'horreur qu'inspirent les tempêtes les plus affreuses. Mais ce qui caractérise le talent particulier d'*Everdingen*, c'est le grand art avec lequel il a représenté des chutes d'eau d'un volume extraordinaire.

Qui n'a point éprouvé , en examinant les tableaux d'*Everdingen* , une sorte de surprise par le mouvement majestueux des torrents qui se précipitent avec une énorme abondance du haut des montagnes les plus escarpées ; on croit entendre le bruit que cause le fracas des eaux arrêtées dans leur chute rapide , par des masses de rochers qui paraissent à peine se soutenir en l'air et prêtes à s'écrouler.

On se sent humecté par cette vapeur fraîche , par cet air ambiant, cette poussière des eaux , pour ainsi dire, que rejette au loin leur chute précipitée.

Everdingen avait coutume de couronner la cime des rochers de vieux sapins, dont quelques-uns, entraînés par l'eau, ne sont retenus que par des racines tortueuses à des masses prêtes à être entraînées elles-mêmes par la rapidité des torrents. Leur couleur d'un vert foncé, opposée à l'écume et au bouillonnement des eaux, produit un aspect pittoresque que l'on ne retrouve que dans les tableaux de ce maître.

Everdingen veut-il abandonner les humides rochers et les cascades, il vous transporte avec une magie toute nouvelle au milieu des plus épaisses forêts, dans des lieux où règne un morne silence, qui n'est troublé que par le mouvement impétueux des aquilons, ou par les cris des animaux sauvages, et que les rayons les plus ardents du soleil n'ont jamais pu pénétrer. Une nouvelle surprise saisit, à la vue de ces sombres asiles où l'homme le plus hardi craindrait de s'égarer.

Ce peintre s'étant embarqué sur un vaisseau qui faisait voile pour la Baltique, essuya une tempête affreuse qui le jeta sur les côtes de la Norvège, et ce qui eût été un malheur pour tout autre qu'*Everdingen*, devint pour cet artiste une espèce de faveur de la fortune, et une occasion nouvelle de faire une ample récolte d'études qui flattèrent d'autant plus son goût, qu'elles étaient en rapport avec son génie et son genre de talent. L'aspect sauvage de ces climats, les formes âpres et grandes des rochers couronnés de sapins, ainsi que les chutes d'eau qui s'en échappent avec fracas, achevèrent de décider le goût d'*Everdingen*, et formèrent ce genre dont il fut le créateur.

Ce fut dans ce voyage du nord qu'il fit cette immense collection de dessins dont les idées se reproduisent dans ses tableaux, sous mille formes différentes. Chargé de cette nouvelle récolte, il reparut dans sa patrie avec un genre qui, quoique d'un aspect un peu sauvage, plut et charma par la nouveauté et l'extrême vérité qu'il sut y répandre.

Il est difficile de rendre avec plus de talent la nature austère, mais très-pittoresque de ces contrées hyperboréennes. Comme il a l'art de retracer les formes grandes et tortueuses de ces chênes antiques dont l'écorce est endurcie par une suite de siècles, et qui présentent encore une cime orgueilleuse et desséchée à la fureur des vents et à l'aspérité des hivers.

C'est sous ces traits caractéristiques que se montre ce peintre admirable, l'un des plus grands paysagistes de la Hollande, avec lesquels il a très-peu de ressemblance, soit pour le faire, soit pour la manière de rendre la nature.

Everdingen, inspiré par un sentiment surnaturel, paraît s'écarter de la marche tracée et préférer une manière large, ferme et facile au précieux fini qui distingue les productions de l'école hollandaise. Le plus souvent les tableaux d'*Everdingen* représentent des vues du nord qu'il paraît avoir adoptées de prédilection, des marines d'une effrayante vérité, où le transparent des vagues et leur fracas sont rendus avec une extrême perfection. Il est assez ordinaire de rencontrer aussi des paysages de ce peintre, où l'on voit communément une route montueuse, couverte de charriots et d'animaux , et terminée par des nuages de belles formes et d'une blancheur éblouissante.

Il n'est point de peintre qui ne soit enchanté d'avoir sous les yeux un tableau d'*Everdingen* , point d'amateur qui ne désire en posséder dans sa collection (1).

La manière d'*Everdingen* a beaucoup de rapport avec celle du célèbre paysagiste *Jacques Ruisdaal* , par la grande vérité ; mais il règne dans ses tableaux plus de variété et de grandiose que dans ceux de l'autre peintre , qui s'est contenté de représenter les sites tels que la nature les lui offrait.

______

(1) On admire avec justice plusieurs beaux tableaux d'*Everdingen* placés au musée du Louvre où ils frappent les moins connaisseurs. Il a gravé lui-même à l'eau-forte d'une manière très-piquante quelques estampes qui sont devenues fort rares. Les étrangers s'emparent depuis quelques années de cette richesse qui avait fait les délices des premiers amateurs de la France.

BERCHEM (Nicolas),

Né en 1624, mort en 1683.

LES belles prairies de la Hollande , couvertes d'innombrables troupeaux aussi variés de formes que de couleurs , ont inspiré beaucoup des peintres de paysages et dans le genre des animaux broutants. C'est sur le gazon velouté de cette riche contrée , que *Paul Potter* , *Berchem* , *Adrien Vanden Velde* et *Carle Dujardin* , assis au milieu des pâtres et des animaux , dont ils ont si bien saisi tous les mouvements , ont été chercher leurs modèles. Les noms de ces hommes inimitables sont avantageusement connus dans les fastes de la peinture. Je vais m'attacher au talent particulier du second de ces peintres , dont les productions aussi aimables qu'enchanteresses , font les délices des amateurs et l'ornement des plus célèbres collections.

Il est impossible d'avoir reçu de la nature plus de goût pour son art que *Nicolas Berchem* : son étonnante facilité , qui tient du prodige , est sans exemple. Il semblait se jouer de cet art si difficile pour les autres ; c'était en chantant qu'il composait des chef-d'œuvres : il est cependant à remarquer que sa prodigieuse fécondité n'a jamais produit un seul tableau médiocre.

Sa manière est excellente. Heureux dans le choix de ses compositions , quelle variété , quelle richesse dans tout ce qu'enfantait son pinceau ! Aucun peintre n'eut une touche plus piquante et plus spirituelle que *Berchem* , une couleur locale plus brillante , une plus grande intelligence de l'ombre et de la lumière : ce sont par tout de grandes masses où les détails n'interrompent point les accords. Tout est précieux dans ses tableaux, il ne négligeait rien ; une simple plante, un caillou, sont finis comme les objets les plus intéressants. Avec une touche large et pétillante, il tirait des tons de couleur dans les masses d'ombres, qu'il reflétait soit par l'eau ou d'autres corps lumineux qui rendent ses tableaux clairs et transparents, quoique bruns en apparence.

Personne ne l'a surpassé dans l'art de rendre l'éclat des ciels et les différents mouvements des nuages auxquels il savait donner les formes les plus heureuses. Ses sites sont variés à l'infini, ses scènes champêtres composées avec une élégante simplicité, et toujours puisées dans la nature.

Comme ses marches d'animaux sont nombreuses et s'étendent au loin dans la plaine ! On croit être au milieu des troupeaux, respirer l'air qu'ils laissent après eux, et entendre leurs différents mugissements.

Personne ne les a dessinés et groupés avec plus de goût. On pourrait cependant dire de lui, qu'à l'exemple des artistes anciens qui s'élevèrent au beau idéal dans la représentation de l'homme, *Berchem* a su ennoblir la nature des animaux par une certaine grâce qui lui était naturelle : on pourrait même l'appeler *l'Albane* de ce genre de peinture.

Veut-il peindre les quatre heures du jour, c'est avec une vérité qui ne laisse aucun doute sur l'heure qu'il a voulu représenter.

Le Matin. Le soleil paraît à peine à travers les brouillards qu'il dissipe. La nature est rafraîchie et silencieuse, les habitants des campagnes se disposent à reprendre leurs travaux ; le gazon couvert de rosée est à peine froissé en quelques endroits par le pas des animaux que l'on mène au marché ; le laboureur conduit à la charrue ses bœufs pesants et encore tout engourdis par le sommeil ; le voyageur matinal est avec sa monture à la forge du maréchal, dont il hâte la nonchalance.

Le Midi. Le soleil est déjà avancé dans sa course. A la fraîcheur du matin succède bientôt, avec non moins d'art, la chaleur du milieu du jour : tout annonce qu'il est midi. Une vapeur chaude et oscillante embrâse l'air des campagnes ; l'ombre portée se raccourcit ; les animaux haletants et tout en sueur abandonnent les pâturages et vont chercher un abri salutaire dans le creux des rochers les plus profonds et sous les arbres les plus touffus ; les pâtres excédés de chaleur et couchés au milieu de leurs troupeaux, se préparent à un frugal repas bientôt suivi de la méridienne.

Le Soir. Mais cet astre dont les rayons brûlants enflammaient tantôt les campagnes, est accompagné d'un air frais, et baisse insensiblement vers l'horizon. Déjà il s'étend en longs sillons de couleur orange et pourprée ; les lointains se colorent d'un ton violâtre et vaporeux qui les confond avec les nuages ; les troupeaux agitant leur lugubre clochette retournent à l'étable en mugissant ; on s'imagine entendre au loin les sons mélancoliques du soir. Le jeune pâtre ferme la marche, et porte en croupe la pastourelle, objet de ses complaisances.

La Nuit. Le soleil n'a laissé de sa présence à l'horizon

qu'une

qu'une longue ligne d'un jaune pâle et livide. La lune
sort brillante du lit où Phœbus est allé se reposer,
et annonce la nuit. Tout autre que *Berchem* eût peint
la chaste Diane s'enveloppant d'un nuage argentin
pour prodiguer de tendres et furtives caresses au jeune
Endymion, mais le peintre hollandais, fidelle imitateur de la simple nature, n'aperçoit que le disque
lumineux dont la clarté s'étend au loin et se peint
plus brillante dans l'onde. Les animaux ne sont
pas encore tous rentrés ; *Berchem*, au talent de qui
rien n'échappe, sait peindre avec autant de vérité le
beau calme de la nuit. Des voyageurs et des animaux
traversent une vaste prairie ; la lune est un peu
cachée ; un terrain marécageux et couvert d'eau se
présente à leur passage ; on allume des faisceaux
de paille qui répandent une lumière vive sur tous
les objets, et réfléchissent dans l'eau un foyer éblouissant, double effet admirable où *Berchem* se surpasse
lui-même.

Cet artiste, le plus fécond et peut-être le plus
laborieux de la Hollande, a peint avec un égal succès
des tableaux de chasses et des batailles, dans lesquels
son génie s'est toujours montré supérieur. Le plus
souvent ce sont des chocs de cavalerie où les combattants acharnés corps à corps se disputent la vie
au sabre et au pistolet ; sur le devant de cette scène
meurtrière, des bouches d'airain vomissent la mort
au milieu des tourbillons de fumée qui dérobent une
partie de ces scènes horribles. Le talent varié de
Berchem se prêtait à tous les genres qu'il voulait
entreprendre.

Tantôt il entraîne le spectateur sur les bords de la

mer (1) des animaux de toute espèce vont être
embarqués pour les pays lointains ; des étrangers , aussi
variés de figures que d'habillement, ajoutent un nouvel
intérêt à ses tableaux. Ce n'est point sur les bords
de la mer d'Hollande qu'il place ses sujets ; c'est dans
les ports du Levant ou de l'Italie , ornés de belles
fabriques , de ruines d'un grand goût , et de ces sites
romantiques qui rappellent des souvenirs intéressants.

Une autre fois , sur la fin d'un beau jour , une
foule d'hommes et d'animaux arrivent sur le bord
d'une rivière et se disposent à entrer dans un bac :
on voit de jeunes filles , dont l'ame est naturellement
tendre et sensible , porter dans leurs bras l'agneau
ou le chevreau trop faible encore pour suivre le
reste du troupeau. Avec quel art *Berchem* a su , par
ses épisodes simples et intéressants , émouvoir l'ame
et la plonger dans une douce mélancolie !

Berchem a parcouru une immense carrière pendant
le cours d'une vie beaucoup trop courte pour les arts ,
mais qui fut assez longue pour sa gloire.

Très - jeune encore il voyagea en Italie , et de
retour dans sa patrie il vint se fixer au château de
Benthem , près de la ville d'Harlem , au milieu des
plus beaux sites de la Hollande. C'est là qu'il passa
une partie de ses jours , uniquement occupé de l'étude
de son art , sans intrigue comme sans envie , con-
sultant continuellement la nature. C'est là qu'il enrichissait l'Europe par ses rares talents que lui seul
ignorait.

---

(1) L'Embarquement des vivres , estampe capitale , par *le Bas.*
Le Port de Gènes, le Rachat des esclaves , deux superbes
pendants gravés par *Alliamet.*

Un dit que cet habile homme , du caractère le plus doux , et digne d'un sort plus heureux , fut sans cesse tourmenté par sa femme , d'une avarice extrême , qui l'enfermait dans son atelier , le laissait sans argent , obligé souvent d'emprunter à ses élèves afin de satisfaire son goût pour les dessins et les estampes anciennes , pour lesquels il avait une passion extrême. Cette femme se tenait ordinairement dans un appartement au-dessous de celui de *Berchem* , et frappait au plancher pour l'animer au travail quand il cessait de chanter , comme si cette épouse insatiable eût craint que son infortuné mari pût goûter les douceurs du repos. On a peine à croire qu'avec une existence aussi malheureuse cet artiste ait enfanté des choses aussi agréables , et qui semblent nées au sein du bonheur et de la vie la plus calme.

Le talent de *Berchem* ne s'est pas borné à la peinture , il s'est souvent appliqué à graver à l'eau-forte avec le plus grand succès. Sa pointe fine et spirituelle rend parfaitement la touche et la forme de chaque objet. Ses estampes très-recherchées des amateurs , sont assez rares. Il a aussi composé une suite considérable de dessins, la plupart lavés à l'encre de la Chine et au bistre sur un trait de plume, d'un goût exquis, lesquels ont été gravés par les plus fameux graveurs de Hollande , ses contemporains. Les frères *Wischer* , *Danckerts* et autres se sont disputé l'honneur de multiplier son œuvre qui est considérable. Nos meilleurs graveurs français , *le Bas* , *Alliamet* , *Laurent* , nous ont transmis avec non moins de talent , la plus grande partie de ses productions connues en France.

Le musée du Louvre possède de lui plusieurs tableaux du premier ordre. Ses ouvrages sont répandus dans tous les pays , où ils occupent un rang honorable , et sont très-chers malgré leur grande multiplicité.

Berchem a formé plusieurs bons élèves qui tous ont suivi son genre ; il vivait avec eux comme un bon père au milieu de ses enfants. Jamais il ne courtisa les grands , qui ne connurent de lui que ses ouvrages. Son art seul suffisait à l'agrément de sa vie ; il quitta cette terre ingrate , encore dans la force de l'âge , et mourut à Harlem , sa patrie , en 1683 , à peine âgé de cinquante ans. Son véritable nom de famille fut *Nicolas Klaas* , celui de *Berchem* qu'il porta toute sa vie , n'est qu'un sobriquet qui lui fut donné , de ce qu'étant encore jeune chez *Van-Goyen* , son maître , il fut poursuivi par son père qui voulait le maltraiter ; *Van-Goyen* qui aimait beaucoup cet élève arrêta son père , et criait à ses camarades : *Berchem* , qui signifie en hollandais , *cachez le* , nom sous lequel il a depuis été connu dans les arts.

La manière de ce maître diffère tellement des autres peintres , qu'il est impossible de confondre ses tableaux avec ceux de la même école. On lui a reproché d'avoir embelli la nature des animaux , où l'art semble l'emporter quelquefois sur ses modèles. *Paul Potter* , son contemporain , s'est plus attaché à l'exacte imitation de la nature , qu'il a su rendre jusque dans les plus petits détails ; mais il y a moins de génie et d'abondance dans ce peintre , tout habile qu'il est ; ses fonds ne représentent ordinairement qu'une simple prairie avec très-peu d'arbres , et bornée souvent par l'horizon. *Berchem* , au contraire , a toujours orné ses tableaux de sujets agréables , de figures intéressantes , de sites riants , de fabriques aussi variées que bien adaptées au sujet , qui répandent dans ses tableaux un certain charme toujours nouveau qu'on ne peut se lasser d'admirer.

J'ajouterai qu'il est impossible de mettre plus de grâces que *Berchem* dans la touche du pinceau , sans jamais nuire à l'ensemble, ce qui sert à le faire mieux connaître au premier coup d'œil. Aucuns des peintres de l'école hollandaise n'ont pu l'imiter assez pour pouvoir s'y méprendre.

Sa touche , sa couleur brillante , sa manière de dessiner ferme et quelquefois un peu aiguë , sont les marques auxquelles on le reconnaît facilement.

Berchem a su allier le précieux fini , je dirai le velouté de couleur si naturel aux peintres de son pays , avec une fermeté d'exécution propre à chacun des objets qui entrent dans la composition de ses tableaux.

Il est impossible à ces traits de le confondre avec aucun autre peintre , tant sa manière est remarquable et à lui seul.

Les tableaux de *Berchem* ont toujours été portés à des prix très-élevés , ce qui ne peut qu'augmenter par l'enlèvement qu'en font les étrangers.

Une remarque assez surprenante que j'ai été à même de faire plusieurs fois , à la vue d'un très - grand nombre de ses dessins , est la ressemblance de son trait et de sa manière de laver avec celle de plusieurs de nos plus habiles peintres modernes de l'école française du dix-huitième siècle.

On a de lui des eaux-fortes pleines de goût et de finesse : outre les sujets qu'il a gravés d'une assez grande proportion ; on connaît de ce peintre une longue suite de moutons et de chèvres, ainsi qu'une suite de quatre planches en travers, représentant des chevaux, des vaches et des moutons. Elles sont toutes également estimées par les véritables appréciateurs du talent.

Les plus recherchées et les plus précieuses sont quatre pièces en hauteur, d'assez grandre proportion, dans l'une desquelles on voit sous une voûte un pâtre jouant de la flûte, assis sur le bord d'un puits carré ; près de lui est une jeune fille vue par le dos, et filant au fuseau, accompagnée de vaches et de moutons, un chien est à côté d'elle. Les trois autres sont des sujets du même genre. Celle que je cite porte la date de 1652. On ne peut trop admirer l'esprit de ces quatre gravures, dont la première est la plus capitale.

POTTER (Paul),

Né à Enchuysen en 1625, mort à Amsterdam en 1654.

Il n'est point de genre dans les arts qui ne mérite les honneurs de l'immortalité, lorsque celui qui l'exerce le porte au plus haut degré de perfection.

Paul Potter, le modèle des peintres d'animaux, est celui de la Hollande qui a donné plus de vie et de vérité à cette partie de la peinture ; aucuns de ses contemporains et des peintres qui lui ont succédé, n'ont pu parvenir à le surpasser et à donner à l'espèce des animaux broutants, cette vie, ce sentiment de vérité qui caractérise *Paul Potter*, et qui fait le charme de ses productions.

Paul Potter a trouvé le moyen de plaire et d'intéresser par un ou deux animaux posés sur une portion de prairie, souvent même sans fond, avec un ciel fort simple et un tronc d'arbre presque sans feuilles. La vérité seule vous touche et vous arrête devant les tableaux de *Paul Potter* ; quelquefois aussi il les compose d'un plus grand nombre d'animaux.

Avec *Paul Potter*, on serait tenté de se reposer sur l'herbe tendre des prairies, au milieu des animaux paisibles qui les habitent. C'est chez ce peintre qu'on retrouve la belle verdure des prés, ce vert de la nature auquel l'air ambiant donne ce ton tendre et argentin qui distingue tous ses tableaux.

Paul Potter a cela de différent avec la plupart des peintres de l'école hollandaise, auxquels, si on en excepte *Ruisdaal* et un très-petit nombre, on peut reprocher d'avoir préféré un ton sombre et doré, à la vérité de la nature ; c'est ainsi que se forment les systèmes qui se gagnent et se transmettent dans les écoles, et qui fixent par la suite le goût des peintres du même pays.

Berchem lui-même, ce peintre charmant, a souvent préféré à la vérité de la nature, des teintes dorées et de convention, dont l'éclat séduit ; on passe, à la vérité, ce défaut à cet habile homme, dont les tableaux enchanteurs représentent souvent des couchers de soleil et des effets piquants qu'il a l'art de rendre avec un prestige admirable.

On ne peut trop sur-tout admirer ses beaux fonds vaporeux et ses nuages qui semblent légèrement suspendus dans les airs.

Paul Potter a, sur ce rival, mais avec moins de richesse, l'avantage inappréciable de l'exacte vérité, et de ne s'être jamais écarté de la nature qui seule a été son guide.

Mais quelles réflexion ne naissent pas naturellement quand on pense qu'un aussi grand peintre ait à peine vécu vingt-neuf ans, et que dans le court espace de sa vie, il ait porté son art au plus haut degré de perfection. Ces pensées nous reportent vers la mémoire d'un autre peintre très-habile, du même genre et de la même école, lequel ne vécut aussi que peu d'années, et dont les tableaux précieux jouissent de la plus grande réputation, *Adrien Vanden-Velde*. La nature avait voulu les dédommager l'un et l'autre de la courte carrière qui leur était réservée, en leur faisant produire des chef-d'œuvres dès l'âge de quatorze à quinze ans, à cette époque où tant d'autres n'en sont encore qu'aux premiers éléments.

Si *Paul Potter* a peint le plus souvent des tableaux d'assez petite proportion, il s'est aussi occupé d'ouvrages d'une plus grande dimension ; il en a offert un exemple frappant dans le beau tableau du Taureau et de la Vache de grandeur naturelle, qui a été vu pendant plusieurs années au musée du Louvre. Ce magnifique chef-d'œuvre, dans lequel la vérité surprenante se joignait au plus beau faire , attirait toujours la foule des spectateurs, qui y revenaient encore, preuve étonnante de la supériorité des rares talents de *Paul Potter*, et du succès qu'il aurait obtenu dans les tableaux d'une grande proportion , si le nombre infini de ceux qu'il a exécutés d'une moindre grandeur lui eût laissé le loisir de s'adonner à des ouvrages plus capitaux.

Ceux qui se voient dans les cabinets ne sont jamais d'une très-grande dimension ; les plus considérables ne passent guère quarante pouces , mais on les trouve souvent beaucoup au-dessous ; ils se soutiennent toujours à un prix fort élevé, et il n'est pas rare de voir des tableaux de ce maître portés à plus de 15 et 20,000 francs dans les ventes (1).

On reconnaît aisément *Paul Potter* à une certaine propreté dans les animaux dont il dessinait parfaitement les jambes, et par leurs formes souvent prononcées , car jamais peintre de ce genre

______

(1) J'ai vu vendre , à la vente de M. le Duc de Praslin, un seul petit tableau , appelé *le Bois de la Haye*, 22,000 francs; à peine avait-il dix-huit à vingt pouces.

ne fit mieux sentir l'ostéologie de ses quadrupè-
des. Il se fait aussi remarquer par la netteté de
ses ciels , et à la manière dont il peint le flou
et le velouté du gazon des prairies , à sa façon de
dessiner et de rendre l'écorce des arbres souvent à
demi - dépouillés. Son pinceau ferme imite , avec
une vérité surprenante, le poil des divers animaux.
Il n'est pas rare de voir aussi des chevaux introduits
dans ses compositions , lesquels sont dessinés avec
la même vérité.

Tels sont , je pense , les traits caractéristiques qui
doivent faire reconnaître les tableaux de *Paul Potter*,
que quelques autres peintres de la même école sont
parvenus à imiter ou à copier assez fidellement de manière à s'y méprendre. C'est aux vrais connaisseurs à ne
pas se laisser surprendre par ces objets trompeurs ; et
il faut être bien sur ses gardes , lorsqu'il s'agit sur-tout
de risquer des sommes considérables. (1)

---

(1) Les amateurs ont à regretter la perte d'un tableau de
ce maître, qu'il appelait son chef-d'œuvre, et qui a été perdu
dans   naufrage en allant de Hollande en Russie.

LINGELBACK (Jean),

Né à Francfort en 1625 , mort en Hollande dans un âge avancé.

Il est bien rare de ne pas trouver un tableau de *Lingelback* dans les cabinets bien composés , où les ouvrages de ce maître sont répandus en grand nombre.

Si *Lingelback* naquit en Allemagne , qu'il quitta fort jeune encore pour passer en Hollande , il n'en est pas moins revendiqué par cette école qui le compte au nombre de ses plus grands peintres.

Lingelback après un assez long séjour en Hollande , voulut visiter l'Italie , où il passa six années à dessiner les plus beaux monuments et les sites magnifiques de cette fertile contrée si chérie des artistes. Ce fut là qu'il changea tout-à-fait sa manière en une couleur claire , fraîche et argentine ; ce fut là qu'il acquit cette touche fine et spirituelle qui caractérise la forme de ses terrasses et de ses arbres ; ses ciels , ses lointains vaporeux et pleins d'harmonie, qui répandent sur ses tableaux un charme qui les fit apprécier en ce pays.

Non seulement *Lingelback* dut surprendre par la beauté de ses paysages , mais on le vit tout-à-coup peindre avec le même succès des ports de mer , qu'il ornait d'une infinité de jolies figures aussi expressives que variées : souvent son génie fertile produisit des foires , où il a eu l'art d'appeler l'œil du spectateur sur un objet principal ; assez ordinairement c'est un théâtre de charlatans , des joueurs de gobelets , ou des farceurs. Il y place avec goût

des chevaux et autres animaux de diverses espèces;
des marchands de fruits, de légumes, le tout rendu
avec une extrême vérité.

Lingelback doit être regardé comme un très-grand
peintre : si ses tableaux ne sont pas toujours portés
à un plus haut prix, c'est une injustice qu'on ne doit
attribuer qu'à la facilité de se les procurer. Ce qu'il
y a de vrai, c'est que les productions de ce maître
peuvent aller de pair avec celles de *Wouwermans*,
de *Carle Dujardin* et des meilleurs paysagistes de
l'école hollandaise.

Le goût exquis de ce peintre, sa touche fine et ses
beaux tons de couleur feront toujours rechercher ses
tableaux par les véritables amateurs qui ne font pas
seulement cas d'un tableau parce qu'il est d'un grand
prix, mais bien par la bonté de l'ouvrage.

Plusieurs habiles paysagistes de Hollande, tels que
Winants, *Ruisdaal*, *Moucheron*, ont eu souvent
recours au pinceau de *Lingelback* pour orner leurs
tableaux de jolies petites figures qu'il est aisé de
reconnaître sur le champ pour être de *Lingelback*,
par sa touche spirituelle.

On doit distinguer deux manières dans les tableaux
de ce peintre : la première, est claire et piquante,
c'est ainsi que l'on trouve la plus grande partie de ses
tableaux ; dans la seconde, il paraît qu'accablé
d'ouvrages sur la fin de sa vie, il s'est plus livré à
la pratique qu'à l'imitation de la nature ; alors ses
tableaux devinrent d'un ton rougeâtre ; mais comme
je viens de le dire, la majeure partie de ses ouvrages
est exempte de ce défaut, et fait juger du beau talent
de cet artiste.

Il est aisé à tout amateur, d'après les notions que je viens de donner sur *Lingelback*, de le reconnaître à sa touche fine et ferme ; moins fini que *Wouwermans*, il en a toute la grâce. Ses compositions sont enrichies et variées par les anciens monuments qu'il avait étudiés en Italie et qu'il a su placer avec goût. Sa couleur brillante et le grand effet de ses tableaux, le font assez reconnaître parmi les peintres qui ont suivi la même carrière.

VAN OSTERWICK (Marie),

Née à Noordop près de Delft en 1630 , morte à Eutdam en Hollande en 1693.

LES hommes n'ont pas seuls droit à la célébrité dans l'exercice des beaux arts. Combien , dans tous les siècles, n'a-t-on pas vu de femmes célèbres rivaliser avec eux de talents , sur-tout dans certains genres plus analogues au goût et à la délicatesse de leur sexe.

Les arts semblent même acquérir un nouveau prix lorsqu'ils sont exercés par une main légère et conduite par les grâces. C'est sur-tout lorsqu'une femme heureusement inspirée sait choisir les genres qui conviennent à ses goûts et à ses études, qu'elle est sûre des plus grands succès , et d'obtenir souvent la palme sur les hommes.

Les fleurs , les fruits , les insectes, les oiseaux et les objets inanimés semblent être son apanage , et devoir fixer son goût dans les arts.

Autant doit-on être pénétré d'admiration à la vue de leurs précieuses et agréables productions , autant doit-on plaindre celles qu'un goût étranger à leur sexe entraîne vers les genres réservés aux réflexions et aux études profondes de l'homme.

Sans vouloir injustement les circonscrire dans un cercle trop étroit, il est encore d'autres genres dans lesquels elles seront toujours sûres de plaire, et où l'on voit ce sexe aimable cueillir des roses mêlées aux lauriers. Mais c'est toujours une erreur du génie, lorsqu'il fait emboucher la trompette de Clio par des lèvres délicates, destinées à faire soupirer les tendres chalumeaux.

La nature avait inspiré à *Marie Osterwick*, dès le moment de sa naissance, un goût décidé pour la peinture. Elle l'avait comblée de grâces et sembla lui désigner l'emploi qu'elle devait en faire, et le genre où elle acquerrait un nom que revendique la postérité.

Cette fille étonnante montra très-jeune un dégoût insurmontable pour les ouvrages et les bagatelles de son sexe. Toujours le crayon à la main, elle parcourait l'empire de Flore, et, semblable au papillon, sans en avoir la légéreté, elle observait avec attention les formes, les nuances différentes, et s'identifiait avec chaque espèce de fleurs, au point de devenir la rivale de la nature.

Les plus heureux succès suivirent rapidement ses premiers essais, et il fut presque impossible de se rappeler le temps de son enfance. Elève de *David de Heem*, le premier peintre de fleurs et de fruits de la Hollande, elle saisit bientôt le grand goût de cet habile homme et sa belle manière de rendre la nature, au point même de renchérir sur son maître par des grâces toutes particulières, et par un flou de pinceau inconnu jusqu'à elle.

Des talents aussi supérieurs ne pouvaient se borner au sol qui les avait vus naître ; bientôt le nom de *Marie Osterwick* franchit les bornes de la Hollande. Ses précieux tableaux portèrent son nom dans toutes les cours de l'Europe. Louis XIV, ce grand protecteur des arts, fut le premier qui, charmé des talents de cette artiste, fit placer ses tableaux dans sa magnifique collection.

Les principaux souverains voulurent posséder des tableaux de *Marie Osterwick* ; non seulement ils les payèrent au-dessus du prix convenu , mais plusieurs lui firent l'honneur d'y joindre leurs portraits enrichis de diamans , comme gage de leur estime pour l'aimable auteur.

Un seul de ses tableaux fut payé neuf cents florins par Guillaume III , Roi d'Angleterre. Trois autres , portés en Pologne , furent payés par le Roi deux mille quatre cents florins ; et les sommes au-dessus du prix , toujours offertes avec distinction , avaient plutôt l'air de présents donnés au mérite distingué de l'artiste , que le payement de ses tableaux.

Marie Osterwick , uniquement livrée à l'étude de son art , ne voulut jamais s'engager dans les liens du mariage , quelques propositions avantageuses qui lui fussent faites.

Infatigable au travail , elle ne connut d'autres jouissances que celles que lui procurait l'exercice de la peinture , qui lui fit passer une vie douce et paisible , sans jamais en avoir éprouvé aucun des dégoûts.

Son cabinet était son asile favori ; c'était là qu'elle recevait les amis des arts et des lettres , et qu'on était sûr de la trouver. Pour éviter le fracas du monde que l'état de son père , qui était prédicateur de l'église réformée, attirait chez lui , elle se retira à Delft, chez son grand-père , où elle passa une grande partie de sa vie à produire , avec une patience bien rare , un nombre infini de tableaux qui attestent , par leur fini précieux , combien elle était assidue au travail.

En comparant les tableaux de *Marie Osterwick*

au

au velours , c'est louer faiblement le beau faire , le moelleux qui s'y font également admirer ; joignez y les grâces de la composition , la belle forme des bouquets , la couleur brillante et lumineuse des fleurs et des fruits , et vous aurez une idée juste du talent unique de cette aimable artiste.

Les tableaux de *Marie Osterwick* occuperont toujours une des premières places dans les plus belles collections, à côté de *David de Heem* , de *Mignon* , de *Van Huysum* et de tout ce qu'il y a de plus précieux dans le genre des fleurs et des fruits.

On serait tenté de dire , en voyant ses tableaux , que l'art est souvent au-dessus de la nature , ou du moins , que la nature s'y tromperait elle-même , tant il est difficile de trouver en ce genre de plus belle exécution , plus de vérité et plus de délicatesse tout à la fois.

Marie Osterwick s'évanouit comme les fleurs auxquelles ses mains délicates avaient tant de fois redonné la vie. Elle périt avant d'avoir fourni une longue carrière , emportant les regrets de tous les amis des arts , laissant après elle une suite précieuse d'ouvrages qui lui tiennent lieu de progéniture , et qui perpétueront long-temps le nom de cette fille recommandable.

LUCA GIORDANO,

ou Luca Fa presto,

Né à Naples, en 1632, mort en la même ville ,
en 1705.

Les annales des arts n'offrent aucun exemple d'une aussi étonnante facilité en peinture que celle de *Luca Giordano*, et il est difficile de se faire une idée bien juste de l'extrême prestesse de ce peintre, lequel avait plutôt terminé un tableau d'une grande dimension, qu'un autre y eût seulement tracé sa pensée.

L'œuvre considérable de cet artiste en offre une preuve non équivoque, et sa facilité fut telle que l'on disait de lui que lorsque ses pinceaux lui refusaient le service, il peignait avec les doigts. Son ardente imagination se répandait et parcourait la toile avec la rapidité de l'éclair, mais trop prompt pour s'arrêter à quelques imperfections, sa main semblait opérer malgré lui. Cette main habile a cependant enfanté des prodiges, soit pour la fraîcheur du coloris, soit pour la plus belle exécution.

Le nom de *Fa presto* qu'il a conservé en Italie, et sous lequel il est assez généralement connu, vient, dit-on, de ce que son père, peintre médiocre, voulant profiter de l'heureuse fécondité de son fils, l'excitait, très-jeune encore, au travail, en lui disant sans cesse : *Luca , fa presto.*

Luca Giordano entra d'abord dans l'école de *l'Espagnolet*, l'un des peintres les plus renommés de la ville de Naples , et celui qui était chargé des plus grands travaux.

Il le quitta pour aller à Rome , où le hasard ou plutôt une sorte de sympathie le conduisit d'abord chez *Pietre de Cortone* , dont la brillante imagination embellissait alors la galerie et les beaux plafonds du palais Barberin de ses belles conceptions de l'histoire d'Enée. La manière séduisante du *Cortone* plut tellement au jeune *Giordano* , qu'il sembla s'initier tout-à-coup avec le talent de ce nouveau maître. On remarqua bientôt dans ses tableaux toutes les grâces qui caractérisent et embellissent les charmantes compositions du *Cortone* , dont le genre et le goût ont fait une des grandes époques de l'école d'Italie.

A peine est-il entré au nombre des élèves du *Cortone* , que déjà il est en état d'aider ce grand peintre dans ses immenses travaux. On sait aussi qu'il mit également à profit son séjour à Rome pour y acquérir , par de nombreuses études , de nouvelles connaissances dans son art , et perfectionner ses talents.

C'est là , sans doute, qu'il apprit à donner à ses pensées plus d'élévation , plus de justesse et de noblesse , et à se former un meilleur goût de dessin que celui qu'il avait puisé à l'école de *l'Espagnolet*.

Trois ans s'étaient écoulés dans ce sanctuaire des arts , lorsqu'il conçoit le plus grand désir d'aller étudier à Venise la belle couleur de cette antique et fameuse école dont *le Giorgion* et *le Titien* furent les créateurs.

Il paraît qu'il est frappé d'abord à la vue des ouvrages et par la magnificence des tableaux de *Paul*

Véronèse ; il s'empresse de l'imiter ; et ses compositions s'enrichissent des beautés du grand peintre
vénitien auxquelles il joignit les grâces du *Cortone* ,
son maître.

Mais à peine a-t-il passé quelque temps à Venise ,
que son génie bouillant , qui ne peut se fixer , lui
inspire l'envie d'aller visiter Florence pour y méditer
les chef-d'œuvres de *Léonard de Vinci* , de *Michel-
Ange* , d'*André del Sarte* et des autres habiles
peintres de cette savante école qui brilla du plus
grand éclat , et la première au moment de la renais-
sance des arts.

Je ne suivrai point *Luca Giordano* dans son second
voyage à Rome , qu'il quitta peu de temps après pour
retourner à Naples , sa patrie , où il fut chargé de
travaux considérables , et où il a laissé des preuves de
son grand savoir , dans les palais et les églises.

Il serait impossible d'énumérer le nombre des
ouvrages qu'il y a exécutés ; il suffit de dire qu'il y
continua d'exercer sans relâche ses talents jusqu'à
l'âge de 60 ans , époque à laquelle il fut appelé à
la cour d'Espagne par Charles II , en 1690.

C'est ici le moment le plus éclatant de l'existence
de cet habile peintre , et jamais peut-être les arts
ne furent aussi glorieusement honorés que dans la
personne de *Luca Giordano* , auquel il fut assigné
une grosse somme pour son voyage , et une forte
pension pendant son séjour en Espagne.

Il y arrive accompagné de son fils , de son neveu ,
et de quelques-uns de ses élèves. Le Roi envoie plusieurs carrosses à six chevaux au-devant de *Luca
Giordano* ; il est conduit à la cour où le monarque

l'attendait. Le Roi , dans l'enthousiasme que lui causait la vue et la réputation de ce célèbre peintre , l'embrasse à plusieurs reprises , en lui donnant la clef d'or pour entrer à volonté au palais.

Giordano , quoiqu'âgé déjà de 60 ans , s'acquitte en grand maître , avec l'enthousiasme et tout le feu de la jeunesse , des peintures de l'Escurial et d'une infinité d'autres grands ouvrages pour les palais du Roi et pour diverses églises d'Espagne , qui l'occupèrent encore pendant les dix années qu'il passa dans ce royaume.

Le Roi , qui prenait souvent plaisir à le voir travailler , voulut qu'il se couvrît toujours devant lui. Les mémoires du temps assurent que les jours de fêtes ne purent lui faire discontinuer ses travaux , et que sur les représentations qu'on lui en faisait , il se contentait de répondre plaisamment : Si je laissais reposer mes pinceaux , ils s'éleveraient contre moi.

Je n'ai pu passer sous silence les anecdotes qui donnent une véritable idée du caractère de l'artiste , quelque devoir que je me sois imposé dans le cours de cet ouvrage de ne m'occuper que du genre et du talent caractéristique de chaque maître.

Si *Luca Giordano* a rempli l'Escurial et plusieurs endroits de l'Espagne , de chef-d'œuvres qui lui ont fait le plus grand honneur , c'est sur-tout à Naples qu'il faut rester en extase devant le plus grand tableau qui ait jamais été exécuté , celui où il a représenté les Vendeurs chassés du temple. Cette superbe et immense composition qu'il a peinte dans la belle église de Saint-Philippe de Néri , et qui occupe tout le fond de ce vaste édifice , depuis le pavé jusqu'à la voûte , est une des plus étonnantes entreprises de la peinture. L'une des portes de cette église , qui se trouve dans le bas du tableau , eût peut-être embarrassé tout autre moins hardi que *Luca Giordano* , lequel , en homme habile , a su profiter de cet accident pour former , à droite et à gauche du vide de cette porte , deux grands escaliers par lesquels montent et descendent quantité de personnages de toute profession et de tout âge , qui se heurtent et produisent un mouvement et une confusion si propres à rendre ce passage de l'évangile qui produit le plus grand effet.

Il est vrai de dire que cette immense composition offre un des plus beaux prestiges en peinture qu'il soit possible d'imaginer , puisqu'au moyen d'une perspective bien entendue , le peintre a donné à son tableau une profondeur qui double la longueur de l'église , comme dans une glace devant laquelle se passerait cette scène tumultueuse.

On aperçoit aisément la figure de Jésus-Christ majestueusement placée au milieu d'un immense foyer de lumière qui appelle d'abord l'œil du spectateur.

Il faut pour se former une idée bien exacte des tableaux de *Luca Giordano* , remarquer qu'on les reconnaît par des pensées brillantes , par un faire facile , un pinceau large et onctueux ; sa couleur est d'une grande fraîcheur , sur-tout dans les femmes qu'il rendait toujours infiniment gracieuses , non seulement par la beauté du coloris , mais bien plus encore par la grâce et la souplesse des attitudes , par la légéreté , le jet et la transparence des draperies qui semblent se jouer autour de leurs membres délicats , qu'elles couvrent de manière à laisser apercevoir le nu.

C'est ainsi qu'il est facile de juger au premier coup d'œil les tableaux de *Luca Giordano*, nom que les français, suivant leur coutume ordinaire, ont traduit en celui de *Luc Jordans*.

Cette ressemblance de nom a souvent fait commettre des méprises grossières à ceux qui sont peu versés dans la connaissance de l'histoire de la peinture. Il n'est que trop ordinaire de voir confondre l'artiste italien avec un autre *Jordans*, peintre très-habile de l'école flamande, mais il est impossible à tout amateur doué de goût et de tact de s'y tromper, tant est grande la différence qui caractérise le génie et le genre de ces deux habiles peintres : autant les productions du peintre italien sont remplies de grâces et de finesse, autant celles du flamand sont triviales et sans goût ; à la vérité, le peintre d'Anvers a porté au suprême degré le talent de la couleur, mais son dessin est lourd et le style en est commun et bas. On ne trouve dans les tableaux d'histoire de *Jacques Jordans* le flamand, aucunes convenances, ni la moindre connaissance du costume ; il est aisé de voir que ce dernier a bien cherché à imiter la nature, mais qu'il l'a fait sans choix.

Revenons à *Luc Jordans*, et disons que malgré le grand nombre de tableaux de ce peintre, il est assez rare d'en trouver en France (1), *Luc Jordans* ayant toujours été occupé, en Italie et en Espagne, à de très-grands travaux qui ne lui ont pas permis de s'occuper des tableaux de chevalet. On ne rencontre

---

(1) Il y en avait deux d'une assez grande proportion, dans la galerie du palais royal, lesquels ont été gravés par *Beauvarlet*.

guère de ses ouvrages que dans les églises et les palais des princes. Il est peu de grands édifices à Naples qui ne soient embellis de ses charmantes productions, et qui n'offrent à chaque pas des preuves de son abondante facilité.

Je ne puis cesser de parler de *Luc Jordans*, sans citer son heureuse mémoire qui lui servait à imiter les différentes manières des peintres qu'il avait l'art de contrefaire à s'y méprendre, au point de tromper les meilleurs connaisseurs. Une anecdote arrivée en présence du Roi d'Espagne, prouve assez à quel degré il a porté ce talent : sur ce qu'un jour le Roi, lui montrant dans sa galerie un tableau de *Jacques Bassan*, paraissait fâché de ne pas en posséder le pendant, *Luc* cherche aussitôt une vieille toile, et sans rien dire, la place à côté de l'autre, après y avoir peint un sujet tellement dans le genre et la manière du *Bassan*, qu'on le crut de ce maître.

Il faut convenir que *Luc Jordans* a été un des génies les plus féconds de la peinture, et qu'il a trouvé l'art de percer les voûtes des plafonds par des effets de lumière admirables, et par une couleur extrêmement lumineuse.

Combien doit-on regretter que ce peintre chargé d'ouvrages trop considérables, n'ait pu diriger ses études vers la perfection ; car il n'y a pas de doute que s'il eût châtié davantage ses contours, il eût été l'un des plus grands peintres du monde.

BAKHUYSEN (Ludolf),

Né à Embden en 1634 , mort à Amsterdam en 1709.

Si l'exemple a souvent contribué à faire éclore de grands talents , la nature en a plus souvent placé le germe chez certains êtres privilégiés , qu'aucuns obstacles n'ont jamais pu arrêter dans leur course.

Bakhuysen, destiné au commerce par ses parents , employa les premières années de sa vie à cet état peu conforme à ses désirs et à son goût pour le dessin.

Plus attaché à faire connaître le talent de *Bakhuysen* dans le genre qui lui a fait sa grande réputation , je passerai rapidement sur les détails de sa vie.

Je dirai qu'il était fils d'un secrétaire des états de Hollande , qu'il fut occupé à écrire sous la conduite de son père , jusqu'à l'âge de 18 ans , qu'il le quitta à 19 ans , avec le désir de voir à Amsterdam , où la supériorité de son talent pour l'écriture le fit bientôt connaître et lui donna entrée chez un fameux négociant de cette ville. Ce fut en tenant les livres de commerce , qu'il essaya de faire quelques dessins de vaisseaux à la plume , d'après les modèles que lui offrait le port d'Amsterdam. Ce qu'il y a de surprenant , c'est que guidé par ses seules connaissances et ses seules observations , *Bakhuysen* soit parvenu à une perfection telle , que ses dessins se vendirent bientôt jusqu'à vingt et trente florins.

Ses amis émerveillés de talents si rares lui conseillèrent de peindre à l'huile ce qu'il rendait si bien sur le papier.

Bakhuysen frappé de la difficulté de l'entreprise alla trouver *Aldert Everdingen*, célèbre peintre de paysages, qui lui donna les premiers éléments de la pratique de la peinture en très - peu de temps. Il devina les secrets de cet art difficile ; et ses premiers essais eurent le même succès que ses dessins.

Ce prodige étonna tous les amateurs, et on ne parlait dans Amsterdam que des progrès extraordinaires du jeune peintre de marines.

Bakhuysen, en habile homme qui ne se laisse pas éblouir par les premiers succès, sentit de plus en plus la nécessité d'une étude approfondie ; dès-lors il ne négligea rien pour étudier tous les détails d'un genre auquel la nature l'avait destiné. Il ne cessa de s'exposer à tous les dangers de l'élément terrible dont il devait rendre un jour les effets avec une si grande supériorité.

On l'a vu souvent se mettre en mer dans une frêle barque, se faire conduire au large pour examiner plus à son aise le mouvement des vagues, leur formes différentes, et les voir se briser en écumant sur le rivage. Attentif à étudier le choc et les débris des vaisseaux, les travaux, le trouble des matelots, lui seul reste calme. Il observe de sang froid tout ce qui se passe sous ses yeux.

Souvent les matelots effrayés du danger, l'ont ramené à terre malgré lui ; alors l'imagination pleine de ce qu'il venait d'observer, gardant un profond silence, il vient exécuter promptement les tableaux qui sont devenus autant de chef-d'œuvres de l'art.

On ne peut trop admirer l'étonnante vérité qui caractérise les productions de *Bakhuysen*, vérité d'autant plus difficile à obtenir , que les modèles changent et varient de forme à chaque instant , et qu'il est presque impossible d'arriver au degré de perfection où il est parvenu.

Sa couleur est excellente , sa touche admirable. Il a montré des connaissances profondes dans tout ce qui a rapport à son art et au genre qui lui a fait un nom si célèbre. Il est difficile de surpasser ce peintre lorsqu'il a voulu rendre toutes les variations et les accidents divers de la mer. On n'a jamais été plus loin dans la science , dans la précision , la vérité des agrès et de toutes les parties qui constituent un vaisseau.

Quelquefois *Bakhuysen* vous promène délicieusement sur la mer dont les eaux calmes et limpides ne cachent trop souvent qu'une dangereuse sécurité. Les vaisseaux avec toutes leurs voiles déployées passent majestueusement sur les eaux où leur image se reflète avec grâce. Les pavillons , les banderoles de toutes couleurs embellissent ce tableau en se développant en plis ondoyants dans les airs. L'équipage se livre aux douceurs du repos ; mais bientôt la tempête la plus affreuse va succéder à ce calme trompeur , sous le pinceau véridique de *Bakhuysen* qui offre un autre tableau.

Le vent s'élève , les nuages augmentent , s'amoncèlent en tourbillons d'un gris violâtre ; la clarté du jour s'obscurcit ; des éclairs éloignés traversent l'horizon en sillons de feu ; les vagues grossissent , se succèdent avec rapidité , elles se précipitent les unes sur les autres en flots écumants : les vaisseaux , tantôt élevés , tantôt abaissés , en suivent les mouvements rapides.

L'équipage s'empresse d'amener toutes les voiles ; chaque matelot se presse à la vue du danger : le pilote saisi de crainte, redouble d'efforts ; les vents déchaînés se font entendre en longs hurlements ; l'orage augmente, on entend à peine la voix de celui qui commande ; les vagues, encore plus terribles, semblent monter jusqu'au ciel et redescendre dans les plus profonds abymes.

La foudre éclate, et ses feux ardents, au milieu de la nuit obscure, éclairent seuls l'image du danger ; le désordre est au comble ; les matelots effrayés courent çà et là et se heurtent de la poupe à la proue. Le vaisseau, battu par la tempête, a déjà perdu une partie de sa mâture et de ses agrès. Sans ressource et presque abandonné, il vogue à la merci des flots. En vain le canon d'alarme a déjà tiré plusieurs coups, la terre est trop éloignée et la mer est affreuse. Le vaisseau, fatigué par le choc terrible des vagues en furie, s'ouvre par un de ses flancs, et donne passage à l'eau qui s'introduit dans la cale ; en vain les matelots accablés de fatigue épuisent leurs derniers efforts à la pompe, le navire fait eau de toutes parts. Chacun dans le pressant danger cherche à se dérober à une mort inévitable. Plusieurs montent dans les mâts à moitié rompus, et dans les agrès déchirés qui s'élèvent encore au-dessus des vagues : vaine espérance, la foudre éclate et le vaisseau disparaît.

Des débris flottants soutiennent encore l'espoir de quelques matelots sauvés du naufrage, ils croient apercevoir la terre au loin, luttant contre les flots, ils approchent de ce cruel secours. Poussés par la violence des vagues, des rochers perfides vont leur opposer un choc affreux. Ils vont être brisés et déchirés contre leurs pointes multipliées ; sont-ils jetés à terre, tourmentés bientôt par les horreurs d'une faim dévorante, ils y trouveront un trépas assuré ; leurs squelettes étendus sur le sable et blanchis par les eaux étonneront un jour les voyageurs curieux qui viendront explorer ces bords frappés d'une éternelle stérilité, sans que cette image terrible puisse jamais les guérir de la passion des voyages. C'est ainsi que le talent supérieur de *Bakuysen* sait égayer et effrayer tour-à-tour dans ses tableaux admirables.

Rien de plus grand que la manière de peindre de ce maître : son pinceau moelleux sans mollesse, ferme et fini sans sécheresse, rend tout avec la plus exacte vérité. Aucuns détails utiles n'échappent à ses observations : aussi terminé et aussi précieux, mais moins froid que *William Vanden-Velde*, il a sur celui-ci l'avantage d'avoir animé ses tableaux par les grands mouvements de la nature, ou par des scènes intéressantes. Ses ciels étonnent par la belle forme des nuages ; on est presque tenté de croire qu'ils ont du mouvement, et que d'autres nuages vont leur succéder ; on les prendrait quelquefois pour des montagnes soutenues dans les airs, ils offrent une beauté de couleur et une profondeur d'effet qui ne se rencontrent que dans les tableaux de *Bakhuysen* (1).

La vérité et la transparence des eaux est telle

----

(1) On voit à Rouen dans la collection de M. Chapais, un beau tableau de *Bakhuysen*, absolument semblable à cette description qu'il a inspirée à l'auteur de cet ouvrage.

qu'il est impossible de confondre les tableaux de *Bakhuysen* avec ceux des autres peintres de la Hollande qui ont suivi la même carrière ; les uns sont froids dans l'exécution, d'autres ont mis plus de monotonie, par beaucoup trop d'exactitude dans les détails.

Ce n'est pas ainsi que *Bakhuysen* et les grands peintres sont parvenus à la célébrité. N'a-t-on pas vu aussi dans le dernier siècle l'illustre *Vernet*, l'honneur de l'école française, sacrifier les menus détails à l'ensemble général et donner un nouvel intérêt à ses tableaux, tantôt gracieux, tantôt effrayants.

L'art et le génie sont les guides de l'artiste lorsqu'il est devant la nature.

Si l'art dirige son pinceau, le génie élève ses idées au-dessus du vulgaire dont l'imagination froide ne peut rien produire sans le modèle devant les yeux.

Il entasse sans discernement tous les détails que lui présente la nature.

Bakhuysen, du caractère le plus doux et le plus aimable, cultiva la poësie et fut lié avec tous les hommes célèbres de son siècle. Il conserva sa gaieté naturelle jusqu'à la fin de sa longue carrière.

Les auteurs hollandais rapportent une anecdote de ce peintre célèbre, que je ne puis passer sous silence, qui donne une idée parfaite de son caractère. Il voulut, dans les dernières années de sá vie, que ses amis dont il avait fait une liste, assistassent à ses obsèques. En conséquence, il fit venir du meilleur vin, le fit cacheter en bouteilles en sa présence, et ordonna par son testament qu'il fût conservé.

Il mit dans une bourse autant de florins d'or

qu'il avait vécu d'années, et prescrivit à ses amis, pour dernière volonté, de dépenser cet argent dans un banquet et de boire le vin d'aussi bon cœur qu'il le leur laissait.

Quelle gaieté, quelle force de courage, d'autant plus extraordinaires dans un homme dont la vieillesse fut souvent tourmentée par les douleurs aiguës de la pierre et de la gravelle, auxquelles il succomba à l'âge de 78 ans!

VANDER-MEULEN.

Né à Bruxelles en 1634.

VANDER-MEULEN est un de ces hommes extraordinaires que la nature avait réservés pour le siècle qui fut le centre de réunion des grands génies en France. Lorsqu'elle produisit cet habile peintre, elle voulut assigner au monarque conquérant, ami des sciences et des arts, un fidelle témoin de ses exploits, et un talent digne de les immortaliser.

Le démon de la guerre inspira et conduisit le pinceau de *Vander-Meulen.* Ce fut au milieu des champs de bataille que ce grand homme peignit ces tableaux, où il a rendu, avec la plus étonnante vérité, toutes les horreurs de la guérre.

L'œuvre de ce peintre offre l'histoire la mieux écrite, et la plus impartiale de la vie du héros qui fut l'admiration de son siècle. Tout est marqué au coin de la plus exacte vérité. Tout est portrait dans les tableaux de ce maître. Les villes, les routes qui y conduisent, les défilés, les champs de bataille, les sites les plus éloignés, rappellent au spectateur toutes les vérités locales. On aperçoit toujours le monarque victorieux au milieu de ses généraux, dont la ressemblance égale celle du Roi. Les contemporains y reconnaissaient jusqu'à la physionomie élégante et altière qui distinguait les chevaux les plus renommés des écuries du prince.

On doit dire à la louange de *Vander-Meulen,* que le plus grand désordre n'a jamais détruit l'ordre

de

de son tableau, et tout ce qui peut contribuer à caractériser chaque siége, chaque bataille. Jamais l'enthousiasme ne l'emporte au-delà de la réalité. Jamais rien de convention, rien qui sente l'arrangement idéal. Ses tableaux ont l'air d'avoir été faits en plaine campagne. S'il les a représentés éclairés des rayons du soleil, et parés de toutes les richesses de la nature, avec quel art il sait opposer le différent vert des arbres avec la couleur dorée des moissons ondoyantes qui vont se perdre et se fondre avec l'azur fuyant des lointains. Des troupes de cavaliers parcourent les différentes routes, et des troupeaux paissant dans la plaine varient et animent cette image fidelle du calme de la nature.

Veut-il peindre ces moments de désordre où les aquilons furieux élèvent des tourbillons de poussière précurseurs de l'orage : la cime des arbres ployés en tous sens, semble toucher à la terre, des longs sillons transversalement opposés à l'horizon noirci, annoncent l'arrivée de la pluie qui se répand déjà de toutes parts. Les cavaliers font de vains efforts pour s'envelopper de leurs inutiles manteaux. Devenus le jouet des vents, leurs coursiers, la tête basse et rebutés, sont sourds à la voix qui les guide, et refusent d'avancer. Des torrents, déjà grossis par les pluies lointaines, entraînent l'espoir du laboureur et terminent cet effrayant tableau. Son pinceau, toujours facile, sait rendre avec la même vérité la présence des plus affreux frimats (1). Peint-il l'armée

______

(1) La prise de Dôle, le jour du mardi gras, par un hiver des plus rigoureux, le 14 Février 1668.

française dans les plaines de la Franche-Comté , au milieu des glaces et de l'hiver , la neige qui tombe à gros flocons oppose sa blancheur à la fumée du canon , et à la teinte triste et sombre du ciel. Des charriots, des trains d'artillerie traversent les fleuves endurcis ; des groupes de soldats épars çà et là autour de feux allumés , animent et colorent ce triste tableau. Rien n'est étranger au génie de cet habile imitateur de la nature.

Si l'ame est saisie de terreur à la vue des batailles de ce grand peintre, l'œil est enchanté par la finesse et la légéreté de sa touche , la beauté de sa couleur , et par cette vérité qui seule a droit de charmer dans les productions des arts. Tout est grand dans les tableaux de *Vander-Meulen* ; on ne peut se lasser d'y admirer les figures , les chevaux qu'il dessinait dans la dernière perfection , la belle forme des arbres et des terrasses , la transparence des ciels et des eaux, enfin , cette manière large qui donne à tous les objets la physionomie de la nature , et rend ses tableaux intéressants , même pour l'œil le moins exercé.

Les grands talents de *Vander-Meulen* ne pouvaient échapper à la sagacité de *le Brun*, qui cherchait partout des hommes faits pour honorer son siècle. Il engagea le ministre Colbert à attirer ce peintre à Paris, quoiqu'il fût jeune encore. *Le Brun* présagea dès-lors les grandes destinées auxquelles cet artiste était réservé. Aussi ce grand génie ne fut point trompé ; *Vander-Meulen* tint parole au-delà de tout ce que l'on avait droit d'attendre de son talent. *Le Brun*, admirateur du rare mérite de *Vander-Meulen* , en parle avec éloge à Louis XIV, qui le comble de ses bienfaits, et ne peut plus se passer de cet artiste, qui l'accompagne dans toutes ses conquêtes. Chaque jour il reçoit l'ordre du Roi, qui lui accorde un logement aux Gobelins, et lui assigne une pension considérable. Dès-lors *Vander-Meulen* ne cessa de peindre pour le monarque, auquel il voua un attachement sans bornes. Il fut un des artistes avec lequel le Roi vécut dans la plus grande intimité. Il lui fit l'honneur de nommer une de ses filles.

Louis XIV voulant laisser à ses compagnons d'armes les souvenirs des grandes actions auxquelles ils avaient eu tant de part, ordonna à *Vander-Meulen* de les représenter dans les salles de l'hôtel des Invalides ; monument éternel de la reconnaissance du héros pour son armée. Il voulut que dans cet asile de paix et de repos, chaque compagnon de ses fatigues et de ses conquêtes pût contempler à loisir les lieux, les villes, les camps qui furent témoins de leur valeur ; il voulut que chaque soldat pût visiter jusque dans l'extrême vieillesse, et marquer, pour ainsi dire, du bout du doigt, les lieux qu'il avait habités et qui lui rappelaient les anecdotes de sa jeunesse, dont le souvenir, toujours agréable, console le vieillard accablé d'infirmités. Ceux-là même qui sont privés de la vue prêtent une oreille attentive à la description de leurs camarades. L'étonnement, la joie se peignent sur leur visage, et leur mémoire, toujours présente, leur rappelle ces mêmes lieux, et les console de la privation du plus précieux des sens.

Il est fâcheux pour le progrès des arts que la plupart de ces chef-d'œuvres de *Vander-Meulen* soient presque disparus. La fumée, l'air enfermé de

l'intérieur, l'humidité des hivers ont presque contribué, en un siècle, à la perte de ces ouvrages faits
pour l'immortalité.

C'est ici le cas de rendre hommage à l'art de la
chalcographie, qui transmet les conceptions du génie,
et sert à diminuer nos regrets. Plusieurs graveurs du
dix-septième siècle se sont empressés de nous conserver la plus grande partie des ouvrages de *Vander-
Meulen*, dont nous aurions à regretter la perte totale,
sans les ressources infinies de cet art utile et sans
lequel la plupart des monuments des arts seraient
plongés dans un oubli éternel. Quelle jouissance
n'éprouve pas l'artiste ou l'homme de goût, qui, du
fond de son cabinet, peut, au moyen de cet art enchanteur, admirer et savourer les productions des
siècles passés, devenues la proie des éléments, de la
barbarie, ou des ravages du temps! L'art d'Arachné,
sous les mains de l'industrieux Gobelin, a aussi
concouru à transmettre d'âge en âge, par un savant
tissu, les plus beaux tableaux de *Vander-Meulen*.

Si les arts ont à regretter la perte de plusieurs
ouvrages de ce peintre, il est encore dans les collections des amateurs beaucoup de tableaux délicieux
et bien conservés de cet intéressant artiste, où l'on
admire sa belle couleur, la finesse de sa touche,
qui se montre souvent rivale de celle de *Teniers*,
avec lequel il a beaucoup de rapport pour cette
partie de l'art.

Le talent de *Vander-Meulen* ne se borna pas à
peindre des batailles et des siéges, il ne se distingua
pas moins lorsqu'il fut chargé de peindre les plaisirs
du monarque, dont le repos lui fournissait de nouvelles

occasions d'exercer son pinceau. Les chasses, les carrousels, les fêtes publiques, les diverses entrées du Roi dans les villes conquises et dans Paris, sont rendus avec le même talent et la même énergie. Toutes les maisons royales furent décorées de ses étonnantes productions. Toujours aussi grand, aussi parfait, rien n'est plus vrai que ses chasses et les lieux où se passe la scène qu'il veut représenter.

Celui dont les tableaux avaient saisi d'effroi le spectateur, pique de nouveau sa curiosité, en le reportant à des scènes agréables. Ici c'est un départ pour la chasse, où la cour brillante de Louis paraît dans tout son éclat. Les cavaliers ont peine à retenir l'ardeur de leurs chevaux écumants ; les meutes de chiens partent à la file, et s'étendent déjà dans la plaine ; les dames entourées de leurs écuyers, s'empressent de suivre la chasse dans de brillantes calèches.

Là, c'est un cerf qui traverse à toutes jambes une vaste forêt, poursuivi par des chiens acharnés à sa perte, suivis bientôt par des chasseurs emportés par leurs coursiers. Les sites de ses tableaux rappellent souvent les endroits les plus pittoresques de l'antique forêt de Fontainebleau, dont les rochers, d'un ton jaune et grisâtre, opposent merveilleusement avec le vert des chênes. Le pinceau facile de *Vander-Meulen* varie à l'infini les différents sujets de chasses et de haltes qu'il a traités de la manière la plus intéressante.

Parmi les grandes conceptions qu'il a laissées, on doit citer avec éloge le Passage du Rhin, l'Entrée du Roi et de la Reine dans Paris, et traversant le Pont-Neuf pour aller à Notre-Dame. Ces tableaux, vraiment dignes du genre de l'histoire, assureront un rang distingué à *Vander-Meulen* parmi les artistes de ce premier genre de la peinture. Combien je pourrais en citer du même mérite, mais dont l'énumération serait infinie, tel que celui où l'un des gardes-du-corps est renversé de son cheval qui vient d'être frappé d'un boulet à la cuisse, à côté du Roi qui, seul, n'est point effrayé de ce danger imminent.

Le dessin de *Vander-Meulen* est ferme et correct. Personne n'a mieux dessiné les chevaux, et ne sait leur donner le feu, la grâce et les beaux mouvements de ce fier animal. On doit aussi particulièrement remarquer dans les tableaux de ce peintre son grand talent à rendre le feuiller des arbres, et à en distinguer les espèces différentes. Il excellait sur-tout dans les bourrasques, ces moments affreux où la nature en proie à tous les éléments semble prête à se dissoudre. Avec quel art il savait peindre ces vieux chênes, antiques colosses des forêts, tourmentés en tout sens, s'éclatant de part en part, et près d'être arrachés du sein de la mère qui les a nourris. Le site de ses tableaux représente souvent les vastes plaines de la Belgique embellies par son génie et variées à l'infini. Ses groupes, puisés dans la nature, sont heureusement contrastés ; ses plans bien disposés, ses lointains fuyants et noyés dans le vague de l'air, attestent sa parfaite intelligence de la perspective aérienne.

Vander-Meulen joignait à ses rares talents la plus belle physionomie, et les manières les plus gracieuses et les plus nobles. Il vécut dans un état d'opulence, et sut se faire honneur des bienfaits dont l'avait comblé Louis XIV. Issu d'une des premières familles de Bruxelles, ses parents n'avaient rien négligé pour former son éducation ; mais son goût décidé pour la peinture se manisfestant de très-bonne heure , ils lui fournirent les moyens de cultiver cet art difficile , dans lequel il ne tarda guères à faire de grands progrès. Son goût le portait naturellement à peindre des paysages , des chevaux, des chasses , des batailles , qu'il traitait déjà avec la plus étonnante vérité.

La nature avait tout fait pour ce savant artiste. Doué des plus rares talents, comblé et honoré de la faveur et de l'amitié d'un grand Roi ; estimé des savants et des artistes, ses contemporains, qui avaient créé pour lui une place particulière dans l'académie de peinture (1), il semblait n'avoir plus rien à désirer , lorsque des chagrins domestiques altérèrent sa santé et lui causèrent la mort à l'âge de 56 ans : perte réelle pour les arts et pour la France, qu'il pouvait encore enrichir de nouveaux chef-d'œuvres.

Vander-Meulen est descendu au tombeau avec la réputation du premier peintre de batailles , celle d'un grand paysagiste, et l'un des hommes dont les talents ont le plus honoré son siècle. On ignore s'il eut des enfants mâles , au moins n'en a-t-il laissé aucuns qui aient suivi la carrière des arts , et qui aient survécu à sa gloire. Il forma plusieurs bons élèves , parmi lesquels on doit distinguer *Martin* , *Bonnart* et *Beau-douin*, qui l'aidèrent beaucoup dans l'exécution de ses grands ouvrages. Il est peu de peintres d'après lesquels on ait autant gravé. Les tableaux de *Vander-Meulen* doivent être regardés comme le type du genre des

____

(1) En 1686.

batailles, et ce peintre comme le premier qui ait rendu avec la plus exacte vérité et dans la plus grande proportion, les combats, les siéges et tous les détails inséparables d'une armée. Les artistes qui, avant lui, avaient obtenu le plus de réputation comme peintres de batailles, s'étaient distingués, à la vérité, par quelques belles parties de l'art, soit par la bonne couleur, soit par une touche savante et spirituelle; mais ils avaient souvent donné pour la réalité ce qui n'était que le fruit d'une imagination fiévreuse.

Il est un autre genre de tableaux de batailles, qui appartient proprement à l'histoire; telles sont les sublimes et savantes batailles peintes par *Raphael* et *Jules Romain*; telles sont celles d'Alexandre, par *le Brun*, chef-d'œuvres immortels qui consacrent à jamais la mémoire d'un des plus grands peintres de l'école française. Il faut bien se garder de confondre ces élans du génie avec le genre de batailles, qui doit être la représentation fidelle des faits d'armes dont nous sommes les contemporains. Tel est celui où *Vander-Meulen*, en marchant au premier rang, a tracé la véritable route aux artistes dont le pinceau prompt et énergique peut suivre la marche rapide de nos armées victorieuses.

VAN MIERIS (François),

dit LE VIEUX,

Né à Delft en 1635, mort en 1681.

C'EST avec justice que *Mieris* est compté au nombre des plus habiles et des plus gracieux peintres de l'école hollandaise. Aucun n'approcha plus près du précieux fini de l'incomparable *Gérard Douw*, son maître, sur lequel il me semble cependant obtenir l'avantage dans quelques parties de son art. Ses figures ont en général plus de noblesse, et comme *Netscher* il choisit ses modèles dans les classes élevées de la société.

Le dessin de *Mieris* a plus de finesse et moins de raideur que celui de *Gérard Douw*, si étonnant d'ailleurs. *Mieris*, doué d'une profonde connaissance du clair obscur, a su arrondir avec grâce le nu de ses figures qu'il a soin cependant de découvrir très-peu. Il rivalise avec *Netscher* par son talent à peindre les velours, le satin et les fourrures.

Il paraît que *Mieris* ne s'est guères exercé qu'à peindre des tableaux de médiocre proportion. Souvent ce sont des figures vues à mi-corps par l'embrâsure d'une croisée qu'il ornait ordinairement de pampres de vigne, de jolis bas-reliefs ou d'élégantes petites figures antiques, ce qui donne beaucoup de profondeur à l'intérieur de ses tableaux.

On connaît aussi de *Mieris* quelques jolis tableaux composés de deux ou trois personnages. Il existe dans un célèbre cabinet de Hollande une charmante composition de ce maître , représentant une jolie marchande qui développe des étoffes de soie à un homme bien mis ; on remarque que celui-ci est moins occupé des étoffes que de la beauté de celle qui les lui présente. Ce tableau l'un des plus capitaux de ce maître a été payé mille florins.

Un autre du même genre représente une jeune femme évanouie , un médecin auprès d'elle cherche à la ranimer , tandis qu'une vieille femme en pleurs semble demander du secours. Celui-ci a été vendu 1,500 louis , et le grand duc de Florence en offrit 2,000 , sans pouvoir l'obtenir.

Je n'ai cité ces anecdotes que pour faire juger du talent de *Mieris* et de quelle considération il jouissait déjà de son vivant. Combien les arts se fussent enrichis si une mort prématurée ne l'eût enlevé à moitié de sa carrière !

Mieris eut deux fils qui approchèrent tellement du talent de leur père , que souvent on pourrait confondre leurs tableaux avec les siens. Ceux de *François Mieris* , son fils aîné , se vendent presque aussi cher , et combien d'amateurs se vantent de posséder un tableau de *Mieris* le père , qui n'en ont placé dans leur collection qu'un de son fils.

Avouons qu'il faut une grande habitude de ces maîtres et avoir beaucoup observé pour n'être pas encore dupe de ses propres connaissances. On doit remarquer que les ouvrages de *François Mieris* le fils , et de son frère , offrent un faire plus large et peut-être une sorte de facilité plus apparente , qui les décèlent.

Les deux *Mieris* fils sont cependant des peintres

d'un grand mérite, et qui, s'ils n'eussent pas été pré-cédés par un père aussi habile, auraient joui d'une plus grande réputation.

Je crois en avoir assez dit pour faire connaître le talent de cet habile peintre, dont on ne peut obtenir les tableaux qu'à des prix considérables, tant les hollandais sont jaloux de les conserver.

On confond quelquefois les tableaux de *Mieris* avec ceux de *Netscher*, qui a suivi le même genre avec beaucoup de talent, mais dont le faire et la couleur forte et vigoureuse offrent quelque différence aux yeux du vrai connaisseur ; ce dernier d'ailleurs se distingue encore par la finesse et l'élégance de son dessin.

VANDEN-VELDE (Adrien),

*Né à Amsterdam en 1639, mort dans la même
ville en 1672.*

VANDEN-VELDE fut du petit nombre de ces artistes que la nature semble n'avoir voulu montrer qu'un instant, pour augmenter d'autant plus nos regrets sur la courte durée de leur existence.

Les annales des arts n'offrent que peu d'exemples d'une carrière aussi courte et aussi distinguée tout à la fois que celle de ce peintre célèbre.

Le nom de *Vanden-Velde* (1) est un des plus connus et des plus renommés de l'école hollandaise, et dans le nombre des peintres du même nom, dont les talents ont illustré cette école, *Adrien Vanden-Velde* doit être cité au premier rang pour le genre du paysage et des animaux.

Il avait reçu son talent de la nature, et il sut mettre à profit les bons principes de *Winants*, dont il devint le premier élève. Il eut la gloire de surpasser son maître et de devenir son meilleur ami.

On a confondu mal à propos *Adrien Vanden-Velde*, avec *William Vanden-Velde*, célèbre peintre de marines. Ces artistes n'ont d'autre rapport entr'eux que le nom, n'étant pas de la même famille. Il est bien intéressant de relever une semblable

---

(1) Il y a cinq peintres de ce nom.

rreur qui embarrasse les amateurs et qui laisse des doutes sur les productions de tous les deux.

Si le premier a obtenu de la célébrité dans l'art de peindre avec précision et avec beaucoup de justesse le genre des marines et tout ce qui tient aux agrès des vaisseaux, le second s'est distingué par un talent admirable pour le paysage et les animaux broutants, dont il a rendu la naïveté avec un sentiment de candeur et de vérité inexprimable.

La nature le forma spécialement pour la peinture, on le vit dessiner sans avoir jamais connu aucuns maîtres. Dès l'âge le plus tendre, le jeune *Vanden-Velde* barbouillait tellement sa maison de figures, que ses parents ne pouvant plus douter du succès qu'il devait obtenir dans cet art difficile, le placèrent à l'école de *Winants*, dont il devint l'ami, au point de confondre dans la suite leurs talents réciproques.

Winants doué d'une franchise et d'une droiture de caractère qui le rendait incapable d'une basse jalousie, s'empressa de lui dévoiler les secrets de son art et d'applaudir le premier aux progrès rapides de son élève. Il ne cessait de lui recommander l'imitation de la nature, comme la seule et véritable route pour arriver à la perfection ; aussi *Vanden-Velde*, fidelle à ces principes, ne laissa jamais passer un seul jour sans la consulter ; il était continuellement dans les campagnes à peindre et à dessiner des vues, des arbres, des animaux.

Sensible au spectable varié des cieux, il est parvenu à rendre cette partie intéressante de la peinture avec un art, une légéreté et un tact, si je puis m'exprimer ainsi , que tant de peintres n'obtiennent qu'avec beaucoup de difficulté. Il a rendu avec une vérité surprenante le mouvement, la forme des nuages et leurs diverses couleurs. La nature en lui dévoilant rapidement ses secrets , semblait vouloir le dédommager du court passage qu'il devait faire sur la terre.

C'est en effet un véritable prodige , qu'un artiste qui a si peu vécu ait produit l'immense quantité de tableaux qu'il a eu l'art de terminer avec autant de patience que de goût.

Rien n'égale le rendu , le moelleux , les grâces que ce peintre a su répandre sur un genre qui en paraissait le moins susceptible.

Il est difficile de donner une idée du charme que l'on éprouve à la vue des ouvrages de *Vanden-Velde.* Il règne dans ses tableaux une couleur forte , dorée , un flou , une touche fondue , qui n'appartiennent qu'à lui seul. Ses terrasses offrent un velouté tel , qu'on voudrait y poser voluptueusement le pied.

Il n'est point de peintres , si l'on en excepte *Paul Potter* , qui peut-être avec moins de richesses que *Vanden-Velde* ait mieux rendu le mouvement , le repos , les formes et la véritable couleur des animaux.

Vanden-Velde a trouvé le secret de traduire la nature avec cette vérité qui n'est point austère , mais qui embellie par l'art , plaît et enchante ; il a produit beaucoup d'effet avec de grandes ombres , dans lesquelles il a tiré des reflets les plus heureux , et qui ne laissent rien désirer au spectateur.

Ses eaux calmes et limpides invitent à la rêverie : on voudrait être assis avec ses bergers aux bords de ces miroirs argentins où se peignent délicieusement les nuages, les arbres, les animaux et tous les objets d'alentour.

Vanden-Velde a cherché dans l'observation de la nature le secret difficile de l'harmonie, de l'accord des tons, il a su éviter la monotonie si fastidieuse dans l'art de la peinture.

Il a obtenu par une dégradation insensible de teintes, le ton gracieux qui fait tellement le caractère distinctif de ses ouvrages, qu'il est impossible à l'œil tant soit peu exercé de ne pas le nommer sur le champ.

Ce peintre avait sur-tout une prédilection pour l'enfance des animaux, ces jolies petites créatures qui, dans les plus vilaines espèces, présentent toujours quelque chose d'aimable ; ces êtres enfantins que l'on voit bondissant et agaçant leurs mères avec grâce. Est-il rien de plus joli, de plus attrayant sous le pinceau de *Vanden - Velde*, qu'un jeune chevreau qui joint à la blancheur de la neige un air malin et piquant, qu'un tendre agneau couché mollement près de la paisible brebis qui lui donna le jour.

Comme ces doux objets sont en opposition et se lient merveilleusement avec le fier taureau dont le front et le large fanon de couleur blanche se détachent de la teinte forte et vigoureuse du reste de son corps, à côté de ce groupe de vaches, d'une couleur lumineuse et dorée, les unes debout, les autres nonchalamment étendues sur l'herbe qu'elles ont froissée.

Avec quel art *Vanden-Velde* sait varier ses groupes en mêlant adroitement les diverses espèces d'animaux auxquels il donne une nouvelle vie. La vérité est au point que l'on croit sentir l'odeur qu'ils exhalent ; entendre leurs longs mugissements et le bruit sourd qu'ils font en ruminant la pâture de la journée. Les sites toujours heureux de ses tableaux engageraient l'homme le plus insensible au bonheur de la vie champêtre à en goûter les délices.

Ses arbres sont du plus beau choix , ils sont variés et touchés avec beaucoup de finesse , sans manière et sans sécheresse ; la nature n'est qu'embellie des charmes de son pinceau : ses figures bien dessinées ont toujours le mérite du naturel et de la plus naïve vérité.

On sait que peu de peintres ont aussi bien réussi que lui à peindre avec esprit ce que l'on appelle vulgairement des figurines (1), dont il embellissait les tableaux de plusieurs peintres et de presque tous les paysagistes de son temps , sur-tout ceux de *Winants* , son maître , auquel il ne pouvait assez marquer sa reconnaissance.

Jacques Ruisdaal , *Vander-Heyden* , *Hobbéma* , *Moucheron* , *Péterneeffs* , ainsi que quantité d'autres peintres hollandais , ses contemporains , empruntèrent souvent son pinceau pour donner un nouveau prix à leurs ouvrages.

Mais ce qu'on aura peine à croire , c'est qu'un jeune artiste qui semblait avoir porté toutes ses études , toutes ses pensées vers le genre du paysage et de l'imitation des animaux, ait pu s'adonner avec succès au genre sublime de l'histoire, dans lequel il aurait aussi bien réussi , si la mort ne l'eût surpris au commencement de sa carrière.

_____

(1) Très-petites figures.

Quelle

Quelle douleur n'éprouvèrent pas les amis des arts qui n'eurent pas moins à regretter l'homme aimable que ses mœurs douces et sociales leur rendaient aussi cher que l'artiste distingué.

Plusieurs tableaux d'histoire, conservés en Hollande, y ont établi sa réputation ; une Descente de croix, ainsi que plusieurs autres sujets placés dans une église romaine, attestent qu'il eût également réussi dans le genre de l'histoire.

On ne pouvait joindre plus de modestie et plus de talents que ce jeune peintre, qui n'a guères été surpassé dans le genre des animaux qu'il dessinait avec une vérité surprenante, et auxquels il avait assigné des grâces toutes particulières. Les chevaux, les vaches, les moutons, les chèvres semblent respirer.

Les productions d'*Adrien Vanden-Velde* sont portées à des prix considérables, même dans sa patrie, et méritent de tenir une place distinguée dans les premiers cabinets.

Il est peu de tableaux de ce genre qui plaisent autant que les siens. Aussi spirituel que *Berchem*, aussi vrai que *Paul Potter*, il a peut-être sur ces deux habiles peintres un avantage, c'est d'être plus simple et plus naïf que le premier, plus gracieux et plus abondant que le dernier.

Ce qui doit caractériser plus particulièrement le génie de *Vanden-Velde*, et fixer l'attention des amateurs sur ses ouvrages, c'est d'avoir joint au fini et au pinceau le plus exquis, une chaleur de couleur toujours soutenue.

Ses nuages agréablement groupés sont clairs et brillants, ils ont l'air de percer à travers les arbres et de se promener avec grâce au milieu de l'azur des cieux. Toutes ces beautés réunies ne laissent aucuns doutes sur les tableaux d'*Adrien Vanden-Velde.* Ce peintre, qui dans la courte durée de sa vie, a meublé les premiers cabinets de l'Europe, de ses tableaux, a encore enrichi les porte-feuilles des curieux d'une belle suite d'eaux-fortes et de dessins, où l'on retrouve le même goût qui distingue ses tableaux.

On serait tenté, si l'on ne craignait de blesser la vraisemblance, de le nommer *l'Albane* du genre des animaux.

NETSCHER (Gaspard),

Né à Heidelberg en 1639 , mort à la Haye en 1684.

QUOIQUE né en Allemagne , *Netscher* n'en jouit pas moins de la réputation d'un des peintres les plus précieux de la Hollande , où il fut amené fort jeune par sa mère , et qu'il ne cessa d'habiter jusqu'à sa mort.

Netscher a porté le genre des scènes de la vie privée à un degré très-distingué. Ses personnages offrent un air d'opulence qui ferait assez croire que la plupart de ses compositions sont des portraits de familles aisées.

Ce peintre s'est quelquefois élevé à la noblesse de l'histoire , et il a fait des tableaux en ce genre , qui , sans être exempts de reproches du côté du costume et des convenances , n'en sont pas moins très-recommandables par la manière précieuse avec laquelle ils sont traités , et par leur belle couleur. On peut citer sa Cléopâtre mourant de la morsure d'un aspic , comme un de ses plus beaux morceaux en ce genre (1).

Cette conception de *Netscher* eût fait honneur à beaucoup de peintres même de l'école d'Italie. La tête de Cléopâtre , qui tient à l'école du *Guide* , est pleine de noblesse et d'expression ; il est aisé d'y reconnaître le caractère et le style d'une des plus belles têtes de

(1) On sait que *Wille* a immortalisé ce chef-d'œuvre de *Netscher* par un nouveau chef-d'œuvre au burin , qui devient plus rare de jour en jour.

l'antiquité (1) que le peintre italien consulta si souvent lui-même pour peindre ses admirables Madeleines.

Netscher a montré un talent supérieur par sa manière de rendre le satin, le velours, les tapis de point. Rien n'est mieux peint que les accessoires de ses tableaux, lesquels rivalisent tellement avec la nature, que malgré la grande disproportion et la petitesse de l'objet imité, on cesse de croire que ce n'est qu'une imitation.

Ce maître s'est beaucoup plus attaché à la sévérité de l'étude du dessin, que les autres peintres de l'école hollandaise qui ont suivi le même genre ; et il est facile de s'en convaincre par la manière dont il a dessiné les têtes, les membres et les extrémités de ses personnages (2).

Les productions de *Netscher* se distinguent facilement par une belle couleur, un dessin pur, un fini précieux sans sécheresse, et sur-tout par une savante entente du clair obsur.

Les tableaux de ce maître toujours portés à un très-haut prix, sont assez rares en France ; on les rencontre plus ordinairement en Hollande et en Angleterre, où ils sont payés très-chers.

---

(1) Tête de la Niobé.

(2) Le burin du célèbre graveur *Wille* a produit encore un nouveau chef-d'œuvre, d'après un très-petit tableau de *Netscher*, représentant un enfant à mi-corps, fort bien mis et faisant des bulles de savon. Cette charmante gravure, intitulée le petit Physicien, fera toujours les délices des amateurs et prouvera à la postérité que le graveur a rivalisé avec le peintre, par le talent extrême avec lequel il est parvenu à rendre la couleur de *Netscher* et la transparence du globe fugitif.

En observant les tableaux de *Netscher*, on voit qu'il a dû employer beaucoup de temps pour les finir au degré où il les a terminés, ce qui prouverait une grande aptitude à ce travail et beaucoup de patience de la part de ceux qui lui ont servi de modèle, car il n'y a pas de doute qu'il n'ait été très-employé à peindre le portrait en petit.

Le nombre considérable des productions de ce maître, lequel fut enlevé aux arts à peine âgé de quarante-cinq ans, est une nouvelle preuve de son grand amour pour son art. Il faut avouer à sa louange qu'elles peuvent soutenir le voisinage de *Gérard Douw*, dont il se rapproche singulièrement, mais toujours avec plus d'avantage du côté du style et de la noblesse.

On doit définir ainsi le beau talent de *Netscher* et le reconnaître à ces traits : dessinateur correct, très-habile coloriste, imitateur fidelle de la nature, son pinceau moelleux et fini sans pesanteur, a donné à ses ouvrages un degré de perfection auquel il est bien difficile d'atteindre. Je n'ai jamais vu de copies assez parfaites d'après ce maître, pour qu'elles puissent tromper les amateurs, tant il y a de différence avec les originaux.

DE LA FOSSE (Charles),

Né à Paris en 1640 , mort dans la même ville en 1716.

La nature se serait-elle trompée , quand elle fit naître sur le sol de la France *Charles de la Fosse*, dont le genre de talent semblait devoir appartenir à l'école vénitienne ou flamande.

De la Fosse est sans contredit le *Rembrandt* de la France , et celui des artistes du dix-septième siècle , qui , le premier , ait deviné les secrets de l'effet et de la couleur.

Ce peintre était né spécialement pour les grandes machines. C'est dans les dômes , dans les plafonds que brillent sur-tout ses talents supérieurs et la magie qu'il a si adroitement employée pour percer les voûtes et y transporter le soleil dans tout son éclat.

Le célèbre *le Brun* , dont il fut l'élève , découvrit bientôt par les progrès rapides du jeune *de la Fosse*, et par la singularité de ses premiers essais , ce qu'il deviendrait un jour.

En grand observateur , *le Brun* présagea dès-lors dans quelle partie de la peinture il devait paraître avec plus de succès. Il lui fit obtenir une pension de Louis XIV pour aller en Italie où *de la Fosse* étudia sur-tout les maîtres dont les ouvrages étaient plus en rapport avec le germe de talent qu'il avait reçu de la nature.

Arrivé à Venise, il se passionna pour les chef-d'œuvres du *Giorgion* , du *Titien*, des *Bassans* , de *Paul Véronèse*, du *Tintoret*, dont il a cherché à découvrir les grands principes et les mystérieux effets qu'ils ont su répandre dans leurs ouvrages. Enflammé par ces prodiges de l'art, il se fit une méthode de couleur et de clair obscur qui sont si merveilleusement mis en pratique dans toutes ses productions.

De la Fosse reparut en France avec un talent presque inconnu jusqu'à lui, et il fut chargé de plusieurs grands ouvrages pour les palais. Les principales églises de Paris furent aussi décorées des tableaux de cet étonnant génie, dont l'originalité n'offrait rien de semblable parmi ses contemporains.

La renommée porta le nom de *de la Fosse* au-delà des mers, et l'Angleterre pensa nous ravir cet admirable talent. Un amateur distingué, le lord Montaigu, l'engagea à passer à Londres avec l'espoir de très-grands ouvrages.

Il peignit pour ce savant appréciateur de ses talents divers tableaux et les deux fameux plafonds dans l'un desquels il a représenté l'apothéose d'Isis, et dans l'autre l'assemblée des dieux. L'artiste y fit briller toutes les richesses de la poësie, jointes à la magie de la couleur et à la plus belle ordonnance.

Le roi d'Angleterre, Guillaume III, curieux de voir les productions de l'artiste français dont on vantait les talents, en fut tellement surpris qu'il lui fit les offres les plus avantageuses pour le fixer près de lui ; mais le souvenir de sa patrie et l'amour de la gloire le rappelaient en France où il devait donner des preuves encore plus éclatantes de son génie.

Mansard (1) venait d'achever le dôme des invalides, ce chef-d'œuvre sublime qui place l'architecte français auprès de tout ce que l'Italie possède de plus parfait en ce genre, soit par la belle forme, soit par l'élégance et la légéreté de ce magnifique ouvrage, regardé, à juste titre, comme une des merveilles de la France, et le premier objet qui frappe les regards de tous les étrangers qui viennent visiter la capitale.

De la Fosse voulut encore ajouter à la magnificence de ce grand monument, en peignant à fresque l'intérieur de ce vaste dôme qui a fixé à jamais la gloire de l'architecte et du peintre; il y déploya toute la grandeur de son génie, et parut lui-même un géant au milieu de cette immense entreprise, qui a immortalisé son nom dans les annales de la peinture.

Le Brun, connaisseur en grands talents, avait fixé la destinée de *de la Fosse*, dès ses premiers pas dans la carrière des arts, et son horoscope fut heureusement confirmé par les succès de son élève. Ce judicieux observateur, qui avait toute la confiance du monarque, ami passionné des arts, voulut y faire également briller les talents supérieurs d'un autre peintre. *Jean Jouvenet*, quoique fort jeune encore, fut chargé d'exécuter à fresque les douze apôtres dans le pourtour du dôme, et la postérité n'a pas manqué d'applaudir au choix du premier peintre. *Le Brun*, si déchiré, si avili, pour ainsi dire, par tous les Zoïles de son art, allait ainsi cherchant à découvrir le mérite par-tout où il pouvait le rencontrer,

____

(1) L'un des plus célèbres architectes du dix-septième siècle.

et il avait sur-tout le grand art de le faire briller par le côté favorable.

De la Fosse, très-occupé de la vigueur du coloris et des grands effets de la lumière, parut négliger peut-être la correction du dessin. Sa manière de dessiner est en général un peu lourde dans les emmanchements, ses draperies sont cartonnées et souvent de mauvais goût ; plein des grands modèles qui avaient enflammé son génie, il a donné moins d'attention à cette belle partie de la peinture.

Ne serait-on pas tenté de croire que la nature si féconde dans ses productions, n'ait jamais voulu accorder au même homme toutes les perfections de son art. Aux uns elle donne la belle correction du dessin, un style noble et grand ; aux autres l'expression, les grâces ; à ceux-ci la force, la magie du coloris, et la science si difficile des grands effets de la lumière.

Il est plus aisé d'apercevoir l'incorrection du dessin de *de la Fosse* dans les tableaux d'une médiocre proportion. Sa touche, vue de près, quoique large et moelleuse, à la vérité, est peut-être un peu pesante par sa manière d'empâter et de glacer plusieurs fois pour obtenir cette force, cette vigueur d'effet qui paraissent avoir fixé son goût ; mais à une certaine distance, c'est une magie qui ne laisse que le sentiment de l'admiration.

On peut encore juger du mérite de ce peintre par deux de ses grandes productions placées dans un des côtés du chœur de Notre-Dame de Paris, dans lesquelles il a su allier le grandiose à l'effet le plus magique.

On rencontre assez souvent de ses tableaux de

chevalet dans les cabinets particuliers , quoiqu'il ait été employé à de très-grands ouvrages. Il est encore généralement connu par les estampes gravées d'après ses tableaux. *De la Fosse* est celui de tous les peintres de l'école française qui a le plus de ressemblance avec *Paul Véronèse* , dont il rappelle le goût dans ses grandes ordonnances. Si ses talents ne suffisaient pas à sa gloire, on pourrait ajouter qu'il fut l'oncle de l'auteur de Manlius , et qu'il eut pour beau-frère le fameux paysagiste *Jean Forest.*

L'amitié du célèbre amateur Crozat pour *de la Fosse* qu'il voulut loger toute sa vie dans son hôtel , est encore un titre honorable à ses mœurs et à ses talents.

Les tableaux de cabinet de *de la Fosse* se font remarquer par une couleur forte , dorée et brillante dans les lumières ; c'est ainsi qu'il a peint avec beaucoup d'art plusieurs sujets de la fable. On connaît de lui , entr'autres , Diane au bain avec toutes ses nymphes , belle composition pleine de grâces et de fraîcheur.

Ce tableau ainsi que plusieurs autres sujets en plafond du même peintre , sont connus par la gravure ; nos meilleurs graveurs se sont plu à faire revivre les principales productions de cet habile artiste , placées dans les églises et les palais (1).

---

(1) Il existait dans le siècle dernier , un tableau d'une très-grande proportion à la contre-table des prêtres de l'oratoire , à Rouen , qui a été perdu par l'ignorance de ceux auxquels il a été confié pour le nettoyer. Il représentait le sermon de J.-C. sur la montagne, les figures en étaient plus grandes que nature. Que de pertes aussi sensibles on a à regretter par l'insouciance ou l'ignorance.

DE LAIRESSE (Gérard) ,

Né à Liége en 1640 , mort à Amsterdam en 1711.

PEINTRE , poëte et musicien tout à la fois , *Lairesse ,* doué du génie le plus abondant , devait sans doute obtenir une grande réputation ; elle fut portée même à un tel point , que ses compatriotes ne balancèrent pas à associer son nom à celui d'un des peintres les plus célèbres de l'univers.

Le surnom du *Poussin* de la Hollande lui fut donné comme par acclamation. Etayé de ce titre pompeux , son nom fut placé à côté des plus grands maîtres , et les tableaux de *Lairesse ,* généralement admirés , furent portés dans toutes les cours de l'Europe : en France sur-tout la verve et les grâces répandues dans ses ouvrages , enflammèrent le goût de la nation pour *Lairesse.*

La surprise que dut causer l'abondance extrême et la vivacité de son génie , ainsi que sa rare facilité à opérer , échafaudèrent cette réputation colossale qui devait nécessairement perdre de son éclat.

Un examen réfléchi de ses productions fit découvrir des fautes qui avaient échappé aux premiers sentiments d'admiration. Il n'y a pas même fort long-temps encore que le goût est un peu changé en France pour les tableaux de ce peintre , qui ne jouissent plus de la même vogue ; on les avait vus portés à des sommes considérables , et souvent préférés à ceux des plus grands maîtres.

Les français devaient faire un bon accueil aux

productions d'un génie que la Hollande leur avait ravi et qui semblait fait pour leur appartenir.

Qui pourra croire qu'un artiste devenu aussi célèbre, ait été obligé, dans sa jeunesse, pendant son séjour à Utrecht, de peindre des enseignes et des paravents pour subsister.

Le hasard le fit sortir de cet état de détresse, et ses ouvrages portés à Amsterdam chez un marchand de tableaux, firent connaître les talents supérieurs du peintre ignoré à Utrecht.

Lairesse engagé à venir s'installer à Amsterdam, cette ville opulente où, malgré les grands intérêts commerciaux, les arts ont toujours été aimés et honorés avec transport, y reçut l'accueil le plus favorable de tous les amateurs de la peinture qui y étaient alors en grand nombre.

C'est une justice à rendre aux négociants hollandais qui, presque tous, se firent gloire, dans ce siècle extraordinaire, de placer chez eux les plus belles productions de la peinture, et de faire servir une portion de leur fortune à l'encouragement et à la prospérité de cette belle partie des arts.

Le génie de *Lairesse*, propre à tous les genres, dut être bien inspiré sur un sol où ses talents furent si bien récompensés ; aussi le vit-on bientôt embellir de ses idées poëtiques les palais et l'intérieur des maisons des plus riches particuliers, qu'il avait l'art de décorer avec un goût infini.

On vit l'ingénieuse allégorie s'élever dans les voûtes et les plafonds, elle déroula ses richesses immenses sur les lambris des salons, et elle embellit de vastes galeries par ses charmes puissants. C'est dans ces grandes compositions que se déployait avec aisance l'inépuisable talent de *Lairesse* ; figures, paysages, animaux, architecture, bas-reliefs, ornements, rien ne put être étranger à ce vaste génie.

Mais il le faut avouer, cette abondance qui ressemble quelquefois à un torrent qu'aucune digue ne peut arrêter dans sa course impétueuse, aurait eu besoin d'être dirigée par un jugement sain qui l'eût fixée. De trop grandes richesses n'annoncent assez souvent que la stérilité dans les productions des arts.

C'est précisément par cette abondance, par cette richesse et le faste qui se remarquait dans les tableaux de *Lairesse*, qu'il s'éloigne plus du genre simple et noble du *Poussin*, ce peintre si sage, si réfléchi et si sublime.

Cette réflexion n'est que pour faire sentir combien il existe peu de ressemblance dans le genre et le génie des deux peintres. L'un fut guidé par l'étude approfondie de l'antique et par un jugement solide dont il ne s'écarta jamais ; l'autre peu occupé de cette étude, paraît avoir cherché plutôt dans celle de la nature et le plus souvent dans les ressources de son génie, ce qu'il eût appris par l'observation des grands modèles de l'antiquité.

Il faut apprendre à connaître *Lairesse* en lisant l'ouvrage qu'il a écrit sur la peinture. Ce grand livre, le fruit de vingt-un ans de cécité, *Lairesse* étant devenu aveugle dès l'âge de cinquante ans, fut écrit par son fils sous sa dictée, et faisait partie des conférences qu'il tenait chez lui une fois par semaine en faveur des artistes. Les pensées de ce génie bouillant n'ont peut-être pas tout l'ordre que l'on pourrait

y désirer ; s'il eût pu le rédiger et le revoir lui-
même. On y remarque aisément que ce grand peintre ,
privé du sens le plus précieux pour les arts , jugeait
alors , sous un aspect bien différent , l'art qu'il
avait cultivé , et que s'il eût été en son pouvoir de
recommencer une nouvelle carrière , comme il le
disait lui-même , il se fût mis en garde contre son
propre génie qui l'avait si souvent égaré.

Il établit dans cet ouvrage des règles certaines ,
des principes sûrs pour se guider dans l'étude et
dans le mécanisme de la peinture. Tout paraît prévu
par cet homme savant , auquel la nature n'avait plus
laissé que la faculté de penser pour l'instruction
des autres.

Lairesse en habile observateur, y passe en revue
tous les genres différents de la peinture, et aucuns
ne lui paraissent étrangers.

Il indique la marche certaine pour arriver à la
perfection de chaque partie de l'art.

Il enseigne à ceux qui se livrent au genre difficile
de l'histoire, la science de la composition , celle de
bien disposer les plans d'un tableau , l'art de varier
les groupes et les diverses attitudes. Il s'attache sur-
tout à indiquer la place que doivent occuper les principaux personnages , pour que le sujet puisse s'annoncer
au premier abord : aucuns des accessoires propres au
sujet n'y sont oubliés.

Aveugle , il composait encore avec autant d'esprit
que de raison , et son grand génie qui survivait à son
malheur , alors étranger à la fougue des passions , était
modifié par un jugement sain.

Le peintre de portraits apprend aussi dans son

ouvrage ; quelles sont les convenances , quelles sont les attitudes les plus favorables à l'âge et au rang des personnes qui se font peindre ; les fonds, les appartements , les draperies qui conviennent le mieux au ton de couleur de chaque individu. Il n'oublie pas même de faire remarquer quelle doit être la dégradation des teintes et des ombres , suivant la proportion plus ou moins grande du tableau ; tout , jusqu'à la place qu'il doit occuper , fait partie des préceptes de *Lairesse* pour la perfection de l'art.

Le paysagiste y apprend à lire dans le grand livre de la nature , il lui indique quelle est la manière la plus avantageuse de saisir un point de vue , de varier ses plans, d'obtenir cette harmonie qui fait le charme du paysage.

Les peintres de chasses , d'animaux, de fleurs, de fruits , de nature morte , tous sont appelés à profiter des grandes leçons de cet étonnant génie , aussi savant en perspective ; il donne sur cette partie si intéressante et si utile , les leçons les plus sûres et les plus intelligibles : l'exemple est toujours à côté du précepte.

En examinant avec attention les tableaux de *Lairesse* , il est impossible de ne pas éprouver une sorte d'admiration par la beauté de ses pensées, par la richesse des draperies , des tapis , des meubles, et la variété des différents marbres et métaux qu'il savait rendre avec la plus grande vérité. Son coloris très-brillant , la beauté de ses fonds d'architecture auxquels il donne un air de féerie lorsqu'il traite des sujets galants ou des fêtes en l'honneur des dieux , ajoutent un nouveau prestige à ses séduisantes productions.

Il semble que *Lairesse* ait voulu étaler dans ses

compositions toute la prodigalité , toute la somptuosité
du luxe oriental ; mais aussi l'on est souvent frappé du
peu d'exactitude du costume de ses figures , auxquelles
il donne souvent un air théâtral. Ses draperies trop
amples doivent embarrasser les personnages qui les
portent , telles que dans un grand jour de cérémonie.

N'est-ce pas aussi une véritable erreur lorsqu'on
traite l'histoire , de prodiguer avec profusion les satins ,
les velours et sur-tout les étoffes de soie de couleurs
changeantes , lesquelles conviennent bien plus à des
tableaux de conversation ou de fêtes galantes , comme
l'ont pratiqué ses contemporains, *Terburg, Netscher ,
Mieris , Gérard Douw* , mais qui nuisent à l'effet
général dans un sujet d'histoire.

On est tenté de croire que *Lairesse* n'a eu d'autre
but que de plaire au siècle opulent dont il captivait
l'admiration. Les riches productions de l'Inde , appor-
tées journellement par les vaisseaux hollandais dans
le port d'Amsterdam , auraient-elles frappé tellement
son imagination , que par l'habitude de voir ces
richesses sans cesse présentes à sa vue , il en ait
chargé ses productions , sans s'apercevoir lui-même
de cette surabondance d'ornements.

L'abus que *Lairesse* a fait aussi de l'allégorie , rend
souvent ses pensées difficiles à saisir. On sait qu'elle
ne doit être employée dans les arts qu'avec beaucoup
de clarté , et qu'autant qu'elle parle facilement aux
sens. Ne pourrait-on pas attribuer le grand goût de
Lairesse pour l'allégorie , à l'étude qu'il avait faite
dans sa jeunesse , d'après les estampes de *Pietre Testa*
qu'il affectionnait beaucoup, lequel est tombé souvent
lui-même dans de semblables défauts. La manière de
vivre

vivre de *Lairesse*, son amour excessif pour le jeu, et sa passion pour les femmes, ont semblé tenir son génie dans une espèce d'ébullition continuelle, dont les effets volcaniques ont dû se répandre sur ses tableaux. La licence s'y est souvent introduite sans qu'il s'en soit aperçu lui-même, par l'habitude de sa vie déréglée.

Ses sujets de bacchanales, qui sont ses meilleurs ouvrages et sur-tout ceux où son génie s'est livré avec plus de complaisance et où le délire est souvent porté à l'excès, ne peuvent être offerts à la vue des jeunes gens sans exciter le germe d'une passion dangereuse.

La couleur de *Lairesse*, qui charme et séduit par le mélange brillant de ses teintes, est souvent de convention, systématique et peu conforme à celle de la nature ; elle offre en général un ton jaune et violâtre qui fait reconnaître ses tableaux sur le champ. Ce ton exagéré provient de son habitude de glacer et de retoucher avec un vernis qui lui était propre, les lumières et les ombres, comme il en indique la pratique dans son grand livre des peintres.

Il est vrai qu'il parvenait à obtenir avec cette pratique expéditive une harmonie qui plaît. Au reste, cette manière d'opérer, qui tenait à des principes qu'il s'était faits lui-même, a dû produire dans la nouveauté un effet piquant et un charme qui ont disparu avec le temps, sur-tout lorsqu'on a voulu nettoyer ses tableaux : alors l'illusion a cessé, les glacis ont disparu pour ne laisser paraître que le ton violâtre de ses ébauches, qui donne à ses tableaux ainsi défigurés une couleur de lie de vin.

Ce qu'il y a de très-étonnant, c'est que, livré à une vie aussi licencieuse, *Lairesse* ait pu ménager assez son temps pour suffire au nombre considérable de travaux en tous genres qu'il a exécutés avec un fini et un rendu admirables, qui peuvent être comparés à tout ce que l'école hollandaise a laissé de plus parfait dans cette belle partie de l'art.

Conçoit-on aussi qu'il ait pu graver un œuvre considérable d'estampes à l'eau-forte de sa composition avec un art et un goût exquis, dont plusieurs d'une grande proportion forment un volume in-folio.

On a cru devoir attribuer l'avancement de sa cécité à ce pénible travail, qu'il avait l'imprudence de prolonger fort avant dans la nuit.

On a reproché à *Lairesse* d'avoir fait ses figures trop courtes, d'avoir surchargé ses coiffures de femmes d'ornements superflus ; suite naturelle de la fougue de son génie, qui produisait à l'instant, sous ses doigts, ce que d'autres eussent inutilement cherché fort long-temps.

Mais où trouver plus d'abondance, plus de facilité dans l'exécution ? Où trouver ce feu divin que ne peuvent donner, ni l'étude, ni l'assiduité au travail ? Où peut-on voir réunies avec autant de goût toutes les richesses de la poësie à la connaissance exacte de la mythologie et de l'histoire ?

Lairesse est un des meilleurs peintres dans le genre exotique, c'est le Pétrarque, c'est l'Arioste et le Bernard de l'école hollandaise.

L'infortuné *Lairesse*, beaucoup trop puni des suites funestes de sa vie licencieuse, par vingt-un ans d'aveuglement, descendit au tombeau à soixante-onze ans, accablé de remords et de tardifs regrets.

Combien de fois lui entendit-on dire, pendant ses

longues années d'infirmité, qu'il ne voyait clair sur ce qu'il aurait dû voir que depuis la perte de ses yeux : grande leçon pour les artistes !

Quelle perte éprouvèrent les arts qu'il eût encore enrichis des productions de son rare génie, dont la source intarissable eût augmenté les richesses et les jouissances des amateurs de la peinture.

J'en ai, je crois, assez dit sur cet habile peintre et sur sa manière d'opérer, pour ne pas m'étendre en de plus longs détails, qui ne serviraient pas à faire mieux reconnaître un peintre dont le goût et la manière ne ressemblent en rien aux autres.

RUISDAAL (Jacques),

Né à Harlem en 1640, mort dans la même ville en 1681.

Ruisdaal jouit à juste titre de la réputation du premier paysagiste de la Hollande. Scrupuleux observateur de la nature, il ne fit jamais rien sans la consulter, et tout ce qu'enfanta son pinceau, la retrace si fidellement que l'on cesserait presque de croire être devant un tableau ; c'est le miroir fidelle de la nature, tant est grand le prestige de la touche et de la couleur vraie de chaque objet.

On ne sait ce qu'on doit le plus admirer dans les ouvrages de *Ruisdaal*, des arbres, du ciel ou des terrasses. Il n'y a chez ce peintre ni routine d'école, ni pratique qui puissent rappeler aucuns des autres maîtres qui l'ont précédé ; tout est à lui seul, ou plutôt tout appartient à la nature qu'il n'a cessé de consulter, et il est à croire qu'il n'a jamais rien fait sans son secours.

Ses sites simples et naturels offrent la représentation fidelle des campagnes de la Hollande. Un tertre éclairé des rayons du soleil, souvent accompagné d'un ou deux arbres auxquels se joint assez souvent une petite chute d'eau, produit plus d'effet et inspire une admiration bien plus grande que la plupart des tableaux les mieux composés. Il est vrai que le charme de la nature et l'image de ce que l'on a sans cesse devant les yeux sont faits pour captiver les sens.

Ruisdaal a prouvé que la fidelle représentation de cette mère des arts peut plaire, même dénuée des accessoires dont on l'accompagne , puisque les paysages de ce maître font autant de plaisir sans figures , dont il ne savait point les orner, mais que d'habiles contemporains y placèrent dans la suite.

C'est ainsi que *Berchem* , *Wouwermans* , *Vanden-Velde* , *Lingelback* et plusieurs autres y peignirent souvent de jolies figures qui y ajoutent encore un nouvel intérêt.

Le mérite de *Ruisdaal* l'a tellement emporté sur les autres paysagistes , qu'il est resté le modèle de tous ceux qui sont venus après lui dans la même carrière. Le choix heureux de ses sites , les effets vigoureux et toujours neufs de ses tableaux ont placé ses productions au premier rang et les font payer souvent des prix excessifs. Sa touche quelquefois vive et hardie, quelquefois plus finie, produit toujours un charme inconcevable. On a vu *Ruisdaal* s'occuper aussi à peindre des marines , des canaux d'Hollande couverts de barques , des vues de Harlem et des environs d'Amsterdam.

Les tableaux de *Ruisdaal* , sur-tout ceux où il a peint des chûtes d'eau, sont très-estimés. En Angleterre on les confond souvent aussi avec des tableaux d'*Everdingen* dont il en est passé beaucoup en ce pays. C'est particulièrement dans les tableaux de *Ruisdaal* que se trouve le beau vert de la nature , que la plupart des peintres de la même école ont négligé pour y substituer un vert sombre et doré , ce qui prouve , comme je l'ai dit d'abord , qu'il n'y a rien de faux , ni de convention dans la manière de peindre de cet artiste habile. Ajoutons qu'il joignit à ses talents le titre du meilleur des fils, par le soin extrême qu'il prit de son père dans sa vieillesse. Combien doit-on regretter qu'avec autant de talents et de vertus il n'ait parcouru qu'une très-courte carrière !

Les tableaux de *Ruisdaal* se reconnaissent au premier coup d'œil à une grande vérité de nature, à la touche vraie et propre à chaque objet, ses arbres d'un feuiller ferme et pointu sont ordinairement d'une vigoureuse couleur, les troncs s'en détachent sur les masses des autres arbres par un ton gris et argentin, couleur qui se remarque en général sur la nature.

Il est facile aussi de les reconnaître à de grands effets d'ombres et de lumières piquantes lorsqu'il a voulu représenter de vastes campagnes couvertes en grande partie d'ombres ambulantes par le passage subit de nuages épais, précurseurs de la pluie, mais éclairées vivement dans quelques endroits où la lumière paraît glisser avec la vivacité de l'éclair (1).

On le reconnaît encore par une chaumière argilleuse qui est souvent un moulin à eau, laquelle se détache par sa couleur brillante et dorée sur un ciel vif et argentin. C'est ainsi qu'il est facile de se familiariser avec les ouvrages de cet habile peintre, qui eut un frère aîné, nommé *Salomon Ruisdaal*, lequel a peint aussi le paysage, et très-avantageusement connu dans l'école hollandaise, mais qui ayant vécu beaucoup trop d'années avant *Jacques Ruisdaal*, son puîné de vingt ans, ne put guère profiter des découvertes de son frère, et de ses avis.

Les tableaux de *Salomon* sont d'un ton de couleur plus rembrunie et d'une touche plus sèche ; aussi,

____

(1) J'ai un petit tableau de ce maître, dans ma collection, qui est admirable en ce genre d'effet.

dit-on ordinairement que le feuiller de ses arbres ressemble à du persil frit. Cependant les tableaux de *Salomon* ne sont pas sans mérite, ils trouvent leurs places dans les principaux cabinets, mais sans jouir de la même estime que ceux de *Jacques Ruisdaal*, auxquels ils ressemblent quelquefois, au point de s'y tromper, mais ils sont bien moins payés.

Il faut être bien en garde sur les véritables productions de ces deux frères, que l'on fait souvent passer aussi l'un pour l'autre, à cause de la ressemblance du nom.

Hobbéma et *Devries*, tous deux élèves de *Ruisdaal*, ont cherché tellement à imiter sa manière de peindre, que souvent on vend leurs imitations pour des *Ruisdaal* ; les marchands même de bonne foi s'y laissent prendre les premiers, tant il est difficile d'obtenir ce tact sûr, qui ne s'acquiert que par de longues observations et une forte habitude.

Disons que *Ruisdaal*, avec moins d'imagination que plusieurs de ses contemporains, a produit une illusion si parfaite, que le moindre de ses tableaux flatte et intéresse ; c'est ainsi qu'après l'avoir quitté pour admirer les ouvrages des plus habiles maîtres, on y revient encore par je ne sais quel attrait irrésistible.

Qu'il est fâcheux pour l'art que tous les genres de la peinture, si l'on en excepte le genre de nature morte et les fleurs, ne puissent arriver à ce degré de parfaite vérité.

On connaît de *Jacques Ruisdaal* de très-jolies eaux-fortes dans lesquelles il a fait passer toute l'harmonie et l'effet de ses tableaux.

DUJARDIN (Carle),

Né à Amsterdam en 1640, mort à Venise, âgé de trente-huit ans.

QUEL habile homme, quel peintre charmant que *Carle Dujardin*, dont le nom se place au premier rang parmi les peintres les plus célèbres de l'école hollandaise ! Quelle couleur brillante et vraie ! Quelle touche plus spirituelle ? Où trouver plus d'esprit et d'expression que dans ses figures et dans ses animaux ?

C'est sur-tout dans la représentation des scènes pastorales et des animaux, que s'est surpassé *Carle Dujardin*.

Elevé d'abord à l'école de *Berchem*, dont il a toujours passé pour le meilleur élève, il le quitta fort jeune pour aller à Rome, et l'Italie acheva de perfectionner ses talents.

A son arrivée, la bande joyeuse hollandaise et flamande ne manqua pas de s'associer le nouveau compatriote, auquel on donna le surnom de *Barbe de bouc*. Cette charmante réunion, où le goût du plaisir se mêlait à celui de l'étude, ne pouvait manquer de plaire à *Carle Dujardin*, que son caractère très-enjoué entraînait souvent vers le plaisir, mais sans rien dérober au temps consacré à son art. C'était dans cette société bachique que l'on discutait sur la peinture ; c'était là que se formaient les parties de voyages pittoresques qui avaient toujours pour but d'aller étudier les monuments de l'antiquité et les beaux points de vue des environs de Rome.

Carle Dujardin qui avait quitté sa patrie avec un talent déjà fait et très-agréable, ne pouvait guère tarder de se faire connaître. Ses ouvrages furent bientôt estimés à Rome au-dessus de ceux de ses compatriotes, et on les paya fort cher.

On ne sait par quelle fantaisie singulière il quitta tout-à-coup un pays où sa réputation allait toujours croissant, et où la fortune se présentait au gré de ses désirs. Il abandonna l'Italie, ce pays si propre à ses goûts, à ses plaisirs et aux progrès de ses talents.

Tourmenté du désir de revoir sa patrie, il passe par Lyon, où quelques amateurs enchantés de son mérite voulurent le fixer. Il y est accablé d'ouvrages bien payés, mais qui ne peuvent suffire à son luxe et à ses prodigalités. Il est tellement tourmenté par ses créanciers, qu'il se voit réduit à épouser son hôtesse, riche à la vérité, mais déjà d'un âge avancé. Honteux de cet hymen si peu conforme à son caractère, *Carle Dujardin* quitte Lyon et conduit sa femme à Amsterdam, où ses compatriotes le reçoivent avec joie et se disputent ses délicieux tableaux.

Rien ne pouvait être plus avantageux pour *Carle Dujardin* que le séjour d'Amsterdam, où ce peintre jouissait de tous les agréments de la vie, si le dégoût qu'il avait pour sa femme ne lui en eût rendu le séjour désagréable.

Le hasard veut qu'un amateur de ses amis qui partait pour l'Italie, engage *Dujardin* à l'accompagner jusqu'au Texel. Il le suit, entre avec lui dans le vaisseau qui devait le conduire à Livourne ; il s'y embarque, abandonne la Hollande et débarque en

Italie. Une fois de retour à Rome, *Carle Dujardin* y retrouve ses anciens amis, ses mêmes plaisirs, et y reprend son ancien train de vie.

Le souvenir des charmants tableaux qu'il y avait laissés lors de son premier séjour, lui fournit de nouvelles occasions de travailler et de satisfaire à une grande dépense.

L'ami qui l'avait accompagné, après avoir fait le tour de l'Italie, vient lui proposer de retourner en Hollande; mais *Dujardin* plus attaché aux plaisirs qu'il goûtait à Rome, et prétextant beaucoup d'ouvrages à finir, laisse partir seul cet ami.

Après quelques années de séjour dans cette ville, il passe à Venise, où ses talents l'avaient déjà précédé. Il y reçoit un accueil général, il est sur-tout comblé d'amitiés par un négociant hollandais qui lui propose de prendre un logement chez lui, dans l'espoir, dit-on, de profiter des rares talents de son compatriote. *Carle Dujardin*, en artiste habile, incapable de tout soupçon, accepte avec empressement la proposition du négociant, dont les vues furent malheureusement trompées, *Dujardin* tombe malade peu de temps après, et il se rétablissait à peine de sa maladie, qu'une rechute causée par une indigestion, l'enlève encore à la fleur de son âge. Ainsi disparut à trente-huit ans un des plus beaux talents qui ait illustré la peinture et l'école hollandaise.

Il est à remarquer que les trois plus grands peintres de cette école, dans le genre des animaux, sont tous morts à peu près au même âge. *Adrien Vanden-Velde* périt à vingt-neuf ans; *Paul Potter*, à trente, et *Carle Dujardin*, à trente-huit ans.

Quelle perte pour les arts, et que n'avait-on pas droit d'attendre de trois artistes aussi extraordinaires, qui, dans le cours d'une très-courte carrière, étaient parvenus au premier degré du talent.

Quoique protestant, *Carle Dujardin* reçut, même après sa mort, à Venise, les témoignages du cas que l'on faisait de son mérite, et ses obsèques se firent avec beaucoup de pompe.

De tous les élèves de *Berchem*, *Carle Dujardin* est celui qui avait mieux saisi sa couleur et la finesse de sa touche, qu'il perfectionna par ses études en Italie. Il y ajouta plus de force et de vigueur; son talent semblait s'être identifié avec ceux des plus grands peintres de cette fameuse école. Il avait acquis un certain grandiose dans sa manière de peindre en petit, qui donnait une sorte de majesté à ses productions les plus simples.

Peu de peintres ont aussi bien rendu les différents effets du soleil. On est ébloui par la vive clarté qui brille dans ses tableaux. De larges masses et des ombres fortes répandent sur ses productions un effet pétillant et une façon de faire qui décèlent *Dujardin* au premier abord.

Ce peintre dessinait correctement et de grand goût. Sa manière de peindre quelquefois d'un ton argentin et souvent d'un ton doré, est toujours suave et harmonieuse.

Ses compositions sont ordinairement de la plus grande simplicité. Quelques animaux placés avec art, une figure ou deux sur un beau fond de paysage avec un ciel clair et très-simple. Souvent un jeune pâtre avec un âne, et jouant avec son chien, forme le tableau le plus agréable sous le pinceau de ce peintre enchanteur.

Si *Carle Dujardin*, pour satisfaire les amateurs ou son goût pour la dépense et la dissipation, a souvent peint des tableaux de peu de figures, on en connaît plusieurs de sa main bien plus capitaux et des plus ingénieux. Parmi les tableaux du même peintre, qui sont au musée du Louvre, on distingue celui du Charlatan, qui est de son meilleur faire, de l'effet le plus piquant et de la composition la plus spirituelle. Il est impossible d'avoir un air plus rusé et plus fripon que la principale figure de ce charmant tableau, qui orna pendant long-temps un des premiers cabinets de la capitale (1).

On conserve avec soin quelques gravures à l'eau-forte, par *Carle Dujardin*, où l'on retrouve autant d'esprit que dans ses tableaux.

Les ouvrages de *Carle Dujardin* deviennent plus rares de jour en jour, et méritent d'être précieuse-ment conservés.

Carle Dujardin a peint aussi quelques portraits de moyenne proportion, qui n'offrent pas moins de talent et de force de couleur que ses paysages. On cite aussi de lui quelques petits tableaux d'histoire.

Ce peintre, né avec les plus heureuses dispositions pour son art, et doué de la plus belle facilité, eût été propre à tous les genres de la peinture, si la mort ne l'eût enlevé à la fleur de son âge. Combien il eût enrichi les arts de productions délicieuses qu'il avait l'air de dérober au plaisir, et qui toutes sont marquées du sceau du génie.

____

(1) Il vient du cabinet de M. de Gagny.

On reconnaît le plus ordinairement ses tableaux à une couleur argentine, plus souvent grise et vaporeuse que très-dorée, à une touche ferme, suave et moelleuse. Les belles productions de *Carle Dujardin* se soutiennent toujours à un prix élevé, mais il est bien difficile de le confondre avec d'autres peintres du même genre. Ses ciels clairs, qu'il ornait de quelques nuages d'un blanc argentin, le décèlent facilement, ainsi que ses lointains bleuâtres et enveloppés de vapeurs.

Ses figures et ses animaux sont dessinés très-correctement, et peints d'une touche ferme et arrêtée. C'est à ces signes qu'on peut aisément le reconnaître.

CORNEILLE (Michel),

Né à Paris en 1642, mort en 1708.

CORNEILLE vint au monde avec le germe de l'art de la peinture ; son père, *Paris Corneille* (1), habile peintre d'histoire, qui fut le fondateur d'une longue famille d'artistes, lui donna les principes de son art.

Michel Corneille qui fait le sujet de cet article se trouve placé avec distinction dans les annales de l'école française du dix-septième siècle.

L'Italie qu'il visita très-jeune, acheva de le former un habile peintre, et il se fit bientôt connaître à Rome par plusieurs beaux ouvrages. Le genre des *Carraches* parut fixer sur-tout son goût et devint l'objet de ses études les plus favorites.

Son dessin qui approche beaucoup de celui des *Carraches*, et assez souvent de *Raphael*, est toujours de bon goût. Peu de peintres ont autant copié de tableaux de grands maîtres, que *Michel Corneille* qui, semblable à l'abeille, sut tirer un grand parti des beautés qu'il y rencontra ; aussi ce travail lui acquit une telle facilité de dessin que très-peu d'artistes ont pu le surpasser.

Sa manière de disposer ses tableaux est grande, ses groupes bien ordonnés, ses têtes d'un beau style, et ses draperies sont amples et majestueuses.

____

(1) *Paris Corneille* dont on voit un fort beau tableau à Notre-Dame de Paris, représentant Saint-Pierre et Saint-Paul refusant les honneurs du sacrifice à Lystre, fut l'un des douze premiers membres de l'académie de peinture à sa formation.

Une touche large et moelleuse caractérise les productions de *Michel Corneille*, lesquelles sont presque toujours d'une grande dimension. Sa vie entière fut employée à peindre plusieurs plafonds, ainsi qu'à faire beaucoup de grands tableaux d'église (1).

Corneille fut reçu à l'académie de peinture sur une simple esquisse, et il passa par toutes les charges de cette compagnie dont il était un des principaux ornements : Louis XIV chargea *Corneille* de peindre un des quatre petits dômes des Invalides, où il peignit à fresque l'histoire de Saint-Grégoire. Cette chapelle ayant été dégradée par l'humidité, a été repeinte en entier par *Doyen*, peintre du dix-huitième siècle, qui s'y est distingué par la manière savante avec laquelle il a traité ce grand ouvrage.

Une anecdote assez singulière, c'est que *Michel Corneille* fut chargé de peindre à Chantilly les tableaux de cette belle galerie de la vie du grand Condé, où l'on voit la muse de l'histoire arrachant quelques pages de la vie du héros, par allusion au temps où ce grand capitaine avait porté les armes contre la France ; la renommée y porte un drapeau sur lequel sont écrits ces mots : *Quantùm pœnituit.*

On ne peut refuser à *Michel Corneille* une entente parfaite du clair obscur, de la perspective et du paysage qu'il peignait d'une grande manière. Si l'on voulait ajouter à l'éloge de cet habile peintre, on dirait que la douceur de son caractère se peignait sur son visage

----

(1) Toutes les maisons royales furent ornées des ouvrages de *Corneille* : Versailles, Trianon, Fontainebleau, offrent des preuves de ses talents.

et que ses amis ne pouvaient se lasser de lui rendre cette justice.

Louis XIV qui faisait beaucoup d'estime du talent de *Michel Corneille*, lui avait accordé une pension avec un logement aux Gobelins, où il a terminé ses jours.

Corneille fut tellement occupé à peindre de grandes machines, qu'il eut très-peu de temps à donner aux tableaux de chevalet, ce qui les rend extrêmement rares ; on en conserve cependant quelques-uns chez les amateurs, qui sont d'un bon style, où l'on retrouve un faire savant et très-gracieux à la fois.

Corneille, qui pendant son long séjour à Rome avait beaucoup dessiné les loges du Vatican, s'était bien pénétré du style noble de *Raphael*, que l'on retrouve très-souvent sur-tout dans ses belles têtes de vieillards.

A son retour à Paris, il s'amusa à en graver plusieurs des principaux sujets, qu'il a traités d'une pointe savante, large et pleine d'effet.

On connaît aussi plusieurs jolies gravures de la même manière, sur des morceaux de sa composition, qui feront toujours les délices des véritables amateurs.

Les qualités qui distinguent éminemment *Michel Corneille* sont des pensées nobles et élevées, et comme il était très-savant en perspective, il savait ouvrir et approfondir la scène de ses tableaux en ménageant avec art les espaces nuisibles à l'intérêt de ses groupes et au grand caractère qui convient aux sujets historiques.

Son style est grave en général, ses expressions vives, ses attitudes nobles. Sa manière de dessiner

est

est absolument puisée dans le genre antique. Souvent même on reconnaît dans ses productions combien sa mémoire servait à lui rappeler *Raphael* et les autres grands maîtres de l'école d'Italie qu'il avait étudiés avec tant de soin.

Michel Corneille eut un frère puîné (1) qui a peint également l'histoire avec succès, mais avec une façon de faire moins ferme et moins vigoureuse ; on pourrait même dire que souvent sa manière est molle quoique soutenue par un bon style. Plusieurs églises de Paris offrent des exemples des talents de ce frère puîné, d'après lequel on a aussi beaucoup gravé. Il eût peut-être obtenu une plus grande réputation s'il n'eût pas été précédé par *Michel Corneille*, son aîné.

---

(1) *Jean-Baptiste Corneille*, né à Paris, en 1646.

JOUVENET (Jean),

Né à Rouen en 1644, mort à Paris en 1717.

Le développement des plus grands talents tient souvent aux moindres circonstances , et tel homme de génie vit ignoré au fond de l'atelier du plus simple artisan , qui eût brillé dans un état distingué , si le hasard lui en eût offert les occasions. L'histoire des sciences et des arts présente une foule d'exemples de cette grande vérité.

Polidore de Caravage , un des peintres les plus extraordinaires comme un des plus savants de l'Italie , fut chargé dans sa jeunesse de porter le mortier aux peintres qui travaillaient à fresque au Vatican. Il se sent inspiré tout-à-coup à la vue des merveilles qui s'opèrent sous ses yeux , et transporté hors de lui-même il se livre à l'étude de la peinture et devient un des plus fameux élèves de l'école de *Raphael.*

Michel-Ange , regardé comme un des plus grands artistes de l'école florentine , qui fut le restaurateur des arts du dessin en Italie , au quinzième siècle , qui fut grand peintre , grand sculpteur , et très-habile architecte civil et militaire , assurait devoir son goût pour la sculpture à sa nourrice , dont le mari exerçait ce talent.

» J'ai sucé , disait cet homme incomparable , l'art de » la sculpture avec le lait de ma nourrice «.

Ainsi *Jouvenet* prit , au sein de sa mère , qui exerçait la peinture , son goût particulier pour cet art qu'il a honoré par ses talents supérieurs.

Né sur le même sol que *Corneille* , environ un demi-siècle après lui , *Jouvenet* reçut en naissant ces dons précieux dont la nature est si avare et qu'elle avait prodigués à son illustre prédécesseur ; ces élans du génie qui caractérisent les productions sublimes des deux plus grands hommes dont s'honore la ville de Rouen ; ces hommes , dont les talents coopérèrent à la célébrité du dix-septième siècle ; ce siècle fameux dans notre histoire , qui fut comparé à celui d'Auguste ; ce siècle que la nature avait choisi par prédilection , pour produire tout à a ois cette foule de grands hommes en tout genre qui en furent et l'honneur et la gloire.

Peu de peintres ont été doués de plus grandes dispositions pour leur art que *Jouvenet* ; le sentiment de la peinture était héréditaire dans sa famille ; ses ancêtres l'avaient tous exercée ; son aïeul *Noel Jouvenet* avait eu l'honneur d'en donner les premières leçons au grand *Poussin* , le *Raphael* de la France ; mais il était réservé à *Jean Jouvenet* de rendre son nom fameux dans les arts et dans les annales de cette ville.

Jouvenet est de tous les peintres de l'école française celui qui porte un caractère plus original et qui n'appartient qu'à lui seul.

Sans leçons d'aucun maître , sans autre guide que la nature , il se fit un genre particulier , et l'on doit à ses seules réflexions les ouvrages immortels qui étonnèrent les artistes ses contemporains , dont il n'emprunta jamais rien.

Ses conceptions sont grandes ; chez lui l'enthousiasme ne produit point le désordre ; jamais les règles de l'art ne sont violées ; tout marche d'un pas sûr : tel qu'un fleuve qui coule avec majesté à travers de vastes plaines , le génie de cet artiste, se déploie sur d'immenses superficies qui charment et étonnent le spectateur.

Jouvenet est à l'école française par son originalité ce que *Rembrandt* est à l'école hollandaise ; il eut comme lui une grande intelligence de clair obscur , une couleur chaude et vigoureuse , des attitudes bien contrastées , toujours puisées dans la nature , une bonne manière de composer , qui lui assigne comme au célèbre hollandais un rang distingué parmi les premiers compositeurs ; mais il eut par-dessus celui-ci l'avantage d'avoir su choisir la nature avec plus de goût et de discernement , et d'avoir dessiné d'une manière bien plus noble et plus correcte.

Jouvenet s'était fait de bonne heure des règles certaines sur son art , qui lui servirent de boussole dans la carrière qu'il a parcourue avec tant de succès jusque dans un âge avancé.

Quelle leçon pour les artistes , qui , semblables aux abeilles , doivent amasser dans le silence de l'étude et pendant le temps de la jeunesse , des matériaux pour l'âge mûr !

La vie est si courte qu'elle ne suffit pas pour un art d'aussi longue haleine (1).

Nulla dies abeat quin linea ducta supersit , continue le même auteur (qu'aucun jour ne se passe sans tirer quelques lignes) ; leçon qu'on ne peut trop répéter

---

(1) *Vita tam longè brevior non sufficit arti.....*

DUFRESNOY , *De arte graphicâ.*

aux élèves animés du beau feu de la peinture et qu'elle a choisis pour ses nourrissons.

Comme *Lesueur*, *Jouvenet* ne vit point l'Italie, cette terre si désirée des artistes ; mais la renommée franchit les Alpes et porta son nom jusque dans Rome , où la vue seule des estampes gravées d'après ses tableaux , frappa tellement les Italiens , qu'ils le nommèrent le *Carrache* de la France : qu'eussent-ils dit , s'il eût étudié d'après les chef-d'œuvres antiques que renferme ce sanctuaire des arts.

A vingt-neuf ans *Jouvenet* est chargé de peindre le tableau du Mai pour l'église cathédrale de Paris. Il choisit pour sujet la Guérison du paralytique. Ce fut alors que le génie de cet artiste parut dans tout son éclat.

La belle composition , les grands caractères de tête , la fierté et la correction du dessin , firent de cet ouvrage un des plus parfaits qu'ait enfantés son pinceau.

Le Brun , qui se connaissait en grands talents ; surpris de la beauté et de la perfection de ce tableau , présenta lui-même *Jouvenet* à l'académie de peinture , où il fut nommé professeur, successivement recteur , et enfin directeur perpétuel.

Ce seul trait de générosité de l'homme célèbre qui fit les batailles d'Alexandre , dont le génie embellit tout Versailles , qui orna le château de Sceaux de ses sublimes productions , et l'auteur de tant d'ouvrages immortels , eût suffi sans doute pour désarmer l'envie et la calomnie qui l'ont poursuivi au-delà du tombeau , si ces fléaux des arts pouvaient jamais sommeiller.

Le Brun le présente ensuite à Louis XIV , qui venait de faire terminer l'utile et glorieux monument

élevé à ses braves compagnons d'armes, qui, couverts des blessures et des lauriers de la victoire,
allaient goûter dans cet asyle de paix le repos dû à
leurs travaux guerriers. Ce monarque, déjà informé
de son rare mérite, lui ordonne de peindre à fresque
les douze apôtres qui sont autour du dôme des
Invalides. *Jouvenet* s'acquitte de cette grande entreprise au-delà de toute espérance, et se surpassa lui-
même. Il peint avec le même succès le plafond de
la tribune de la chapelle de Versailles, et les deux
grands tableaux des récolets de la même ville.

Dès-lors sa réputation n'a plus de bornes, il est
comblé des bienfaits du monarque et chargé d'une
infinité d'ouvrages qu'il produit avec une extrême
facilité. Uniquement occupé de son art, il ne quitte
plus son atelier, préférant la gloire qu'il y acquiert
à la place de premier peintre.

Mais un nouveau triomphe se prépare pour *Jouvenet.*
Il est chargé de peindre quatre grands tableaux de 3o
pieds de long pour l'église de Saint-Martin-des-Champs.

Cet ouvrage lui assigne le premier rang parmi ses
contemporains ; c'est là que l'on trouve *Jouvenet* au-
dessus de lui-même. Il est impossible de donner plus
de mouvement à ses figures, de mettre plus de feu, de
varier davantage les groupes et les attitudes. L'expression y est naturelle, la touche large, moelleuse et fondue, les règles de la perspective exactement observées.

Le premier de ces tableaux, qu'il a traité d'une manière somptueuse, représente le Repas chez Simon le
pharisien. L'architecture noble et grande, la richesse
des meubles, un nombreux domestique qui augmente
l'appareil du festin, tout annonce le luxe et la richesse

du maître : on aperçoit aisément au milieu des convives Jésus relevant avec bonté et majesté l'humble Madeleine prosternée à ses pieds.

Il est impossible de mettre plus de vigueur dans l'homme qui traverse le devant du tableau , la tête chargée d'un bassin rempli de viandes ? Quel mouvement et quels savants raccourcis dans celui qui ordonne le service du festin !

La Résurrection du Lazare, sujet du second tableau , est une de ces compositions qui doivent faire époque dans l'histoire de l'école française.

Jamais peintre n'a peut-être mieux rendu ce sujet. L'attitude du Christ est simple et noble , on voit que le miracle extraordinaire ne coûte point à la divinité , qui l'accorde à la prière des sœurs du Lazare.

L'admiration des apôtres , accoutumés aux miracles de leur maître , est plus modérée que celle des autres personnages qui paraissent dans le plus grand étonnement.

Quelle surprise , quel effroi dans les hommes qui aident à tirer Lazare du tombeau ! Effet prodigieux qu'on ne peut s'empêcher de partager en voyant cette étonnante production !

Le troisième tableau est la Pêche miraculeuse , d'un faire large et moelleux. Le Christ , monté sur le milieu d'une barque , les bras étendus avec noblesse , semble embrasser l'univers et changer l'ordre qui en règle les mouvements. Les pêcheurs sont représentés avec cet air qui leur est naturel ; plusieurs de ces hommes forts et musculeux se sont déjà élancés à la mer en s'efforçant de faire aborder leur barque, tandis que d'autres sont occupés à porter les filets.

et des paniers remplis de poissons dont le rivage est déjà couvert.

Mais que ne peut l'amour de son art ? *Jouvenet* voulant réunir dans ce tableau l'exacte vérité à l'invention , quitte Paris pour se rendre à Dieppe dans la saison la plus rigoureuse , et malgré le froid excessif , va sur les bords de la mer pour y peindre , d'après nature , les différens poissons et pour saisir tous les mouvements de la pêche.

Les Vendeurs chassés du temple font le sujet du quatrième tableau. Il est impossible de mieux peindre le désordre le plus complet.

L'air de grandeur imprimé sur le front de la principale figure fait reconnaître d'abord l'auteur de cette scène étrange.

Tout est dans une action bien différente du tableau précédent ; ici les diverses passions agissent à la fois. La faiblesse , la crainte , l'avarice , la colère se peignent sur les visages et dans l'action de toutes les figures. Là , des groupes de marchands et de changeurs sont occupés à ramasser et à se disputer l'or qui leur échappe et qui se répand de toutes parts ; les bancs , les tables sont renversés : des femmes et des enfants fuient à l'aspect de bœufs furieux que des hommes forts et robustes ont peine à contenir ; tout jusqu'aux colombes échappées de leur cage et traversant cette scène tumultueuse , contribue à en augmenter le désordre. L'artiste a su imprimer aux animaux mêmes je ne sais quel caractère tout-à-fait historique.

Louis XIV fut si frappé de la beauté de ces tableaux , qu'il chargea *Jouvenet* de les recommencer pour être exécutés en tapisserie. L'artiste les entreprend de nouveau, mais en homme de génie qui ne s'en tient pas à ses premières pensées ; semblable au célèbre *Poussin*, son compatriote, qui exécuta deux fois les admirables tableaux des sept Sacrements.

Les productions de *Jouvenet* sont en si grand nombre qu'il est impossible de suivre cet artiste dans sa marche rapide ; je ne puis cependant passer sous silence la fameuse Descente de croix (1) qui fait anjourd'hui un des principaux ornements du musée du Louvre, par la transparence de la couleur, la correction du dessin et l'entente parfaite du clair obscur.

Celui que l'on voyait autrefois au collége des jésuites de Rouen , était encore un de ses ouvrages qu'il s'était plu à perfectionner. Il représentait le *Nunc dimittis* ; il est parfaitement gravé par *Desplaces.*

La chute de cette société entraîna dans sa disgrâce ce chef-d'œuvre qui n'eût jamais dû sortir de son lieu natal; mais il fut vendu à vil prix à des anglais qui en trafiquèrent à gros intérêt dans leur patrie, et cette ville fut privée d'une des plus belles productions de l'artiste à qui elle avait donné le jour.

Le nombre immense d'ouvrages dont il fut chargé et une trop grande assiduité au travail, altérèrent sa santé , quoique forte et vigoureuse ; une attaque d'apoplexie vint le frapper à l'âge de 69 ans , et il resta paralysé de la main droite.

Quel chagrin n'éprouva pas cet artiste dont le génie bouillant ne pouvait s'accoutumer à l'inaction ! Il allait souvent pour se désennuyer, voir peindre *Restout*,

____

(1) Il l'avait peinte pour la contretable des capucines de la place Vendôme.

son neveu et son élève. Voulant un jour lui faire corriger un endroit de son tableau , il veut prendre le pinceau ; cette main qui avait opéré tant de prodiges, gâte ce qu'il veut retoucher : son caractère vif et impatient ne peut supporter cet affront ; alors toute la vivacité de sa jeunesse semble se ranimer et l'enflammer tout-à-coup ; il saisit le pinceau de la gauche , et au grand étonnement de *Restout* , il produit un nouveau chef-d'œuvre. Ce grand peintre , comme un autre Turpilius , encouragé par ce premier essai , entreprend le plafond pour la deuxième chambre des enquêtes du parlement de Rouen , qu'il exécute , au collége des Quatre-Nations , avec le même feu, avec la même hardiesse que s'il l'eût peint de la main droite , et dans la force de l'âge. Ce prodige étonna tout Paris , et on allait en foule admirer ce tableau , qui était un des plus beaux monuments de Rouen , comme une preuve du génie de l'artiste. On y voit l'innocence poursuivie par le mensonge et la fureur , se jetant dans les bras de la justice qui est accompagnée de toutes les vertus : idée sublime et pleine de poësie. (1)

Jouvenet voulut lui-même perpétuer la mémoire de cet événement , par l'inscription latine qu'il fit mettre sur les bords de ce beau plafond :

Joannes Jouvenet dextrá paralyticus sinistrá pinxit.

Son dernier ouvrage fut le tableau du *Magnificat* ;

---

(1) La chute du plancher auquel était attaché ce beau plafond a entraîné la perte de ce grand ouvrage, qui fut mis en pièces dans une nuit, il y a peu d'années.

Heureusement cette belle pensée n'est pas perdue pour les gens de goût.

Il en existe une grande esquisse très-terminée dans le cabinet dans le chœur de l'église cathédrale de Paris, qu'il n'eut pas la consolation de voir en place, la mort l'ayant surpris le pinceau à la main, la veille du jour où il devait être mis en évidence.

Ainsi finit ce grand homme, qui descendit au tombeau environné de sa gloire, à 73 ans, après avoir été l'honneur de son siècle et de sa patrie, où son nom sera immortel. (1)

La manière de cet artiste est fière, ses expressions naturelles, ses attitudes vraies, dessinées de grand goût; doué du plus beau génie et de l'imagination la plus vive; beaucoup d'enjouement dans l'esprit, droit, franc et libéral, la nature avait aussi donné à *Jouvenet* une mémoire très-heureuse qui lui retraçait fidellement les objets qu'il avait vus.

On connaît l'anecdote de cet ami absent dont il rendit l'image précieuse à sa famille en traçant son portrait sur le parquet d'un salon, dont la feuille fut enlevée comme un témoignage du talent et de l'amitié.

Jouvenet a réussi dans les grandes machines, qui convenaient mieux à son fougueux génie; il a traité avec succès l'histoire, la fable, l'allégorie et le portrait. Les plus habiles graveurs de son siècle se sont disputé

---

de M. Chapais à Rouen. Le même amateur possède aussi dans sa belle collection l'esquisse très-bien conservée du plafond du parlement de Rennes, par le même, ainsi que l'esquisse du fameux tableau de l'Elévation en croix, qui a été gravé par *Desplaces*.

On voit encore dans le même cabinet un magnifique tableau de chevalet, représentant l'Agonie de Notre-Seigneur, auquel un ange présente le calice d'amertume : ce tableau du plus bel effet est digne de *Rembrandt.*

(1) Il y a à Rouen une rue qui porte son nom.

l'honneur de multiplier ses ouvrages. On lui a reproché d'avoir été peu sensible aux charmes du coloris, il s'était fait à la vérité une couleur forte et dorée, mais qui tenait peu de celle de la nature qu'il avait plus consultée sous le rapport du dessin.

On regrette aussi qu'un si grand artiste ne se soit pas plus attaché aux convenances, et qu'il ait négligé assez souvent la science exacte du costume, sur-tout dans les sujets historiques ; ce que l'on doit attribuer à sa première éducation, qui fut tournée tout entière au profit de la peinture.

Mais que de beautés, quelle variété dans ses tableaux ! Mais son génie créateur était à lui seul ; ses savantes combinaisons sur son art, étaient sa propriété ; et avec ses défauts, *Jouvenet* n'en est pas moins un des peintres les plus célèbres, comme un des plus extraordinaires de l'école française.

Jouvenet s'est aussi occupé à peindre de charmants tableaux d'une plus petite proportion, dans lesquels on trouve une belle couleur, un moelleux et une transparence dignes des plus grands coloristes. Son joli tableau de la Messe de l'abbé de la Roque, à Notre-Dame de Paris, placé maintenant au musée du Louvre, offre une preuve évidente de ce j'avance, ainsi que celui qui représente l'Extrême-Onction, placé à Saint-Germain-l'Auxerrois.

MILLET , (Francisque),

Né à Anvers en 1644, mort à Paris en 1680.

Si *Francisque Millet* s'est plu à imiter *le Poussin* dans sa manière de peindre le paysage, il ne s'est pas moins distingué comme peintre d'histoire, genre dans lequel il se serait fait une grande réputation si son génie eût pu se fixer. Son inconstance lui fit parcourir la Flandre, la Hollande et l'Angleterre. Paris fut le terme de ses voyages, et il y résida jusqu'à sa mort arrivée dans un âge peu avancé.

C'est sur-tout comme paysagiste que *Francisque Millet* est plus généralement connu par les amateurs ; on reconnaît aisément la touche franche et facile de *Francisque*, qui joignait à cela une grande correction de dessin dans les figures dont il ornait ses paysages.

Francisque Millet est celui de tous les imitateurs du *Poussin*, dans le genre du paysage, qui s'est rapproché de la manière de ce grand homme à un tel point, qu'il est facile de s'y laisser prendre, tant la ressemblance est parfaite ; et ce n'est qu'après un mûr examen que l'on retrouve l'imitation.

Ce peintre avait reçu de la nature une mémoire si heureuse, qu'il lui suffisait d'avoir vu un objet pour se le rappeler et le rendre avec exactitude, soit dans les ouvrages des autres, soit qu'il l'eût observé d'après nature.

L'académie de peinture reçut *Francisque Millet* comme peintre d'histoire, et en cette qualité il passa au grade de professeur. Plusieurs églises de Paris furent décorées de ses tableaux (1).

Rien n'est plus facile à reconnaître que les paysages de *Francisque*, qui ont été répandus par toute l'Europe, mais qui, devenus plus rares aujourd'hui, ont été transportés à l'étranger, où on les fait passer sous le nom du *Poussin*.

Ce peintre en a fait de diverses proportions, tantôt grands, tantôt d'une petite dimension ; mais on voit avec regret que cet artiste ingénieux et facile n'ait pas préféré plutôt être lui-même, que le servile imitateur des autres, et qu'il ait été enlévé aux arts à peine au milieu de sa carrière. Les amateurs de la peinture verront toujours avec une sorte de plaisir les productions de *Francisque*, dans lesquelles il règne du génie, de beaux aspects, de belles fabriques d'un grand style et de jolies figures dessinés avec goût.

Si les tableaux de *Francisque Millet* n'ont pas été portés à des prix très-élevés, c'est à cause de l'imitation servile qu'il avait affectée de la manière du *Poussin* ; car on y trouve une touche large, une manière de peindre moelleuse, des arbres bien feuillés et toujours de belles formes ; en général, ils plaisent par un pinceau facile et agréable.

---

(1) On connaît à Saint-Nicolas-du-Chardonnay à Paris, deux tableaux d'histoire, de *Francisque Millet*, placés à côté du tombeau de *le Brun* et de sa mère.

COLOMBEL (Nicolas),

Né à Sotteville près Rouen , en 1646, mort à

Paris en 1717.

C'EST une obligation , je dirai même un devoir sacré , que de rappeler la mémoire des hommes célèbres.

Ne semble-t-il pas en effet que c'est un legs qu'ils laissent en mourant aux amis des arts ? N'est-ce pas ainsi que de siècle en siècle on a pu conserver la tradition de ces hommes extraordinaires qui se sont fait remarquer par leurs grandes connaissances et par leurs talents supérieurs ?

Colombel reçut le jour dans une commune si près de Rouen , que cette cité aurait le droit de le placer au nombre des grands hommes auxquels elle donna naissance. Ce fut au village de Sotteville , lieu si renommé par ses précieux pâturages , que naquit ce peintre , dont les talents honorèrent le siècle si fameux de notre histoire , où tant d'habiles gens semblaient s'être donné rendez-vous.

Colombel , dont les dispositions pour la peinture se développèrent presque en naissant , alla fort jeune à Paris. Son heureuse étoile le fit entrer dans l'école de *Lesueur* , qu'il fréquenta jusqu'à la mort de cet artiste moissonné à la fleur de l'âge , mais qui jeune encore, avait déjà traversé une longue carrière dans la peinture , et s'était placé entre *Raphael* et *le Poussin*. On voit par le bon style de *Colombel* , qu'il saisit bientôt le grand goût de cette école (1) dont les

______

(1) *Colombel* ainsi que *Goulai* , beau-frère de *Lesueur* , l'avaient beaucoup aidé dans le cloître des chartreux,

savants principes lui faisaient présager d'avance les trésors qu'il devait aller chercher en Italie , voyage qu'il entreprit aussitôt après la mort de son jeune et illustre maître.

Plus heureux que *Lesueur*, il aborde sur cette terre classique et fortunée, dans cet asyle des arts , où les ouvrages de *Raphael* et du *Poussin* fixèrent aussitôt son goût. Il était bien naturel que nourri d'avance de la tradition de ces grands hommes , et de la sublimité de leurs ouvrages , il dût en être frappé lorsqu'ils se présentèrent à lui dans leur originalité et avec toutes leurs richesses. Il s'appliqua dès-lors tellement à les étudier et à se les rendre si familiers , que peut-être on pourrait lui reprocher d'en avoir été le trop servile imitateur. On sait qu'il est une manière de s'approprier les belles choses sans les reporter dans ses ouvrages tels qu'on les a vus. L'artiste jaloux de sa réputation doit , comme l'abeille , se nourrir de ce qu'il trouve de plus beau dans les productions des autres , mais sans jamais imiter servilement.

Colombel s'attacha si particulièrement à la manière du *Poussin*, que ses tableaux pourraient passer aisément pour des copies de ce grand homme. Il eut cela de commun avec un de ses contemporains , *Jacques Stella* , peintre fort habile de l'école française , mais dont les tableaux rappellent aussi trop souvent ceux du *Poussin*.

Disons cependant que quand *Colombel* veut être lui-même , on admire un artiste nourri des grands principes de là bonne école, car il est aisé d'apercevoir dans plusieurs de ses ouvrages , combien il a su souvent se rapprocher de *Raphael* , du *Poussin* et du *Dominiquin* , sans leur être toujours absolument semblable.

Ses

Ses compositions décèlent un génie facile, réfléchi
et en même temps abondant. Sa manière de peindre
est fine, son pinceau est flou et gracieux, et il est
tel de ses tableaux qui est comparable à ceux du
Dominiquin. Les études qu'il avait faites d'après
Raphael et les grands maîtres d'Italie, auraient dû
contribuer à le rendre l'un des plus habiles peintres
de son siècle, s'il ne se fût pas, comme je l'ai dit,
attaché trop souvent à copier la manière de ces maîtres,
et s'il n'eût pas eu la vanité de vouloir les égaler (1).

Cet orgueil ridicule et la critique trop sévère qu'il
faisait des ouvrages des autres, lui suscitèrent une
foule d'ennemis ; il en voulait sur-tout aux copistes
de profession, en les comparant aux eunuques, inca-
pables de rien produire : aussi ne fit-on point de grâce
à ses ouvrages, quoique souvent très-bons et du meilleur
goût. Ses contemporains pour se venger de ses mépris,
lui reprochèrent d'avoir un coloris dur, de donner un
air commun à ses têtes ; il faut cependant lui rendre,
malgré cette critique amère, la justice que mérite
son rare talent. *Colombel* avait du génie, son dessin
est correct, ses compositions ont de la richesse et de
la noblesse ; les fonds d'architecture et de paysage
qu'il peignait fort bien, sont d'un excellent goût : ses
tableaux de chevalet offrent sur-tout un fini précieux,
un style sévère, ils sont peints de la manière la
plus gracieuse, et ils sont très-recherchés. Le musée
du Louvre en possède de magnifiques et du plus beau
fini. Celui de Rouen offre de ce peintre un petit
tableau digne des plus grands éloges.

____

(1) *Félibien*, Vies des peintres.

Il faut ajouter à la gloire de *Colombel*, que pendant son long séjour à Rome, il y fut reçu membre de l'académie de Saint-Luc, honneur qu'on n'avait fait précédemment qu'au *Vouet* et à *Mignard*, quoique français, mais qui comme lui, avaient habité fort long-temps cette contrée.

C'est sans doute à cause de cette longue absence de sa patrie que le nom de *Colombel* y est à peine connu ; il paraîtrait même qu'il n'y revint jamais, puisqu'aucuns ouvrages publics n'attestent son existence en ce pays, tandis qu'à son retour à Paris, il fut occupé par Louis XIV, à décorer de ses ouvrages le château de Versailles, celui de Meudon et la ménagerie. Il avait peint aussi plusieurs tableaux pour l'église des jacobins de la rue Saint-Honoré.

L'académie royale s'empressa de le recevoir dans son sein à son retour d'Italie, en 1694, et peu de temps après il en fut nommé professeur.

Il faut observer que la plupart des tableaux de chevalet de *Colombel* sont en général d'une médiocre proportion, et cependant très-souvent de grands sujets d'histoire, remplis de beaucoup de figures d'une étude et d'un fini admirables.

On les reconnaît facilement à de fort beaux morceaux d'architecture, percés quelquefois par des fonds de paysage du meilleur goût. Ses tableaux doivent tenir place à côté des maîtres les plus terminés et les plus précieux, soit par la belle couleur, soit par la finesse du pinceau.

On doit dire avec vérité, que *Colombel* est un des peintres les plus gracieux de l'école française.

HUYSMANS de Malines ,

Né à Anvers en 1648 , mort à Malines en 1727.

EST-CE la nature ou n'est-ce qu'un tableau ?
Quelle vérité, quelle richesse de détails, l'illusion
est au comble, et on a peine à croire à ses sens
étonnés ? Une grande étendue de pays se prolonge
à perte de vue, des fabriques paraissent sous les
formes les plus variées pour enrichir les différents
plans de cet immense paysage. Des groupes de grands
arbres dont les larges masses de feuillages sont
légèrement agitées par le vent, élèvent leurs têtes
altières au-dessus des terrains argileux dont les rayons
du soleil rehaussent encore la couleur dorée. Des
animaux de diverses espèces broutent et foulent des
tapis de verdure qui font une opposition merveilleuse
avec les tons variés des terrasses à moitié couvertes
d'herbes pendantes, et où l'écoulement des eaux a
laissé de profondes excavations.

Des pâtres, couchés paisiblement sur des tertres
tapissés de mousse aussi moelleuse que le duvet,
retracent ces temps heureux où les hommes exempts
de soucis et de soins, coulaient des jours paisibles
au sein d'une douce oisiveté. Telle est l'image que
présentent les immenses productions d'*Huysmans*, ce
rival de la nature, qui la peignit toujours sous un
aspect imposant.

Huysmans dessinait fort bien les figures et les
animaux, et ne fut point obligé, comme la plupart des autres paysagistes, d'emprunter un pinceau
étranger pour meubler ses tableaux.

La forme de ses arbres est toujours noble et variée ; ainsi que celle de ses terrasses , tantôt d'un blanc éblouissant, tantôt d'un jaune gris, ou rembrunies. Ses ciels transparents représentent cette légéreté de la nature qui plaît sans fatiguer la vue.

Savant en perspective aérienne , ses fonds se perdent insensiblement, et par une heureuse harmonie vont se confondre avec l'horizon.

Huysmans est, à proprement dire ; le géant du paysage par le beau style de ses tableaux, et par la grande dimension qu'il leur donnait ordinairement : aussi est-il assez difficile d'en rencontrer de chevalet peints par ce maître , encore sont-ils toujours d'une certaine grandeur ; et ils ne peuvent guère trouver place que dans des galeries ou de vastes salons ; la plupart des églises et des maisons des riches particuliers d'Anvers, de Gand, de Bruxelles, et de presque toutes les villes de la Flandre furent ornées des tableaux de ce peintre. On conserve encore avec un juste intérêt dans les principales collections de ce pays et de l'Allemagne les ouvrages d'*Huysmans*, bien moins connu en France que dans sa patrie où son nom est placé avec celui des peintres les plus célèbres de cette école.

La vie de ce grand paysagiste qui vécut toujours au sein de son pays, uniquement occupé de son art, n'offre que peu de ces événements particuliers qui se rattachent à la mémoire de beaucoup d'autres peintres ; l'examen des ouvrages d'*Huysmans* parle assez en faveur de son mérite et de ses talents.

Huysmans a trouvé peu d'imitateurs, et il est resté seul en possession de sa grande manière de rendre la nature toujours naïvement traduite dans ses tableaux.

Il faut ajouter aux rares talents de ce maître, celui de peindre avec la plus exacte vérité dans les premiers plans, les masses de rochers et de hautes élévations de terrain à moitié couverts de mousse, ainsi que les divers cailloux entraînés, soit par la rapidité des torrents ou par quelqu'autre accident. Sa belle manière de peindre les grandes plantes ajoute encore un nouvel intérêt à ses tableaux, et il est difficile de rendre ces différents objets avec plus de naturel et de vérité qu'*Huysmans*.

La seule tradition qui se soit conservée sur ce peintre, dit qu'il était né à Anvers, qu'il perdit fort jeune ses parents ; que son père était architecte en cette ville ; qu'un de ses oncles, surpris des heureuses dispositions de cet enfant, se chargea de son instruction, et le plaça chez un peintre de paysage. *Huysmans* le quitta peu d'années après, ayant été saisi d'admiration à la vue de quelques tableaux de *Van Artois*, célèbre paysagiste de Bruxelles.

La présence de ces chef-d'œuvres parut agrandir son génie tout-à-coup, et il résolut d'aller trouver ce grand artiste, lequel charmé des talents et de l'ardeur du jeune *Huysmans*, lui fit le meilleur accueil et lui proposa de vivre chez lui : dès-lors plus de secrets entre l'élève et le maître, qui lui recommande sur-tout l'étude assidue de la nature ; il le charge bientôt de faire des dessins pour lui-même ; et la nature qui n'est jamais ingrate pour ceux qui en font leur étude, le [fait marcher à pas de géant dans la carrière qu'il a entreprise. Ses paysages lui font une telle réputation , que le célèbre *Vander Meulen* , en retournant à Bruxelles sa patrie , vint visiter *Huysmans* , lui témoigna toute son admiration et le désir de l'emmener avec lui à Paris pour le présenter à Louis XIV.

Huysmans sans ambition , uniquement occupé de son art , crut devoir s'excuser sur l'habitude qu'il avait contractée de vivre tranquillement , et sur son attachement pour son pays (1).

Ce peintre s'établit ensuite à Malines , d'où lui est venu son surnom d'*Huysmans de Malines* ; trouvant le séjour de cette ville plus conforme à ses goûts , il s'y fixa jusqu'à sa mort arrivée à l'âge de soixante-dix-neuf ans , après avoir rempli sa longue carrière par une suite immense de tableaux que l'on ne cessera d'admirer.

La manière de *Van Artois* , qu'il avait beaucoup surpassé , se laisse quelquefois apercevoir dans les productions d'*Huysmans* où l'on trouve toute la simplicité et toute la vérité de la nature.

Huysmans jouira long-temps de la réputation d'un des plus grands paysagistes de la Flandre. On serait quelquefois tenté de croire qu'il aurait visité l'Italie par sa manière de composer qui présente quelque

----

(1) Un ancien amateur de Rouen, M. Richard père, négociant distingué , possédait dans sa collection deux très-beaux tableaux d'*Huysmans de Malines* dans une grande proportion ; ils lui avaient été apportés de la Flandre par un artiste de ce pays. J'en ai peu vu d'autres en France , parce que les marchands qui exploitent la mine des tableaux flamands se soucient peu de se charger de ces grands objets.

ressemblance avec les peintres qui ont habité cette contrée.

Plusieurs peintres d'histoire ont eu recours au pinceau d'*Huysmans* pour faire les fonds de leurs tableaux ; il s'est plu lui-même à enrichir de figures et d'animaux les tableaux des autres paysagistes ses contemporains.

PARROCEL (Joseph) le père,

Né en 1648 à Brignolles en Provence, en 1648, mort
en 1504.

Parrocel que ses talents supérieurs ont placé au premier rang, a mérité le titre du plus célèbre peintre de batailles de la France.

Il est vrai de dire qu'il a porté dans ce genre une fécondité de génie et une force d'action dans lesquelles il n'a pu être surpassé ; il est peu de peintres qui aient suivi avec autant de fidélité et de vérité les lois de l'effet et de la couleur.

Parrocel étant parti fort jeune pour l'Italie, avec l'intention de se perfectionner dans le genre de l'histoire, fit connaissance en arrivant à Rome, avec *le Bourguignon*, qui peignait alors avec beaucoup de succès le genre des batailles. *Parrocel* séduit à la vue des tableaux de ce maître se sent inspiré tout-à-coup pour cette partie de la peinture dans laquelle il ne tarda pas d'obtenir des succès rapides, tant il est vrai que souvent l'occasion décide du talent et des dispositions d'un artiste.

Il avait déjà passé huit années dans cette terre classique qu'il était décidé à ne pas quitter sitôt, lorsqu'une fâcheuse aventure le force d'abandonner Rome ; ainsi la France dut à une malheureuse circonstance la possession d'un des plus beaux génies de son école.

A peine fut-il arrivé (1) que les personnes de la

______

(1) L'académie le reçut en 1675, sur un tableau représentant une des batailles de Louis XIV.

plus haute considération s'empressèrent de rendre justice à son mérite, et de posséder de ses ouvrages.

Louis XIV ne tarda guères à être informé du talent de *Parrocel*, qu'il jugea devoir être très-propre à reproduire ses conquêtes, et il fut aussitôt employé par le Roi à peindre dans les réfectoires des invalides les principales victoires du monarque. Plusieurs appartements du château de Versailles sont également ornés de ses charmantes productions.

Il lui ordonna de peindre, pour le château de Marly, le fameux passage du Rhin, lequel plut tellement au Roi qui le trouva si beau, qu'il le fit placer à Versailles, dans la salle du conseil.

Parrocel peignit aussi plusieurs batailles dans la salle à manger de Versailles; le monarque se plaisait tant à voir ses ouvrages qu'il ne manquait jamais l'occasion de lui en témoigner son contentement et l'estime qu'il en faisait.

Peu de peintres ont été aussi laborieux que *Parrocel*, il n'en est guère qui aient pris autant de précaution pour l'emploi et le choix des couleurs; il mettait sur-tout un soin extrême pour conserver la fraîcheur des teintes, la vigueur et la transparence des ombres. Il est vrai aussi qu'il était difficile d'employer les glacis avec autant de talent que *Parrocel*, qui s'était pénétré à Venise (1) de la belle manière de colorier des peintres de cette école, il savait sur-tout tirer un grand parti de l'impression de ses fonds.

____

(1) Pendant son séjour à Venise, il fut un soir assailli sur le pont de Rialto par huit assasins dirigés par des jaloux de son mérite, et il n'échappa à la mort que par un sang-froid et un courage extrêmes qui l'en débarrassèrent.

Les tableaux de *Parrocel* annoncent un génie bouillant, toujours plein de son sujet; un pinceau ferme,
léger et piquant, de brillants effets de lumière font
connaître au premier coup d'œil les tableaux de ce
peintre, qui n'a jamais ressemblé qu'à lui-même, et
il est impossible en effet de pouvoir s'y méprendre.

Tout est en mouvement dans ses batailles; les
combattants annoncent le vrai courage et cet acharne-
ment qui peint si bien toute l'horreur du carnage.

On a vu aussi *Parrocel* abandonner les tableaux
de batailles pour se livrer à des sujets d'histoire qu'il
a traités avec beaucoup de succès; plusieurs églises
et hôtels de Paris furent décorés de ses productions
historiques (1).

Les compositions de *Parrocel* se distinguent par
une belle ordonnance et par la vraie représentation
des fureurs de la guerre; l'expression faisait sur-tout
son étude principale, et il le savait si bien qu'il
disait de lui-même qu'aucun peintre de batailles
n'avait jamais su aussi bien tuer son homme. On assure
que *Parrocel* joignait au grand talent de la peinture
des connaissances littéraires.

On voit assez souvent des tableaux de *Parrocel*,
mais on les trouve ordinairement un peu noircis,
sur-tout dans les ombres; il faut ajouter que l'emploi
d'un certain bleu dont il se servait pour peindre les

---

(1) On en voyait à Notre-Dame de Paris, aux Petits-Pères
de la place des Victoires, à l'hôtel Soubise et à l'hôtel de
Toulouse. On possède de sa main une jolie suite de la vie de
Jésus-Christ, qu'il a gravée avec une intelligence et un feu sur-
prenants, ainsi que quelques sujets de bataille, où il est
impossible de trouver plus d'effet.

ciels à la manière des vénitiens, a beaucoup repoussé ou durci.

L'habitude trop fréquente qu'il avait aussi des huiles siccatives pour les glacis a causé dans plusieurs de ses tableaux de chevalet un craquelé qui finit par les gâter insensiblement. On en trouve cependant qui sont exempts de ce défaut.

Les dessins de *Parrocel* ne sont pas moins recherchés que ses tableaux, par sa manière large et facile. Ils sont souvent croqués habilement à la plume sur un simple trait de crayon et assez ordinairement lavés d'une teinte d'encre de la Chine. On en connaît quelques-uns, de coloriés et on y retrouve le même génie, le même feu que dans ses tableaux.

BOULOGNE, (Bon)

Né en 1649 ,

BOULOGNE (Louis), son puîné,

Né en 1654.

Le nom de *Boulogne* , célèbre dans la peinture, formait une famille de cinq peintres an 17e. siècle.

Bon Boulogne l'aîné reçut le jour, ainsi que *Louis Boulogne* , d'un père , habile peintre d'histoire (1) , qui leur transmit les principes et le goût de la peinture.

Je passe de suite à l'aîné de ses fils comme ayant été un des peintres français les plus habiles et un de ceux qui a exécuté les plus grandes machines.

Bon Boulogne fut le héros de cette famille et peut-être le peintre le plus laborieux qui soit cité dans les annales des arts ; on assure qu'il devançait souvent le jour dans son atelier.

Les nombreuses études qu'il fit en Italie , d'après les premiers maîtres, l'annoncèrent à Paris de la manière la plus avantageuse et lui préparèrent sa réputation.

Le Brun , étonné des talents supérieurs du jeune *Boulogne* , le chargea de peindre plusieurs grands ouvrages dans le château de Versailles (2).

Il fut un des peintres dont les talents coopérèrent à la décoration du dôme des Invalides , et il eut pour

----

(1) On connaît de *Boulogne* , premier du nom , différents grands tableaux dont plusieurs étaient placés à Notre-Dame de Paris. Il fut un des premiers membres de l'académie de peinture, dont on le nomma professeur.

(2) Il peignit neuf petits plafonds dans la chapelle, et beaucoup d'autres dans les appartements.

sa part le petit dôme et la chapelle de Saint-Jérôme ,
dans lequel il a représenté d'une manière savante et
d'un grand caractère les divers événements de la vie
de Saint-Jérôme ; il fut chargé aussi , vers le même
temps , du dôme de l'Assomption , rue Saint-Honoré.

L'académie avait déjà placé *Bon Boulogne* (1) sur
la liste de ses membres , et il donna pour sa réception
le combat d'Hercule contre les centaures.

Bon Boulogne , qui avait reçu en naissant le génie
de l'invention à un très-haut degré , devait se faire
connaître par d'immenses conceptions ; aussi les plus
grands tableaux suffisaient à peine à la fougue de son
imagination et à son extrême facilité à opérer. Il
savait tirer un très-bon parti d'une couleur forte et
brillante , jointe à un effet solide et à la plus franche
exécution ; mais ne pourrait-on pas lui faire le reproche
que quelquefois la correction et la beauté du dessin
ne s'annoncent pas avec le même caractère.

La comparaison que quelques zélés amateurs contemporains de *Bon Boulogne* voulurent faire , en l'assi-
milant au *Dominiquin* , ne put obtenir qu'une durée
éphémère : et quelle comparaison pouvait-on faire du
peintre français avec un des plus grands maîtres de
l'Italie , qui a brillé par la force de l'expression , par
une solidité de jugement et une élévation d'esprit qui
le placent au premier rang des peintres , non-seulement
de l'Italie , mais de l'Europe entière , et dont le nom
sera répété d'âge en âge !

Rien n'était plus propre à faire décheoir les talents
supérieurs de *Boulogne*, que cette ridicule comparaison

____

(1) En 1677.

par ses apologistes, et une erreur semblable est bien faite pour gâter le goût et pour nuire à l'avancement des artistes.

Il faut cependant convenir qu'il règne dans les compositions de *Bon Boulogne* une certaine grâce, une sorte de naïveté dans les caractères de ses personnages, dont il avait reçu l'influence en naissant.

Joignez à ces qualités l'attention de cet artiste à ne rien faire sans consulter la nature, ce qui donne un air de vérité à tout ce qu'il a peint et redouble l'intérêt de ses bonnes conceptions : une belle facilité, un coloris tendre et moelleux ne pouvaient manquer de soutenir sa grande réputation (1).

Louis Boulogne, frère du précédent, n'obtint pas une moindre estime par ses progrès rapides en peinture, qu'il alla ainsi que son frère augmenter en Italie.

Sa réception (2) à l'académie qui se fit peu après son retour de Rome, établit bientôt en France sa réputation, qu'il soutint par un grand nombre d'ouvrages publics, son mérite parvint jusqu'à Louis XIV, qui lui fit exécuter plusieurs grands morceaux à Versailles et le chargea aussi des peintures de l'une des quatre chapelles des Invalides, où il a représenté d'une manière très-ingénieuse et de bon goût, les principales actions de la vie de Saint-Augustin, ainsi que son

---

(1) On voyait de *Bon Boulogne* un tableau de plus de quarante pieds de long qui occupait tout un côté du chœur des Chartreux de Paris, vis-à-vis un tableau de *Jouvenet*, de la même proportion ; le premier représentait la Résurrection du Lazare, l'autre la Guérison des malades sur le lac de Génézareth.

(2) Il fut reçu sur un tableau représentant Auguste faisant former le temple de Janus après la bataille d'Actium.

apothéose dans le dôme de la même chapelle. Le Roi ne borna pas là ses faveurs, il le nomma son premier peintre, avec une pension de 10,000 francs (1).

Je ne pourrais, en voulant louer les frères *Boulogne*, que répéter les éloges de leur siècle, qu'ont également mérités ces deux habiles peintres. J'ajouterai que *Louis Boulogne* a porté plus loin que son frère aîné, le fini de ses tableaux qu'il a également bien composés, mais qu'il avait l'art de terminer avec plus de soin.

Ils se sont distingués dans les peintures qu'ils ont exécutées aux Invalides, où elles font encore aujourd'hui l'admiration des étrangers et des artistes.

Il était impossible de ne pas placer ici deux peintres de l'école française qui ont joué un rôle si distingué par l'abondance de leur génie et par le choix que l'on en fit pour l'exécution des plus grands ouvrages dans un siècle où tout fut merveilleux (1).

Les frères *Boulognes* se sont tous deux délassés du travail fatigant de grandes machines en composant de très-jolis tableaux de chevalet, peints d'une manière suave et gracieuse, et dans lesquels ils ont représenté des sujets d'histoire et de métamorphose.

Ils eurent deux sœurs qui ont mérité par leurs talents d'occuper une place dans les annales des arts.

______

(1) Il fut choisi par le monarque pour continuer l'histoire métallique de l'académie des inscriptions et belles lettres. Il avait ainsi que son frère, été porté aux premiers grades académiques.

(1) J'ai vu dans un cabinet à Amiens les quatre Éléments par *Louis Boulogne*, ces tableaux gracieux d'exécution étaient bien conservés. J'en connais également dans une collection à Rouen, plusieurs qui ne sont pas moins agréables.

SANTERRE ,

Né à Magny en 1651 , mort à Paris en 1717.

Santerre fut un des meilleurs rejetons de la nombreuse école des *Boulogne* (1). *Bon Boulogne* l'aîné fut son maître ; mais bientôt rendu à lui-même, il ne tarda guères à s'apercevoir de la défectuosité de la routine d'école , et dès-lors il porta toutes ses études vers la nature.

Livré entièrement à la réflexion, *Santerre* , philosophe par goût , mais beaucoup trop modeste pour ses talents, vécut dans la retraite de son cabinet, très-peu connu et peu estimé de son vivant ; c'est le sort ordinaire des hommes retirés , sans intrigues et sans coteries. Toutes les parties qui avaient rapport à son art furent soigneusement étudiées , et avec des connaissances acquises , *Santerre* ne s'adonna d'abord qu'au seul genre du portrait ; c'est là qu'il paraissait vouloir borner son talent.

En peu de temps son génie s'élève et paraît dans tout son jour : ce n'est plus *Santerre* peignant des portraits , on vit éclorre de son pinceau des sujets historiques dignes des plus grands maîtres.

Ce n'est qu'en 1704 que l'académie, prévenue de son rare talent, voulut lui offrir une place dans son sein ; mais son entrée pour être tardive n'en fut pas

---

(1) Cette école dirigée par deux frères très-habiles, a produit beaucoup de peintres parmi lesquels on distingue *Galloche* et *Cazes*, peintres d'histoire , estimés de leur siècle, et qui avaient du génie et de la facilité dans l'exécution.

moins une des plus brillantes que puissent offrir les fastes de cet aréopage.

Il présenta son beau tableau de Suzanne au bain (1), qui passe pour un des plus rares morceaux des salles de l'académie, comme l'un des plus magnifiques monuments du dix-huitième siècle et du musée du Louvre où il est placé.

L'artifice et la grâce du pinceau furent portés à un tel point dans les ouvrages de *Santerre*, que le charme se reproduisait, malgré lui, jusque sur les objets les plus religieux.

On cite entr'autres une Sainte-Thérèse en méditation, accompagnée d'un ange qui semble lui lancer une flèche. L'expression en est si vive et si pénétrante, les caractères de têtes en sont si beaux et si expressifs, que ce tableau a paru dangereux aux personnes scrupuleuses (2).

Louis XIV voulant aussi témoigner le cas qu'il faisait du talent de *Santerre*, fit placer dans son cabinet une Madeleine de cet artiste, dont on lui avait vanté le mérite et la perfection.

Santerre dessinait correctement, son pinceau était séduisant, il possédait par excellence l'expression, et donnait beaucoup de vérité à ses diverses attitudes. Il s'appliqua sur-tout à faire un beau choix de ses

---

(1) Ce tableau a fourni à *Porporati*, graveur piémontais l'occasion de faire une estampe magnifique, connue de tout le monde, qui a aussi servi de morceau de réception à son auteur..... Elle est précieuse, et devient rare.

(2) Il est placé dans la chapelle de Versailles.

Louis XIV en fut si satisfait, qu'il lui accorda une pension et un logement aux galeries du Louvre.

modèles de femmes , qu'il peignait avec toute la grâce possible.

C'était sur-tout dans ces sortes de sujets qu'il paraissait se complaire le plus , et les tableaux où il a eu occasion de placer des femmes , sont des témoignages certains de son talent pour ces sortes de productions.

Quel exemple plus frappant que son chef-d'œuvre admirable de sa Suzanne au bain , que je viens de citer , ainsi que son fameux tableau d'Adam et Eve , dont les figures sont de grandeur naturelle (1).

On cite encore parmi ses plus belles productions, la Coupeuse de choux , demi-figure (2) , qui orna long-temps le célèbre cabinet de M. Blondel de Gagny.

Peu de peintres ont été aussi difficiles sur le choix et l'emploi des couleurs , que *Santerre* , qui préparait tout-lui-même.

Ce peintre qui a porté le plus précieux fini jusque dans ses grands ouvrages , a dû employer un temps considérable pour les terminer.

Il y règne une parfaite harmonie , jointe au faire le plus terminé sans sécheresse ; rien n'y sent la peine ni la gêne du travail.

Tout est sensibilité dans *Santerre* , ses attitudes toujours naturelles sont moelleuses et d'un mouvement gracieux : on pourrait aisément l'appeler l'*Albane* de l'école française. Son dessin , comme je l'ai déja dit , est d'une grande correction , son coloris clair , frais , tendre et plein d'harmonie.

----

(1) Il a été vendu 12,900 livres. Il le recommença d'une plus petite proportion pour un amateur distingué.

(2) Ce tableau a été vendu à sa mort 6,899 livres,

Il y a de très-beaux portraits de *Santerre*, qui seront toujours précieusement conservés.

On connaît peu de ses compositions historiques, mais ce qui en existe les rend plus rares et plus recherchées ; elles occuperont toujours les meilleures places dans les premiers cabinets, à côté des productions des plus grands maîtres.

Ce qui reste encore en France de ses tableaux est toujours porté à des prix considérables.

On a prétendu qu'il n'a jamais voulu employer les couleurs légères et diaphanes à cause de leur peu de durée, et qu'il ne s'est jamais servi que de couleurs solides avec lesquelles cependant il est parvenu à produire autant de légéreté, de force et de transparence qu'avec les glacis.

Ce peintre se reconnaît au fini large de ses tableaux, et il serait bien difficile de pouvoir s'étendre sur sa manière d'opérer qui paraît aussi occulte que les anecdotes de sa vie privée, d'autant qu'il l'a passée entièrement dans la retraite de son cabinet.

GRIMOUX,

Mort à Paris vers 1740.

GRIMOUX, du caractère le plus singulier et le plus bizarre, doit être regardé comme le *Rembrandt* de la France, par son extrême rapport avec le talent du grand peintre hollandais de ce nom.

La finesse de sa touche, la beauté et la force de son coloris devaient faire désirer la possession de ses ouvrages ; aussi les principaux amateurs de son siècle, ainsi que les personnes de la plus haute distinction voulurent être peints par *Grimoux* : on possède quelques-unes de ses têtes de fantaisie qu'il ajustait avec beaucoup de goût et souvent dans le costume espagnol ; mais il fallait éprouver ses bizarreries et ses fantaisies qui souvent le rendaient inaccessible à leurs empressements.

Quand *Grimoux* se sentait inspiré, il faisait des portraits admirables.

Sortait-il sur-tout de quelqu'orgie, la tête échauffée par le vin, c'était le moment où il se livrait avec plus d'ardeur à l'impulsion de son génie, et à l'exercice de son art, travaillant le jour et la nuit. Souvent pour se désennuyer de la gêne et de l'exactitude du portrait, il s'amusait à peindre de fantaisie de jolies têtes de femmes, qui font aujourd'hui l'ornement des meilleures collections.

Si l'on peut reprocher peu de variété dans les têtes de *Grimoux*, c'est qu'il les peignait souvent d'après le même modèle (1), mais on n'y admire pas moins

---

(1) On dit qu'une jolie voisine de *Grimoux* lui servait de modèle pour ses têtes toujours admirables par la beauté du coloris et par la grâce avec laquelle il les ajustait.

une touche fine et spirituelle, une couleur forte, dorée et d'une belle transparence.

On n'a jamais pu savoir rien de certain sur la vie de ce peintre singulier, quoique très-rapprochée de nous.

On ignore l'année et le lieu de sa naissance, il n'était même que très-peu connu de ses confrères ; mais ses charmantes productions qui lui ont mérité l'admiration des vrais amateurs et de tous les artistes, ont assez fait pour sa réputation.

On reconnaît les productions de *Grimoux* à une couleur forte et dorée dans les ombres, brillante dans les lumières ; il se distingue aussi par un grand effet, et souvent par l'ombre portée du chapeau dont il affectait souvent de couvrir le front de ses têtes : tels sont les traits distinctifs qui caractérisent le talent très-singulier de *Grimoux* ; il a sur-tout laissé beaucoup de jolies têtes de femmes et de jeunes gens, presque tous ajustés à l'espagnole ; les femmes sont ordinairement coiffées d'un chapeau élégant couvert de plumes et placé sur le côté, ce qui leur donne un air de coquetterie qui n'appartenait qu'à *Grimoux*.

LE TELLIER (Jean) ,

Né à Rouen , dans le dix-septième siècle.

LE sort des hommes modestes et sans intrigue est de restér presque inconnus de leur vivant , même dans leur propre patrie ; ils n'échappent à l'oubli de leur siècle , que long-temps après être descendus au tombeau, et suivant l'adage du célèbre restaurateur de la poësie française (1) : » *La palme naît au pied du cercueil* «.

L'artiste dont je vais parler , offre un exemple frappant de cette étonnante vérité. Le peintre *le Tellier* traversa une carrière assez longue , presque uniquement occupé à décorer de ses tableaux les églises paroissiales pour la plupart fort sombres , et celles de diverses communautés religieuses ; souvent même dérobés aux regards , au sein de ces asyles solitaires, ils demeurèrent presque nuls pour sa gloire.

Aucuns des écrivains qui se sont occupés de l'histoire de la peinture , n'ont rien dit sur cet habile artiste , ni sur ses ouvrages , comme si par une fatalité inconcevable , il dût être destiné à rester dans l'oubli.

Le Tellier , quoique très-occupé à de grands travaux d'église , a cependant travaillé pour quelques particuliers de Rouen : on connaît de lui des sujets d'histoire enchâssés dans des lambris, et de fort beaux portraits (2) ;

---

(1) Malherbe.

(2) On peut citer entr'autres celui de messire Guy Duval , président à mortier , gravé par *Landry.* Ils ont beaucoup de ressemblance avec ceux de *Champagne.*

mais ces ouvrages restèrent exclusivement placés dans l'intérieur des maisons, et on sait assez d'ailleurs ce que deviennent les portraits de famille, lorsqu'après un siècle ou deux, le costume en paraît si ridicule, qu'on les envoie du salon au grenier, et souvent leur dernière destinée est de pourrir dans les sombres réduits des brocanteurs.

Ainsi les ouvrages de *le Tellier* restèrent presque ignorés jusqu'au moment où les troubles arrivés en France les révélèrent au grand jour, et on fut tout surpris d'une découverte aussi inattendue.

Le dix-septième siècle, si fertile en grands talents, vit naître à Rouen *Jean le Tellier*, lequel, suivant *Félibien* (1), dans ses Vies des peintres, fut le neveu, l'élève du *Poussin*, et son légataire pour une partie de ses biens.

Il paraît, par le témoignage de ce judicieux écrivain, que *le Tellier* reçut le jour d'une sœur du *Poussin*. On ignore la date de sa naissance ainsi que celle de sa mort, dont d'inutiles recherches n'ont pu procurer l'époque ; mais si l'on en juge par les derniers millésimes placés au bas de ses tableaux, il a dû mourir dans un âge très-avancé.

On ignore également quel fut le maître qui lui donna les premières leçons du dessin, je pense qu'il serait très-vraisemblable d'attribuer son inclination pour la peinture, à la grande réputation dont jouissait alors *le Poussin*, son oncle, qui cultiva ses talents et lui développa les secrets de son art.

Le Tellier puisa dans cette grande école les vrais

______

(1) *Félibien*, édition in-4º., tome 2, page 368.

principes de la peinture, que s'était créés *le Poussin*
pour arriver à la sublimité de son art! C'est là sans
doute qu'il acquit ce style pur, cette manière de
dessiner vraie, et la grâce avec laquelle il agençait
ses figures ; ce fut d'après les observations et les savantes
leçons du *Poussin* qu'il apprit les règles certaines de la
perspective, dont il fut toujours le plus scrupuleux
observateur.

C'est de ce grand peintre qu'il tenait cette noblesse
de style, jointe à la belle simplicité de l'antique,
qui se fait remarquer dans ses tableaux.

Peu sensible, ainsi que *le Poussin*, aux charmes
d'un coloris brillant, il lui est inférieur pour la beauté
et la noblesse du dessin ; ce reproche ne doit cependant pas tomber sur tous ses tableaux, car il en est
dont la couleur est fort bonne, et qui approchent
souvent de la vérité de la nature.

Ses airs de têtes sont vrais et assez variés, ses
caractères justes et bien saisis ; l'expression est la
partie où, à l'exemple du *Poussin*, il s'est montré
le plus profond. Il n'a manqué à *le Tellier* qu'un peu
plus de ce feu, de cet enthousiasme qui caractérisent
les productions des grands génies.

Ne pourrait-on pas aussi lui reprocher peut-être
que trop strictement attaché à l'imitation servile
de la nature, il l'a quelquefois rendue sans choix,
et dénuée de ce beau idéal dont les grands maîtres
de l'art nous ont laissé de si nombreux exemples,
c'est ce qui l'a fait tomber, sur-tout vers les dernières
années de sa vie, dans une manière molle et ronde,
défaut qui ne se rencontre pas dans ses tableaux faits
dans la vigueur de l'âge, où l'on trouve un bon goût

de dessin formé sur les grands principes de l'habile maître dont il était l'élève.

Le Tellier entendait fort bien le jet des draperies ; ses plis amples et bien jetés conservent les formes du nu sans sécheresse et sans affectation. Le clair obscur est parfaitement entendu et ménagé dans toutes les parties de ses tableaux, qui annoncent le résultat des plus sérieuses méditations.

J'ai dit que cet artiste infatigable avait orné de ses productions la plupart des églises de son pays ; il en était peu en effet qui n'en offrissent deux, trois et quelquefois jusqu'à six, ce que j'ai été à même d'observer dans mes longues recherches. J'ai découvert aussi dans l'intérieur de quelques maisons de Rouen, des peintures de *le Tellier*, mais qui souvent enfumées ou peintes en plafonds, ont presque péri faute de soin et par le laps des temps ; il faut ajouter d'ailleurs que la mode qui change et régit tout à son gré, en avait déjà frappé probablement plusieurs autres d'une proscription éternelle ; mais si le temps, l'humidité et l'insouciance ont détruit une partie des productions de cet habile peintre, il est consolant d'en posséder encore un assez grand nombre pour le juger, honorer sa mémoire et ses talents. Le musée de cette ville en possède de fort beaux et de très-précieux.

On doit dire à la louange de *le Tellier* que la vérité surprenante avec laquelle il traitait les accessoires de ses tableaux, prouve sa grande patience à l'étude, et le haut degré d'observation auquel il s'était accoutumé de bonne heure.

Je ne puis trop répéter que ses expressions sont

vraies , que ses attitudes sont naturelles et sans être tourmentées , que ses compositions toujours sages et bien ordonnées sont profondément pensées.

C'est sur-tout dans les scènes pathétiques de la religion que *le Tellier* s'est particulièrement distingué. Ses têtes de vierges offrent toujours un air de noblesse et de candeur, soit qu'il les représente dans un état de repos , soit qu'elles soient affectées d'une profonde douleur : il n'a pas moins réussi dans les têtes de vieillards qu'il a peintes avec noblesse et avec beaucoup d'expression.

Telle est je crois l'opinion que l'on peut se former sur les talents de ce célèbre peintre , dont je me suis fait un devoir de rappeler la mémoire. Je n'ai point eu la satisfaction de pouvoir me procurer aucuns renseignements sur sa vie privée, mais ses productions , toujours marquées au coin de la sagesse et du bon goût , doivent suppléer au silence de l'histoire ; et j'ajouterai que si l'on peut juger des mœurs de *le Tellier* sur sa physionomie et sur le caractère de ses ouvrages , je crois qu'il a dû posséder les vertus de l'homme de bien. Il s'est peint lui-même de profil , au milieu des apôtres, dans un grand et beau tableau d'Ascension placé au musée de Rouen (1).

Disons pour rendre notre juste tribut d'éloges à

(1) J'en ai fait un dessin très-exact que je me propose de graver pour rappeler les traits de cet habile homme : il me reste beaucoup de regrets de n'avoir pu retrouver nulle part une pièce de poësie à sa louange, que j'ai lue il y a bien des années dans un ancien recueil, elle eût pu jeter quelque jour sur son existence passée.

cet habile peintre que s'il n'atteignit pas les grands talents du *Poussin*, on est cependant forcé de convenir qu'il en saisit le bon goût et la façon d'opérer.

Sans vouloir entrer dans le détail de tous les ouvrages de *le Tellier* on doit citer parmi ses meilleures productions et pour la noblesse du style, un tableau représentant les Adieux de Paul et Silas allant au martyre, il avait décoré long-temps une chapelle de la cathédrale de Rouen après avoir été placé précédemment dans le chapitre de cette métropole ; toutes les belles parties de l'art se trouvent réunies dans cet excellent tableau , qui rappelle le beau style du *Poussin* et du *Dominiquin*.

Je me garde aussi d'oublier une Sainte-Famille , où la Vierge , assise sur des ruines , tient l'enfant Jésus sur ses genoux , ayant à ses côtés Saint-Joseph appuyé sur un bas-relief et occupé à lire dans un livre , espèce d'anachronisme dans lequel sont tombés plusieurs habiles peintres avant *le Tellier* , et qu'on lui passe aisément à cause de l'excellence de l'ouvrage (1).

Je regarde ce tableau comme un des plus parfaits qui soient sortis de son pinceau ; il fait aujourd'hui un des principaux ornements du musée de Rouen. Il existait encore de *le Tellier* , dans la même église

______

(1) Très-jeune encore , et dans mes premières études à l'école de cette ville , j'allais souvent considérer ce tableau qui était placé à l'autel à droite de l'entrée du chœur des grands Augustins , d'où je l'ai tiré au moment de la vente de cette église , pour être conservé au musée , ainsi que deux autres qui décoraient le même temple. Mes longues observations m'ont mis à portée d'apprendre à le connaître et à le bien juger.

des Augustins ; un tableau admirable représentant des miracles arrivés au tombeau de Saint-Augustin, les figures en étaient grandes comme nature (1).

Je ne puis cesser de parler des ouvrages de *le Tellier* sans en rappeler encore trois des plus remarquables de cet habile peintre. Le premier représente la Purification (2). Ce tableau, qui est d'un bon style, d'une excellente composition et du plus beau fini, doit être regardé comme une de ses meilleures productions, ainsi qu'un autre où il a peint Saint-Alexis étendu mort au pied de l'escalier de sa propre maison ; celui-ci est d'une telle perfection, qu'on pourrait volontiers l'attribuer à *le Sueur* par la belle simplicité et la noblesse de l'architecture, s'il ne portait le nom de son auteur. Ce superbe tableau qu'il avait peint pour l'église des Gravelines, où il a été replacé depuis quelques années, est digne des plus grands éloges (3). Le troisième représente un Saint-Joseph debout, portant dans ses mains l'enfant Jésus. Tout est parfait dans cet ouvrage, où il s'est montré le digne élève du *Poussin*, soit pour l'expression, le dessin, la beauté des draperies, soit pour la perspective.

C'est dans la nombreuse collection que renferme le musée de Rouen, qu'il est facile de juger de

____

(1) Les religieux avaient eu la faiblesse de confier ce tableau, pour le nettoyer, à un charlatan dont l'ignorance l'a perdu pour jamais, comme cela se pratique encore malheureusement de nos jours.

(2) Il décorait la contretable de la paroisse de Saint-Amand.

(3) Il était placé dans une chapelle basse de l'église des Cordeliers, au-dessus du confessionnal.

l'excellence des talents de *le Tellier* ; dans le lieu même de sa naissance où après de pénibles et longues recherches je suis parvenu à pouvoir élever un trophée à sa gloire ; c'est là qu'après plus d'un siècle il reçoit enfin le tribut d'admiration de ses concitoyens et des amis des arts.

DE LARGILLIERE (Nicolas),

Né à Paris en 1656, mort dans la même ville en 1746.

LARGILLIÈRE mérita, par la beauté de son coloris et par la parfaite ressemblance de ses portraits, le titre du *Vandick* de la France (1).

On sait que *Largillière* partagea avec *Rigaud*, son rival et son ami, les honneurs du genre du portrait qu'ils peignirent tous deux avec un égal succès.

Largillière, peu courtisan, travailla plus souvent pour la ville que pour la cour ; ce qui fait remarquer dans ses portraits beaucoup moins de faste dans les ajustements.

Rigaud, son rival, au contraire avait plus d'occasions d'étaler avec magnificence l'appareil des décorations des personnages de la cour.

Largillière se fait remarquer par une couleur plus vraie et plus naturelle que celle de *Rigaud*, mais sur-tout par cette transparence qu'il avait puisée à l'école de Flandre, où s'était formée sa jeunesse.

Aucun peintre du genre de portrait n'eut le grand art de donner autant de grâce aux portraits de femmes que *Largillière*, qui réussit avec non moins de succès à peindre leurs mains délicates, au point de voir circuler le sang sous la peau.

Toutes ses têtes sont d'une ressemblance parfaite

---

(1) *Largillière* fut amené à Anvers par son père, qui s'y est établi dès les premières années de l'enfance de son fils. Il le plaça chez *Gobeau*, peintre distingué de l'école flamande, dont il conserva toujours les grands principes de la bonne couleur.

et pleines de vie ; il savait sur-tout rendre la véritable physionomie, ce miroir de l'ame qui laisse deviner, pour ainsi dire, la pensée.

Comme *Rigaud*, *Largillière* eut des talents pour l'histoire, et il fut reçu en cette qualité à l'académie royale de peinture, où il fut élu professeur et passa ensuite par les premiers grades de cette compagnie (1).

Il fit présent à l'académie de son portrait (2) vu à mi-corps, où il s'est représenté tenant un porte-feuille de dessin et la palette à la main. On peut le regarder comme un chef-d'œuvre de *Largillière*, soit pour la parfaite ressemblance, soit par la vérité des mains qui sont admirables, ou par la beauté du coloris et le velouté des draperies.

Largillière, dont les mœurs étaient simples et douces, parcourut une très-longue carrière qu'il employa à l'exercice de son art jusque dans un âge fort avancé.

Les portraits de *Largillière* sont faciles à reconnaître par une légéreté et une transparence de couleur admi-rables, dans les ombres sur-tout où l'on trouve toute la vérité du naturel.

On s'est accordé à dire que *Largillière* avait telle-ment étudié la nature, qu'il s'était habitué dans la suite à peindre de souvenir les étoffes et les accessoires, mais d'une telle vérité qu'on les eût pris pour la plus exacte imitation de ce grand modèle des peintres.

Ce serait peut-être un exemple dangereux à proposer aux élèves qui ont besoin de l'observation

---

(1) Son morceau de réception représentait un Apôtre de grandeur naturelle, il a été placé long-temps dans les salles de l'académie de peinture.

(2) Il a été supérieurement gravé.

continuelle de la nature , par la raison qu'il aurait
réussi à quelques génies privilégiés.

Largillière avait fait un voyage en Angleterre ,
où il séjourna pendant quatre années et où il se fit
avantageusement connaître. Le désir de revoir sa
patrie le fit repasser en France , au grand regret des
anglais qui lui firent les offres les plus avantageuses
pour le fixer dans ce royaume.

Il y retourna une seconde fois , lorsqu'il fut mandé
pour faire les portraits de Jacques II et de la reine.

On distingue encore parmi les plus considérables ,
ceux du cardinal de Noailles , de Huet , évêque
d'Avranches , de la célèbre comédienne Duclos qu'il
a peinte presque en pied dans le rôle d'Ariane , celui
de *le Brun* , de *Forest* , célèbre paysagiste.

» On remarque dans ses ouvrages , dit un savant
» connaisseur , un pinceau frais , une touche large
» et spirituelle , un dessin correct et des mains admi-
» rables , des draperies savamment disposées ; mais
» ce qui doit d'autant plus surprendre , c'est qu'il
» jetait sa pensée sur la toile sans faire aucunes études,
» à l'exception cependant des têtes et des mains
» pour lesquelles il consultait toujours la nature «.

On a dit avec justice que les vertus de *Largillière*
égalèrent au moins ses talents. Dire qu'il vécut dans
une union parfaite avec *Rigaud* , son concurrent , c'est
faire l'éloge de l'un et de l'autre (1).

____

(1) On placera toujours avec honneur les ouvrages de *Lar-*
gillière dans les meilleures collections, où ils ne seront jamais
déplacés. *Largillière* n'eut qu'une seule fille , morte sans postérité,
à laquelle il laissa une fortune considérable.

VANDERWERF

VANDERWERF (Adrien),

Né près de Rotterdam en 1659, mort dans la même ville en 1722.

VANDERWERF a étonné son siècle par un fini surprenant dont la tradition des arts n'avait pas laissé d'exemple dans le genre de l'histoire. L'Europe entière admira ses précieuses productions , et les souverains s'emparèrent seuls de ses talents. L'électeur palatin , sur-tout , conçut pour *Vanderwerf* une estime toute particulière , il lui assigna une pension considérable pour jouir exclusivement de ses ouvrages pendant neuf mois de l'année ; ce fut cette espèce de prédilection qui rendit les tableaux de *Vanderwerf* extrêmement rares et d'un prix excessif , tant il y avait de difficulté à pouvoir alors les obtenir. Il fallait être puissamment riche pour avoir un ouvrage capital de ce maître.

Le grand mérite de *Vanderwerf* consiste dans une patience extrême à polir et à terminer jusqu'aux moindres détails de ses tableaux. On doit penser qu'un peintre qui avait reçu de la nature un semblable talent n'en avait pas obtenu en même temps ce feu divin , cet élan du génie , cet enthousiasme dont les écarts enfantent des merveilles. Le génie se refroidit lorsqu'il est arrêté trop long-temps sur le même objet ; à force de le caresser et de le polir , le feu s'éteint , les forces physiques s'affaiblissent , et on n'aperçoit plus que de la froideur , où l'on chercherait en vain cette chaleur qui plaît dans les productions des arts.

Vanderwerf pour avoir voulu trop finir s'éloigna

souvent du vrai ton de la nature ; il perdit sans s'en apercevoir cette fraîcheur du coloris, et ne produisit que des chairs peu animées ; moins savant dans le dessin et l'anatomie, que dans la peinture, il a trop arrondi les membres, où les muscles trop cachés n'ont plus la souplesse et le jeu de la nature. Les autres parties de ses tableaux, qu'il rendait avec une vérité infinie, ont plus de couleur et sont généralement mieux traitées ; ses draperies de soie et de satin, quoique peu propres au style de l'histoire, sont larges et d'un assez bon choix,

Malgré ces défauts qui sont rachetés par un fini séduisant, jamais peintre ne fut plus heureux et n'avait vu vendre de son vivant, *ce qui est très-rare*, ses ouvrages un prix aussi considérable ; les amateurs les plus riches, désirant les posséder à quelque prix que ce soit, les payèrent des sommes énormes. On sait que *Vanderwerf* appelé à la cour de l'électeur palatin, ainsi que son épouse, revint à Rotterdam comblé d'honneurs et de biens par ce prince, qui le créa chevalier, l'ennoblit lui, les siens et la famille de son épouse à laquelle il fit présent en partant d'une toilette magnifique toute en argenterie. Si cette conduite généreuse fait honneur au souverain qui voulut honorer les arts dans la personne de *Vanderwerf*, l'artiste ne cessa de son côté d'en marquer toute sa reconnaissance à son protecteur jusqu'au moment où la mort vint le lui enlever. Ses regrets dans ce fatal instant égalèrent sa reconnaissance ; il composa en l'honneur du prince un tableau allégorique fort ingénieux où se peignit toute la bonté de son cœur.

Si *Vanderwerf* eût aussi bien possédé la science du dessin comme les autres parties de son art, il eût obtenu le premier rang parmi les peintres d'histoire de l'école hollandaise. Il a peint aussi plusieurs portraits en pied, mais plus souvent d'une médiocre proportion ; les grands tableaux semblaient peu convenir à son goût ; on sait même qu'il en a laissé imparfaits plusieurs commencés en grand.

Vanderwerf qui avait aussi étudié l'architecture, s'est distingué par l'élévation de diverses maisons de riches propriétaires de Rotterdam ; particulièrement ennemi de tous ornements lourds et superflus, il sut les employer aver goût et discernement.

A la grande sollicitation des échevins, il donna le plan du nouvel hôtel-de-ville de Rotterdam, qu'il refusa d'exécuter, dans la crainte de nuire aux intérêts de l'architecte de la ville : c'est ajouter au mérite et aux talents de *Vanderwerf* que de faire l'éloge de ses qualités morales, et sur-tout de la douceur de son caractère, qui le firent généralement admirer.

Le laborieux *Vanderwerf*, épuisé par de longs et pénibles travaux, fut enlevé aux arts et à sa famille à l'âge de 63 ans, laissant après lui un nom qui sera difficilement oublié.

La vie paisible et sédentaire de ce peintre ne lui permit guère de former beaucoup d'élèves ; aussi ne connaît-on que trois peintres formés à l'école de cet habile homme.

Les talents de *Vanderwerf* ne se bornèrent pas à l'histoire et au portrait, on l'a vu produire de jolis sujets de conversation où l'on aperçoit bien

moins que dans ses compositions historiques la froideur de son pinceau et de sa couleur.

Vanderwerf n'a eu guère d'imitateurs, il est resté
seul en possession de ce précieux fini dans le genre
de l'histoire, qui fera toujours conserver ses tableaux
comme des choses extrêmement rares.

J'ai cru fort inutile d'entrer dans de longs détails
sur la vie privée de ce peintre, et de chercher à
découvrir les premiers maîtres qui l'ont dirigé dans
l'art de la peinture, assez d'autres s'en sont occupés. On
sait que dès l'âge de neuf ans il dessinait déjà bien
mieux qu'on ne le fait ordinairement à cet âge ; il ne
doit sans doute qu'à la nature, qui le doua d'une patience
admirable, la grande réputation qu'il a acquise.

Les tableaux de *Vanderwerf*, pour la plupart ren-
fermés dans les palais des souverains, seront toujours
très-rares. On ne voit circuler chez les particuliers
que ceux qu'il a pu faire pendant les trois mois qui
lui restaient libres, et encore souvent ces tableaux
étaient-ils donnés en présent par l'artiste très-généreux
et assez riche pour en faire le sacrifice.

Sa grande patience et le long temps qu'il mettait
à les terminer, auraient dû en rendre le nombre extrêmement petit. Ses productions ont conservé jusqu'ici
la même valeur, quoique le goût soit un peu changé
sur le talent de ce peintre.

On n'a jamais poussé plus loin la perfection, si l'on
n'en excepte dans un autre genre le célèbre *Gérard
Douw*, qui a le grand avantage sur *Vanderwerf*
d'avoir conservé avec le moelleux et le fini de ses
ouvrages, une belle couleur et une vigueur d'effet
que n'offrent point les productions de celui-ci.

Vanderwerf mérite cependant de tenir une place très-distinguée dans l'école hollandaise, par le rendu précieux de ses tableaux, comme peintre d'histoire. On pourrait citer quelques sujets qu'il a traités d'un assez bon style pour son pays.

Vanderwerf est un des derniers habiles peintres de l'école hollandaise expirante, qui, lasse d'avoir produit pendant plusieurs siècles tant de peintres supérieurs en tous genres, semblait éprouver déjà de son temps une décadence sensible, que beaucoup de circonstances n'ont fait qu'aggraver.

Le musée du Louvre offre de très-beaux tableaux de *Vanderwerf*, qui mettent à même de bien juger des talents de ce peintre, dont la réputation, quoiqu'un peu exagérée, a cependant des droits à l'admiration de ceux qui, sans chercher la perfection dans toutes les parties de l'art, aiment à apprécier ce qui est en droit de plaire.

RIGAUD (Hyacinthe),

Né à Perpignan en 1659, mort à Paris en 1746.

QUI mérita mieux de prendre place dans cette réunion de grands artistes que *Rigaud*, le premier peintre de portrait du dix-septième siècle, et d'une grande partie du dix-huitième ; *Rigaud*, dont le pinceau savant et fastueux peignit tout ce que la cour et la ville offraient de personnages les plus célèbres, soit par leur naissance, soit par leurs dignités éminentes ou par leurs talents distingués.

On doit dire à la louange de *Rigaud* que son admirable talent a rendu la vie aux plus grands hommes de son siècle. Eh ! quel plus bel emploi de l'art de la peinture que de laisser à l'admiration de la postérité les traits des hommes dont on honore les chef-d'œuvres et les grandes actions !

Rigaud vint au monde avec l'inspiration de son art, et il a prouvé par plusieurs productions savantes, dessinées et composées de grand goût, qu'il eût été aussi bon peintre d'histoire que de portrait ; mais la force des circonstances l'obligea de se livrer à un genre qui lui a mérité cette grande réputation qu'on ne peut lui enlever.

Cet habile homme est regardé, avec justice, comme le premier peintre de portrait des siècles où il a vécu, non seulement par la manière savante avec laquelle il savait ajuster ses personnages et composer ses fonds, mais encore par la ressemblance parfaite qu'il savait leur donner, ainsi que par la vraie physionomie qui distingue chaque individu.

Electrisé par les grands événements de son siècle et par le faste de la cour de Louis XIV , *Rigaud* fit passer dans ses productions cette noblesse , cette dignité qui furent le caractère principal de ce siècle fameux.

Les manières distinguées de cet artiste semblaient rivaliser avec ses grands talents.

Comblé d'honneurs et de richesses , il vécut toujours très-honorablement , mais ce qu'on ne peut trop louer dans cet habile homme , c'est son respect et sa piété filiale pour sa mère , qu'il peignit dans le costume de son pays , et dont le portrait est regardé comme une de ses meilleures productions (1).

Les portraits de *Rigaud* sont comme je l'ai dit de la plus parfaite ressemblance , et si l'on peut lui faire un léger reproche , c'est d'avoir peut-être répandu un peu trop de fracas , soit dans le jet de ses draperies , soit dans les divers accessoires qui les composent. Il faut cependant convenir que jamais peintre ne réussit mieux que *Rigaud* à peindre en grand et à rendre avec plus de vérité les velours et les satins de toutes les teintes possibles.

Ne pourrait-on pas aussi remarquer qu'il a abusé quelquefois de l'emploi du rouge dans les ombres de ses

---

(1) Il fit venir sa mère de Perpignan à Paris pour en avoir soin et vivre auprès d'elle. Son portrait a été très-bien gravé par *Drevet*.

La ville de Perpignan , sa patrie , qui avait le privilége de nommer un noble parmi les hommes nés dans son sein , crut ne devoir mieux lui marquer son estime qu'en le désignant pour jouir de ce titre, qui fait autant d'honneur à ses concitoyens qu'à l'homme de mérite qui en fut honoré.

portraits ; défaut cependant qui ne se rencontre que dans ceux qu'il était obligé de peindre avec trop de précipitation pour satisfaire toutes les personnes qui désiraient avoir leur portrait de sa main , ou celles qui ne lui donnant pas assez de temps pour saisir le ton de la nature , l'obligeaient à les terminer de souvenir. Convenons qu'il existe un grand nombre de ses portraits qui sont de la plus belle couleur et d'une grande vérité de nature.

Il en est peu aussi faciles à reconnaître que ceux de *Rigaud* ; on les distingue aisément à des poses nobles , à des têtes pleines de vie , à des draperies jetées avec beaucoup de goût et de majesté. On les distingue encore à un pinceau large, une belle pâte de couleur facilement fondue et souvent transparente dans les ombres , quoiqu'elles tombent quelquefois dans un ton rouge ou violâtre.

PANINI (Jean-Paul) ,

Mort dans le cours du dix-huitième siècle.

Il est difficile à l'œil le moins exercé de ne pas reconnaître d'abord les ouvrages de *Panini* , tant ils portent un cachet particulier qui n'appartient qu'à ce maître et dont rien n'avait offert de modèle avant lui.

Panini est un des peintres de la moderne école d'Italie , dont le nom et les ouvrages placés honorablement dans les meilleures collections lui ont mérité même de son vivant un nom distingué dans les annales de la peinture.

Ce peintre doué de la plus heureuse facilité paraît s'être amusé de son art en représentant les ruines des anciens monuments de Rome et de l'Italie. Son imagination brillante savait ajouter un nouveau prestige à ces restes de la grandeur des romains, par la manière savante avec laquelle il a su les grouper et les rapprocher ensemble sous mille formes différentes. Souvent on les trouve dans ses tableaux tels qu'ils avaient dû être dans leur état de splendeur, et c'est ainsi qu'en considérant les tableaux de *Panini* , on se croit transporté tout-à-coup au milieu de l'ancienne Rome et de ses nombreux habitants.

Panini a trouvé l'art en rapprochant ces antiques débris les uns des autres , de former des groupes agréables pour meubler et varier les différents plans de ses tableaux, qu'il enrichit encore de figures pleines de grâces et peintes avec beaucoup d'esprit.

Peut-être serait-on en droit de lui reprocher de

ne leur pas avoir donné assez d'intérêt et de les avoir rendues souvent insignifiantes , en ne leur assignant aucun sujet qui rappelle ou retrace quelque anecdote historique.

Ce ne sont le plus ordinairement que des conversations ou des figures en repos ; tantôt il y place des soldats à la manière de *Salvator* , ou des figures d'hommes et de femmes vêtus à l'orientale.

On connaît cependant des tableaux de *Panini* représentant des intérieurs d'architecture , dans lesquels cet habile homme a placé des sujets historiques , mais c'est le plus petit nombre ; son génie libre et facile paraissait ne pas vouloir se captiver ainsi , il se plaisait le plus souvent à faire des figures de caprice.

Il est difficile de peindre plus facilement et d'avoir un pinceau plus agréable , plus nourri , une touche plus moelleuse et plus ferme en même temps que ce maître , ce qui donne à ses tableaux un charme qui ne se rencontre pas dans les autres ouvrages du même genre.

Panini n'a eu jusqu'ici que des imitateurs , il semble avoir servi de modèle à ceux qui depuis lui se sont adonnés à peindre des ruines d'architecture. *De Machy* , peintre français du dix-huitième siècle , fut son élève et forma sa manière sur celle de *Panini* , mais il ne put jamais saisir la force et la transparence de couleur de son modèle.

Robert , qui a surpassé *de Machy* par sa brillante imagination , la légéreté et la finesse du pinceau , et qui est regardé comme le premier peintre de l'école française en ce genre , par l'élégance de ses ruines , par la manière spirituelle avec laquelle il a groupé et varié ses monuments à l'infini, paraît s'être aussi proposé *Panini* pour modèle, quoiqu'avec une manière toute différente.

Nous avons laissé *Panini* pour nous occuper de ses imitateurs, ce qui était indispensable dans un article consacré à celui qui a dû inspirer et donner les premières pensées d'un genre qu'il avait presque créé, si l'on n'en excepte toutefois *Bibiani*, son prédécesseur, célèbre architecte et peintre de l'école d'Italie, dont on a des tableaux d'architecture et des ruines d'un dessin et d'un style très-savants, mais qui loin d'offrir le genre suave de *Panini*, quoique beaux d'ailleurs dans toutes les parties de l'art, sont traités d'une manière dure et noire qui les rend moins agréables à l'œil.

Le seul reproche que l'on puisse faire à *Panini*, c'est d'avoir donné quelquefois à ses ruines un air de nouveauté, soit dans les formes peu brisées, soit dans la couleur des pierres, des granits et des marbres, qui représenteraient plutôt des édifices modernes abandonnés au moment de leur élévation, que des monuments détruits par une longue suite de siècles. Voilà je crois l'impression que laisse l'observation des ouvrages de *Panini*, magnifiques d'ailleurs, et qui n'en seront pas moins l'ornement des plus célèbres cabinets.

Le musée du Louvre offre plusieurs beaux tableaux de ce maître ; la couleur de *Panini* est belle et fraîche, ses tableaux sont agréables, ses ciels qu'il tient ordinairement très-clairs, à l'imitation du climat où il a vécu, et traités de grand goût, laissent peut-être apercevoir un peu l'outil et la grande facilité, légers défauts qui ne tiennent qu'au mécanisme de l'art et ne peuvent diminuer l'admiration que produit le rare talent de *Panini*, qui avait reçu de la nature mille belles qualités pour son art.

Souvent dans le commerce *Panini* n'est désigné que sous les prénoms de *Jean-Paul*. Ses tableaux que l'on trouve en grand nombre, sont répandus dans toutes les contrées de l'Europe et y jouissent de beaucoup de célébrité.

J'aurais pu citer aussi parmi les grands artistes qui se sont adonnés à peindre des ruines d'architecture, le célèbre architecte et peintre français *Servandoni*, auteur du fameux portail de Saint-Sulpice de Paris, monument éternel et sublime du talent de cet habile architecte, qui fut reçu à l'académie royale de peinture et sculpture comme peintre d'architecture, et dont les rares talents et le génie extraordinaire lui ont mérité les honneurs de l'immortalité.

DESPORTES (François) ,

Né en Champagne en 1661 , mort à Paris en 1743.

DESPORTES se place avec distinction parmi les meilleurs peintres du dix-septième et du dix-huitième siècles, ayant vécu encore assez long-temps sous le règne de Louis XIV, dont il conserva la bonne tradition.

Fils d'un simple laboureur, *Desportes* n'apprit les premiers éléments de la peinture qu'à l'âge de 12 ans. Il fut confié aux soins de *Nicasius*, peintre flamand, homme de grand talent, qni lui donna les préceptes de la bonne couleur, que *Desportes* conserva pendant le cours d'une longue carrière. *Nicasius* mourut cependant beaucoup trop tôt pour son élève, et le laissa absolument livré à lui-même, sans avoir voulu suivre jamais d'autre maître que la nature. *Desportes*, pénétré de toute l'utilité de cette étude, n'en acquit que plus d'ardeur pour la peinture, et il fit en peu de temps des progrès si rapides, qu'on lui vit produire à la fois des tableaux en différents genres. La surprise que causèrent ses ouvrages lui mérita la réputation d'un très-habile peintre ; le portrait, les animaux, les grotesques, les fruits, les légumes, le paysage, les chasses, lui furent également familiers.

La Pologne (1) et l'Angleterre, où ses ouvrages furent transportés , voulurent le disputer quelque temps à la France , mais l'amour de sa patrie l'y ramena pour toujours.

____

(1) En Pologne il eut l'honneur de faire les portraits de Jean Sobieski , de la reine et des principaux seigneurs de la cour.

Louis XIV qui estimait beaucoup le talent de *Desportes*, le chargea de décorer plusieurs des maisons royales. Ce prince (1) l'honora également d'une bonté particulière, en le faisant assister à ses chasses pour en esquisser les divers événements, dont *Desportes* faisait ensuite des tableaux admirables.

Il rendait avec une vérité surprenante toutes les scènes de la chasse, les rendez-vous, les départs, les courses, la mort du cerf et la curée. Il avait sur-tout l'art de dessiner et de peindre les diverses espèces de chiens d'une telle ressemblance, qu'on les nommait par leur nom au seul aspect de ses tableaux.

On voit que *Desportes* fut presque le seul auteur de son talent, qu'il a brillé le premier en France dans le genre des animaux, inconnu jusqu'à lui dans notre école, et qu'il a porté au plus haut degré de perfection ; joignez à cela une facilité telle qu'il produisait souvent au premier coup, et qu'il a peint avec le même succès le portrait ainsi que les figures en pied. On peut s'en convaincre par son portrait (2) qu'il fit pour sa réception à l'académie, dans lequel il s'est représenté de grandeur naturelle, en habit de chasseur, assis au pied d'un grand arbre, environné de ses chiens et de divers gibiers de toute espèce.

Un grand nombre d'autres d'un faire très-savant attestent le beau talent de *Desportes* pour ce genre primitif de la peinture, mais son goût naturel

______

(1) Le Roi lui avait assigné une pension et un logement aux galeries du Louvre.

(2) Il a été gravé d'une grande proportion, par *Thomassin*, et on le voit au musée du Louvre.

l'entraînait toujours vers les tableaux de chasses et d'animaux qu'il peignait en perfection , d'un dessin ferme et 'prononcé , de la touche la plus franche et la plus spirituelle. On pourrait ajouter qu'il avait trouvé , pour ainsi dire , l'art de faire parler les animaux , tant il a mis de vérité et de naturel dans ces modèles extrêmement mobiles.

Il est peu d'hôtels et de palais qui ne soient décorés des productions de ce grand artiste.

J'ai cru devoir passer sous silence diverses anecdotes de la vie de *Desportes* , lequel eut la satisfaction de voir de son vivant toute l'estime qu'on faisait de ses productions , n'ayant d'autre but que de parler de ses talents comme peintre d'un grand mérite. J'ajouterai qu'il y a peu de cabinets où les ouvrages de *Desportes* n'occupent une place distinguée.

Sa belle couleur , la transparence de ses ombres , le rapprochent beaucoup de l'école flamande , dont il avait eu le bonheur de saisir le secret dès le commencement de ses études. La nature acheva de le faire un grand peintre , et jamais il ne peignit rien sans la consulter , il en suivait la variété et même les bizarreries.

Desportes aimait son art à la passion , c'était son unique plaisir ; aussi a-t-il produit une très-grande quantité de tableaux.

On reconnaît facilement ceux de *Desportes* à une manière large et par l'entente parfaite du clair obscur , par la vérité des couleurs locales , et par une perspective aérienne qui termine heureusement ses tableaux. Ses lumières sont brillantes , sa touche est ferme et empâtée , et il règne en général dans ses tableaux une sorte de velouté qui leur donne une transparence admirable, de manière qu'ils paraissent beaucoup plus finis qu'ils ne le sont réellement.

Desportes dessinait avec une rare supériorité les chiens sur-tout, et avec une fermeté de trait qui annonce sa grande connaissance de l'anatomie des animaux.

Il est rare de ne pas rencontrer dans les collections un peu célèbres, des tableaux de *Desportes*, que l'on reconnaît sur le champ, tant sa manière le décèle et le fait distinguer des autres peintres.

Desportes fut fort employé pour les tapisseries des Gobelins, où l'on voit toujours avec plaisir ses quatre parties du monde avec leurs figures, attributs, fruits et animaux, propres à chaque contrée du globe.

VANDEN-VELDE,

VANDEN-VELDE (William),

Né à Amsterdam en 1663, mort à Londres en 1707.

Il est peu de noms aussi célèbres et aussi connus dans l'école hollandaise que celui de *Vanden-Velde ;* ce nom rappelle de grands souvenirs et de grands talents en différents genres.

Le premier peintre de ce nom qui se présente est *Ésaïe* ou *Isaïe Vanden-Velde*, né dans le seizième siècle, et qui vivait à Harlem en 1626 et à Leyden en 1630. Les sujets ordinaires de ses tableaux sont des paysages, des batailles ou des rencontres de cavaliers : on les trouve encore dans sa patrie, où ils sont fort estimés.

Le second qui s'appelle *William* ou *Guillaume*, surnommé *le Vieux*, cru frère du précédent, naquit à Leyden en 1610, et mourut à Londres en 1693. Son amour pour les voyages le fit embarquer fort jeune, et il acquit une connaissance exacte de la forme, de la manœuvre et des agrès des vaisseaux. Il fit des dessins magnifiques en ce genre, qui furent portés à un très-haut prix.

Son plaisir était de saisir toutes les occasions d'assister à des combats sur mer pour être plus à portée d'en observer les effets et les différentes circonstances. Souvent on le voyait braver tous les dangers de ce terrible élément. C'est ainsi qu'en l'année 1666, il assista au combat donné sous les ordres de Monck et de Ruyter, aux environs d'Ostende, combat terrible, qui dura quatre jours, pendant lesquels on vit *Guillaume Vanden-Velde*, seul, tranquille au fort

13

de l'action, observer, et dessiner ce qui se passait sous ses yeux.

Cet artiste, appelé en Angleterre, par Charles Ier., fit pour ce prince une suite considérable de dessins précieux, par la grande exactitude des détails et la scrupuleuse vérité des objets qu'il représentait.

Un de ses frères, troisième du nom, nommé *Jean*, se distingua dans la peinture et dans la gravure. Il peignit avec succès des paysages et des bambochades ; mais il est plus connu par ses gravures à l'eau-forte et au burin, d'un effet piquant et qui lui est particulier (1).

William ou *Guillaume Vanden-Velde*, quatrième du nom, né à Amsterdam en 1663, fut surnommé *le Jeune*, il était fils de *Guillaume le Vieux*, le célèbre dessinateur de marines, mort à Londres : *William*, d'abord élève de cet habile père, passa sous la conduite de *Vlieger* (2), peintre de marines d'Amsterdam, lorsque son père fut appelé en Angle- terre ; mais l'élève surpassa bientôt *Vlieger*, son maître, par l'excellence de ses talents et par son grand fini.

C'est ce *Guillaume* ou *William Vanden-Velde* qui fait le sujet de cet article, et qui a mérité le titre de premier peintre de marines de la Hollande, dont les tableaux très-précieux sont portés à des prix excessifs en ce pays et même en Angleterre, où il fut appelé à son tour par Jacques II. Il reçut de

-----

(1) On a de lui une suite de jolis petits paysages gravés à l'eau-forte.

(2) Je possède un superbe tableau de chevalet, de plus de quatre pieds de large, de ce maître, représentant la Porte de mer d'Anvers, sur le bord de l'Escaut. Les tableaux de *Vlieger* sont payés très-cher en Hollande, et sont rares en France.

ce monarque une pension considérable , et peignit par son ordre les actions les plus mémorables de la nation anglaise sur mer. La plus grande partie de ses tableaux décorent les maisons royales d'Angleterre , où ses autres ouvrages sont très-recherchés , ce qui les rend si rares et si chers en Hollande et en France.

Aucun peintre de marines n'a rendu avec plus d'exactitude les agrès et la forme des différents vaisseaux qu'il se plaisait à représenter assez souvent sur des eaux calmes , avec toutes les voiles déployées , dont la forme et la couleur se reflètent avec grâce dans les eaux. Souvent ce sont de fraîches matinées dont le ciel traversé par des nuages de belles formes , de la couleur la plus claire et la plus argentine , présentent un coup d'œil ravissant.

Ses vaisseaux groupés en grand nombre , ont l'air de forêts flottantes au milieu de la mer. Tantôt ses tableaux représentent des rades avec une grande étendue de mer ; tantôt ce sont des rivages d'Hollande en mer basse , ornés de vaisseaux près de terre : on y voit des barques à sec sur le sable , dans lesquelles les pêcheurs s'embarquent et préparent leurs filets.

Il a peint aussi ce terrible élément dans sa plus grande agitation , dont il avait l'art de rendre le brisement et le transparent des vagues avec une légéreté surprenante. Ses ciels sont clairs assez ordinairement , ses nuages semblent se promener dans l'air ; sa couleur est forte et dorée. Quelques tableaux de ce maître , d'une composition très-simple , mais toujours rendus avec la même exactitude et son talent ordinaire , n'en sont pas payés moins cher.

Vanden-Velde est un excellent modèle dans le

genre des marines, pour la science et les connaissances de tout ce qui y a rapport. Ce serait en vain que l'on chercherait dans les tableaux de ce peintre ces élans du génie, ces rochers fameux, ces accidents de la nature, ces groupes de figures intéressantes. *Vanden-Velde* s'est contenté de rendre avec naïveté et une exacte vérité ce qu'il avait sous les yeux. Il a borné ses études aux bords unis de la mer d'Hollande, où l'on ne voit que des monticules de sable qui laissent apercevoir par ci par là quelques clochers de village, ou des débris d'anciennes forteresses. On ne voit pas dans les tableaux de *Vanden-Velde*, comme dans ceux du célèbre peintre de marines français *Joseph Vernet*, ces beaux accidents de la nature qu'offrent les mers de la Grèce et de l'Italie, ces rochers dont les formes bizarres et pittoresques se trouvent réunies à tout ce que la couleur offre de richesses, source inépuisable pour l'artiste dont le génie conduit le pinceau.

On ne trouve d'autre mérite chez *Vanden-Velde* comme dans les peintres de la même école, que l'exacte imitation de la nature, si toutefois on n'en excepte dans le même genre le célèbre *Backuysen* qui s'est élevé souvent au-dessus de son sujet et de ses compatriotes, par sa manière savante et hardie de rendre les effets de ce terrible élément, par l'art de grouper ses objets, de donner à ses ciels une grandeur, une magie et une vigueur qui étonnent.

Les tableaux de *Guillaume Vanden-Velde* sont faits pour charmer les amateurs qui s'attachent au fini, à la simple imitation de la nature, et qui se plaisent à examiner jusqu'aux plus petits détails. C'est en général ce précieux fini sans sécheresse , l'harmonie et l'extrême exactitude de ce peintre , qui caractérisent ses ouvrages , qui leur ont conservé la grande réputation à laquelle on attache tant de prix ; il faut être extrêmement riche pour pouvoir les placer dans son cabinet.

. On voit au musée du Louvre de jolies marines de ce *William Vanden-Velde* , mais qu'il faut bien se garder de confondre , comme on l'a fait , avec les tableaux d'*Adrien Vanden-Velde* , l'un des plus célèbres peintres d'animaux de la Hollande , dont j'ai parlé précédemment. C'est une erreur ou une distraction impardonnable , car tout homme tant soit peu versé dans la connaissance de la peinture, ne peut ignorer que cet *Adrien Vanden-Velde* , le plus délicieux peintre d'animaux, dont on admire également des productions au même musée , n'a jamais peint de marines , mais bien quelquefois des animaux sur le bord d'un canal ou d'une rivière. On doute en Hollande si les deux peintres de ce nom sont de la même famille.

Ceux qui écrivent sur les arts doivent bien se garder d'induire en erreur les amateurs , qui souvent jugent les productions des peintres d'après leurs écrits et d'après le jugement qu'ils ont prononcé.

J'ai parlé déjà de cet habile peintre d'animaux qui fut élève de *Winants* , et je crois aussi avoir assez caractérisé le genre de talent de *Guillaume Vanden-Velde* , le peintre de marines , pour qu'on ne puisse pas s'y méprendre , reconnaître ses tableaux au premier aperçu et ne pas les confondre avec ceux de ce dernier que l'on doit juger facilement.

VAN HUYSUM,

Né à Amsterdam en 1682, mort en 1749.

RIVAL de la déesse des fleurs, *Van Huysum* s'empara de toutes les productions de son empire et fit briller sur la toile le tribut varié de toutes les saisons.

Les riches amateurs de la Hollande, très-curieux de perpétuer les plus belles espèces de fleurs, et fort avares de leurs richesses, s'empressèrent de les offrir à *Van Huysum* et lui ouvrirent ces jardins si vantés.

Ce fut dans cette mère féconde que *Van Huysum* puisa les trésors qui lui acquirent une telle célébrité, qu'il n'y eût point de souverains en Europe et d'amateurs distingués qui ne voulussent posséder de ses tableaux.

Tous ceux qui aiment les productions des arts, s'accordent à proclamer *Van Huysum* comme le premier et le plus célèbre peintre de fleurs.

Jusqu'ici ses ouvrages n'ont point diminué de valeur, et sa grande réputation s'est soutenue au même degré.

Van Huysum mérite aussi, à double titre, une des premières places dans la peinture, comme très-habile peintre de paysage, genre qu'il peignait avec le même succès.

Sa grande facilité à rendre les fleurs, sa touche légère, ses heureux glacis qu'il ne devait qu'à ses observations sur la nature, devaient nécessairement le placer au premier rang des peintres de l'école hollandaise qui s'étaient distingués avant lui dans l'art de représenter des fleurs et des fruits.

Mignon, un des plus habiles et un des plus célèbres

par son précieux fini et sa grande vérité, ainsi que *David de Heem*, par sa touche franche et sa belle couleur, avaient été ses modèles.

Van Huysum les surpassa par sa manière large de composer ses groupes de fleurs et de fruits, et le goût exquis qu'il sut introduire dans un genre qui bien souvent n'avait produit que de froides copies de la nature, sèchement peintes et groupées sans art.

Son exécution qui diffère de celle des autres peintres de fleurs, est tellement fine et transparente, que l'œil exercé aperçoit encore le fond de l'impression (1) à travers le travail de son pinceau, et c'est au parti que *Van Huysum* a su tirer de cette manière de peindre qu'il est parvenu à conserver toujours vierges (2) les couleurs les plus brillantes de la palette.

Si les tableaux de *Van Huysum* offrent le fini le plus précieux, ils ont encore un avantage sur les peintres qui ont beaucoup terminé leurs ouvrages, c'est qu'ils n'excitent ni l'ennui, ni la monotone tiédeur ; il a su au contraire assaisonner son fini d'une façon de faire spirituelle, qui charme l'œil sans le fatiguer. On s'arrête long-temps et avec plaisir devant les tableaux de *Van Huysum*, quoiqu'ils ne représentent presqu'aucun être animé. Tel est l'avantage du véritable talent, c'est de plaire et de toujours plaire.

Les fleurs dans les tableaux de *Van Huysum* rivali

____

(1) L'impression en peinture est la couche de couleur appliquée sur la toile ou le panneau avant de peindre.

(2) On appelle couleurs vierges celles qui n'ont point l'air d'être tourmentées par le long travail de la brosse ou du pinceau, ce qui dans le cas contraire est appelé tué ou fatigué.

sent avec la nature dont elles offrent le velouté le
plus beau et la plus étonnante variété de couleurs :
on croit presque respirer le parfum qu'exhale chacune
d'elles en particulier.

Fidelle observateur du principe de la grappe de
raisin du célèbre fondateur de l'école vénitienne (1),
Van Huysum a toujours grand soin de conserver la
lumière principale au centre du tableau ; sensible aux
lois de l'harmonie et de l'effet, elle domine en souveraine au milieu de ses grouppes, et elle se répand
ensuite insensiblement par un choix et une entente
parfaite de formes et de couleurs.

Tous les accessoires employés dans ses tableaux y
sont traités avec goût et avec une extrême vérité. Le
marbre, le porphyre, l'or et les divers métaux y
sont touchés avec justesse et avec esprit. Rien de plus
délicat que ses jolis nids d'oiseaux encore remplis de
l'heureuse fécondité de leurs mères.

Les insectes pleins de vie dans ses tableaux, ont
tellement le relief de la nature, que l'on serait tenté
de les toucher ou de les chasser avec la main.

Ses bouquets de fleurs sont toujours disposés avec
grâce, avec noblesse dans les vases qui les supportent ;
ils sont placés si naturellement, quoiqu'avec un goût
infini, qu'on les y croit jetés au hasard.

Tel est le prestige de l'homme de goût qui a reçu
en naissant ce tact auquel l'art ni les leçons ne peuvent suppléer, et que la nature avare ne dispense
qu'à quelques êtres privilégiés, tandis qu'elle semble
l'avoir refusé à tant d'autres.

____

(1) *Le Titien.*

C'est cet heureux engencement ,. cette manière de disposer tel objet à côté d'un autre , de le varier pour le faire valoir , cette grâce , enfin ce je ne sais quoi qui fait éviter la monotonie , qui dans les conceptions des arts plaisent à tout le monde, sans qu'on cherche à en deviner la cause et le prestige.

Rien n'est plus ordinaire que de voir des fruits groupés avec les fleurs dans les tableaux de *Van Huysum ;* mais il semble peut-être moins supérieur en cette partie de son art. Ne serait-on pas tenté de lui reprocher de les avoir traités avec plus de froideur , de se rapprocher quelquefois même de l'ivoire. Ce reproche paraîtrait d'autant mieux fondé pour ses grappes de raisins , qu'il les a représentés un peu verts ; cela tiendrait-il au sol de la Hollande , où le raisin moins mûri sous un ciel plus froid que celui des pays méridionaux , ne lui a pas offert les beaux tons dorés et veloutés que l'on remarque chez d'autres peintres.

Les tableaux de paysages de *Van Huysum ,* qui sont très-séduisants , sont plutôt traités dans le genre héroïque et idéal , que dans celui de la plupart des paysagistes hollandais qui n'ont souvent imité que la simple nature , telle qu'elle se présentait à eux dans les prairies et dans les sites agrestes de la Hollande.

Les paysages de *Van Huysum* ont cela de commun avec ceux de *Lairesse,* de *Guérard Hoët ,* de *Van Orley* : ils sont composés assez ordinairement dans le genre italique , et représentent de beaux sites ornés de fabriques d'un style noble ; ses lignes sont agréables à l'œil , et forment un contraste parfait ; la touche en est fine, spirituelle et jointe à une fort bonne couleur.

On ne rencontre guère de paysages de ce peintre que dans les grandes collections ; ils sont très-rares à trouver dans le commerce , parce qu'il en a fait peu et seulement quand il voulait se délasser du genre qui faisait sa principale occupation ; ils se maintiennent à un très-haut prix par celui que ses compatriotes y attachent et qui les laissent sortir difficilement. On en voit de fort beaux au musée du Louvre, à côté de ses tableaux de fleurs.

Les petites figures qui ornent les paysages de *Van Huysum* sont dessinées et touchées avec beaucoup de finesse et d'esprit.

Ses études et ses dessins à la gouache et à l'aquarelle , si précieusement conservés en Hollande , sont toujours vendus à un très-haut prix. On sait que ces sortes d'esquisses et de dessins sont plus recherchées des véritables connaisseurs et des artistes , que les ouvrages les mieux terminés.

Van Huysum , avec un talent très-rare et aussi précieux , ne pouvait manquer d'obtenir la plus grande réputation ; plusieurs souverains s'empressèrent de posséder de ses ouvrages et de donner à l'artiste des récompenses aussi généreuses qu'honorables pour son talent.

Il eut le bonheur bien rare de recueillir de son vivant le fruit de ses veilles ; il se vit comblé des dons de la fortune, et il eût passé d'heureux jours au sein de l'aisance et des honneurs, si les dérègle- ments de son fils ne lui eussent aigri l'esprit et ne l'eussent tellement abreuvé de chagrins , qu'étant tombé dans la plus noire mélancolie, il prit le parti de se dérober au commerce d'une société distinguée pour aller vivre seul dans la retraite et le silence.

Ses derniers ouvrages, qui sont fort au-dessous des premiers, se ressentirent du désordre de son génie et de cet état de détresse qui finit par le conduire au tombeau dans un âge où il pouvait encore enrichir les arts de ses agréables productions.

Il mourut à Amsterdam à l'âge de soixante-deux ans, regretté de tous les amis du beau et du précieux.

Quelques personnes ont paru désirer un ton plus solide dans les tableaux de fleurs de *Van Huysum*, ce qui peut-être eût pu contribuer à leur donner un peu plus de relief; mais ces faibles défauts qui ne se rencontrent que très-rarement dans ses ouvrages, n'ont pu diminuer une réputation acquise par autant de succès.

La manière de *Van Huysum* a trouvé beaucoup d'imitateurs, dont plusieurs ont acquis de la célébrité. De très-grands peintres de fleurs ont porté de nos jours ce genre à la plus grande perfection et rivalisent avec ce qu'il y a de plus précieux.

Le genre et les tableaux de *Van Huysum* sont si connus et portent tellement leur cachet que je ne m'étendrai pas davantage sur sa belle manière de peindre, qui dit à qui le voit, c'est un tableau de *Van Huysum*.

VANLOO (Jean-Baptiste),

Né à Aix en Provence en 1684., mort dans la
même ville en 1745.

VANLOO (Jean-Baptiste) , issu d'une longue et
ancienne famille (1) de peintres, originaire de l'Ecluse
en Flandre , marqua dès sa plus tendre enfance le
goût naturel et héréditaire de cette famille pour
un art qu'elle avait déjà tant honoré. Ses heureuses
dispositions cultivées par son père , développèrent
en lui un génie également propre à suivre l'histoire
et le portrait , genres dans lesquels il obtint de
si grands succès , qu'après cinq années de séjour
à Aix , il fut appelé à la cour de Savoie , où
le prince de Carignan se déclara son principal protecteur. Ce seigneur l'engagea à aller à Rome où
Vanloo fit une étude très-assidue des ouvrages des
plus grands maîtres de cette école ; mais à peine
fut-il de retour d'Italie que le prince de Carignan

---

(1) Il existe d'excellents ouvrages et sur-tout de très-beaux
portraits faits par les premiers peintres de ce nom , avant qu'ils
se fussent établis en France : le plus ancien connu portait
le nom de *Jean ,* lequel eut un fils nommé *Jacques ,* qui habita
long-temps Amsterdam où il se distingua par sa belle manière
de peindre le portrait.

Un fils de *Jacques ,* nommé *Louis ,* vint étudier à Paris, où
son père alla le joindre. Il se fit naturaliser et il fut reçu à
l'académie de peinture en 1663. *Louis ,* son fils , fut à Rome
et vint ensuite se fixer à Nice , qu'il quitta après un séjour de
quelques années , pour s'établir à Aix où il se maria en 1683, et
de lui sont issus *Jean-Baptiste Vanloo ,* dont il est ici question ,
et *Carle Vanloo ,* son frère puîné.

prit le parti de venir s'établir à Paris, où il arriva en 1719. *Vanloo* le suivit et eut un logement dans son hôtel.

La réputation de *Jean-Baptiste Vanloo*, qui l'avait déjà devancé à Paris, le fit bientôt connaître du régent, qui le chargea de réparer les beaux cartons de *Jules Romain*, ce dont il s'acquitta au gré du prince qui ne cessa depuis de le combler de ses faveurs.

Jean-Baptiste Vanloo, quoique chargé de faire beaucoup de tableaux d'histoire, fut souvent interrompu par l'empressement des premiers personnages de la cour qui désiraient êtres peints de sa main ; il est vrai de dire que peu de peintres ont fait des portraits d'une couleur aussi fraîche et d'une touche aussi agréable que *Jean-Baptiste Vanloo*, qui les peignait dans la manière large de l'histoire et qui savait leur assigner un certain air noble et facile qui les fait aisément distinguer de ceux des peintres livrés à ce seul genre.

Les talents de *Vanloo* lui procurèrent des sommes considérables, il eut le malheur d'en risquer une grande partie à la banque, dont le discrédit subit lui enleva presque toute sa fortune, mais cet accident au lieu de le décourager, ne servit qu'à l'enflammer encore plus pour son art, et son assiduité au travail répara bientôt les pertes qu'il avait faites ; il fut chargé de peindre toute la cour de France (1).

____

(1) Il peignit plusieurs fois le portrait de Louis XV en pied et à cheval, celui de la Reine, du Roi Stanislas et de la Reine son épouse. Dans un voyage qu'il fit en 1736, en Angleterre, il fit les portraits du Prince et de la Princesse de Galles, ceux des Princesses leurs filles, ainsi que des personnes les plus distinguées,

L'académie de peinture n'avait pu manquer de s'adjoindre un membre aussi distingué que *Jean-Baptiste Vanloo* (1), il présenta pour sa réception un des plus beaux tableaux qui aient orné les salles de l'académi , représentant Diane et Endymion, de grandeur naturelle.

Ce tableau (2) de la plus belle couleur et d'un beau style de dessin, attirait tous les regards par sa belle transparence et la manière large et moelleuse avec laquelle il est traité ; il y règne un flou et cette belle vapeur de la nuit qui caractérisent si bien ce sujet.

Sa facilité était, dit-on, si grande, que comme *le Guide* il pouvait peindre trois têtes bien terminées en un seul jour, aussi l'œuvre de ce peintre est-il considérable. Il orna de ses ouvrages plusieurs églises de Paris, beaucoup de palais et d'hôtels en furent embellis ; diverses villes du midi de la France en possèdent aussi un assez grand nombre.

On reconnaîtra toujours les ouvrages de *Jean-Baptiste Vanloo* à un ton de couleur excellent, à sa touche facile et spirituelle, à la fraîcheur de ses chairs, qui le rapproche souvent de *Rubens* qu'il s'était proposé pour modèle.

Les annales du temps disent que *Jean-Baptiste Vanloo* joignait à l'étendue de ses talents, une figure avantageuse, un caractère doux et bienfaisant. Il eut plusieurs enfants qui se livrèrent à l'art de la peinture ;

---

(1) Il y fut agréé en 1722, reçu en 1731, et il obtint par la suite toutes les distinctions académiques.

(2) Il est présentement au musée du Louvre, dont il fait un des principaux ornements, et l'un des plus beaux monuments de l'école française.

les plus connus sont *Louis-Michel Vanloo*, habile peintre de portraits , et premier peintre du Roi d'Espagne , qui habita long-temps Paris ; *Charles-Amédée Vanloo* , peintre du Roi de Prusse. Ils furent ses élèves, ainsi que *Charles Trémolliere* , et son frère puîné , *Carle Vanloo* (1), que je ne pouvais me dispenser de joindre à cet article. Ce peintre de beaucoup de mérite , mais dont la réputation fut peut-être trop colossale dans le dix-huitième siècle, ne méritait pas sans doute d'être accablé des mépris du siècle suivant, et pour ainsi dire traîné dans la boue , sans qu'on ait voulu se donner la peine d'avoir égard aux belles choses que ce peintre avait produites avant d'être entraîné par la force des circonstances , et avant qu'il eût sacrifié au démon de la mode qui maîtrisa une grande partie du siècle où il a vécu.

La postérité toujours vraie , rendra aux belles productions de *Carle Vanloo* la justice due au degré de son talent dans son bon temps. Il sera difficile de faire oublier son Saint-Charles communiant les pestiférés , placé à Notre-Dame de Paris ; ses grands tableaux de la vie de Saint-Augustin , aux petits Pères de la place des Victoires ; les quatre figures de la vie de la Vierge , à Saint-Sulpice , dans la chapelle du même nom , et beaucoup d'autres dont la nomenclature serait trop longue.

Il ne faut que rappeler aux amis des arts les beaux tableaux de la Jérusalem délivrée , qu'il exécuta dans le palais du Roi, à Turin, de la manière la plus

---

(1) Né à Nice en 1705 , mort à Paris en 1765.

noble et la plus poëtique ; le plafond qu'il exécuta à Rome, dans l'église de Saint-Isidore, qui représente l'Apothéose de ce saint, choix qui devait d'autant plus honorer le jeune artiste, à cause de la jalousie des italiens pour les peintres étrangers.

J'ajouterai que ce fut à l'âge de vingt-quatre ans qu'il peignit à Rome son charmant tableau du Mariage de la Vierge, placé au musée du Louvre, avec celui d'Enée portant son père Anchise, l'une des belles productions de l'école française.

Il peignit aussi, vers le même temps, à Rome, un grand tableau qui lui fut commandé pour l'Angleterre, et qui établit sa réputation en ce pays. Il représente une jeune femme orientale, de grandeur naturelle, à sa toilette, remarquable par les grâces de l'attitude, par le beau coloris des carnations et la beauté des linges et des étoffes.

Il fit également deux grands tableaux pour les capucins de Tarascon, lesquels lui méritèrent à Rome les applaudissements de tous les artistes. Dans un séjour qu'il fit à Naples, il exécuta une Immaculée Conception pour l'église de Saint-Philippe de Néri ; la Cène et la Multiplication des pains, deux très-grands tableaux pour les religieuses de Sainte-Croix, auxquels les napolitains, malgré leur inimitié extrême pour les peintres étrangers, ne purent s'empêcher d'applaudir.

Il peignit à fresque, en revenant de Rome, un très-grand plafond à Stapinigi (1), dans lequel il a

____

(1) Maison de plaisance du Roi de Sardaigne, à trois milles de Turin : on retrouve dans cette fresque toute la vivacité et le moelleux de la peinture à l'huile.

représenté

représenté Diane au retour de la chasse , accompagnée de ses nymphes.

Je n'ai voulu entrer dans ces détails sur *Carle
Vanloo* que pour le venger de l'opprobre et du
mépris dont le siècle suivant s'est acharné à couvrir
la mémoire d'un artiste dont quelques faiblesses
ne devaient pas faire oublier ce qu'il avait produit
de beau.

Rien n'est plus ordinaire que d'entendre tourner
en ridicule les tableaux de ce maître qu'il ne connaît
pas , par le plus mince mirmidon de l'école , lequel
sait à peine encore manier le crayon , et qui n'est ,
ainsi que les autres élèves , que l'écho de l'envie
et de l'ignorance qui s'irritent lorsque le zèle et
l'admiration ont éclaté avec trop d'enthousiasme sur
les talents d'un artiste.

Sous prétexte d'épurer le goût et de faire le pro-
cès aux apologistes , la critique ne veille que pour
humilier des hommes qui ont eu le malheur d'avoir
été trop loués de leur vivant.

Les imperfections que l'on trouve dans les ouvrages
de *Carle Vanloo* , ne peuvent être imputées au
génie , mais on doit les regarder comme l'apanage
de l'humanité , et elles n'empêcheront pas ce peintre
laborieux , qui fut l'un des meilleurs de son siècle ,
d'obtenir l'approbation et la considération des amateurs impartiaux.

Carle Vanloo s'était exercé dans ses premières
études à la sculpture , art dans lequel il était parvenu
à un assez haut degré pour être indécis s'il devait
concourir au prix de Rome , dans cet art ou dans celui
de la peinture en 1727. Ce qui est une preuve évidente

de l'amour de cet artiste laborieux pour l'étude des arts et pour la gloire, à laquelle on le vit sacrifier souvent ses plus beaux ouvrages (1), parce qu'il les jugeait imparfaits et au-dessous de son talent.

Les tableaux de chevalet de *Carle Vanloo* seront toujours conservés avec soin par ceux qni aiment le beau faire en peinture. *Carle Vanloo* s'est aussi amusé à graver à l'eau-forte d'une pointe large et facile ; mais c'est sur-tout dans ses esquisses peintes qu'il est difficile de le surpasser, tant elles sont bien arrêtées et touchées avec goût.

---

(1) Après l'exposition du salon de 1763, il mit en pièces son tableau des Grâces enchaînées par l'amour, qui réunissait mille beautés.

Carle Vanloo avait été nommé premier peintre du Roi et chevalier de l'ordre de Saint-Michel en 1762.

WATTEAU (Antoine),

Né à Valenciennes en 1684, mort en 1721.

WATTEAU est le peintre le plus plaisant et le plus original de l'école française. Doué d'un génie facile et abondant, il fut le créateur d'un genre nouveau, et il devint le chef d'une école qui hérita de la singularité de son style.

La nouveauté de ce genre de peinture ne pouvait manquer d'imitateurs ; mais comme il ne devait son existence qu'à la mode du temps, il passa comme la déesse frivole qui l'avait inspiré.

Peu de peintres de l'école française, si l'on n'en excepte *Vernet* et *Boucher*, ont joui de leur vivant d'une vogue aussi complète que *Watteau* ; il en est peu qui aient causé le même engouement. On dit cependant que les premiers pas de *Watteau* dans la carrière de la peinture, furent assez pénibles, qu'à son arrivée à Paris, sans secours, sans patron, il fut obligé pour subsister de travailler chez un marchand de tableaux qui les lui payait à la douzaine et qui tirait grand profit de sa facilité. On assure que, fatigué de répéter sans cesse un tableau de S. Nicolas, il lui dit qu'il le savait par cœur, et le quitta pour se livrer à son penchant naturel.

Quelques-uns de ses tableaux que le hasard fit tomber dans les mains d'un amateur célèbre, (1) le tirèrent de l'oubli.

---

(1) M. l'abbé de la Rocque.

La réputation de *Watteau* s'accrut de jour en jour, et à peine avait-il terminé un tableau qu'il était enlevé. Cependant cette grande vogue n'aurait pu sauver l'artiste de la misère, sans le secours de deux riches amateurs (1) qui, dans la suite, prirent soin de lui et lui donnèrent un logement. Incapable d'aucun soin, d'aucune prévoyance, *Watteau* dépensait avec la même facilité qu'il conduisait son pinceau.

La carrière de ce peintre fut de courte durée, et cependant il l'employa de manière à remplir l'Europe de ses productions. Ses tableaux sont d'une étonnante facilité, mais ils ont un peu perdu de leur valeur, parce que le goût a changé, sur-tout depuis que l'apparition des tableaux flamands et hollandais a fixé le goût des amateurs, et que-les maîtres de ces deux écoles ont pris place exclusivement sur ceux même de l'école française, dans la majeure partie des riches collections.

Le temps qui dévore tout, a aussi porté ses ravages sur les ouvrages de *Watteau* avant qu'ils aient acquis l'état de maturité; ils ont pour la plupart un peu noirci de bonne heure, d'autres sont devenus gercés ou fendillés, ce que l'on peut attribuer à l'abus qu'il faisait de l'huile siccative pour faire sécher plus promptement ses tableaux.

Watteau s'était fait une pratique bizarre de commencer plusieurs tableaux à la fois, et de travailler ainsi alternativement aux uns et aux autres.

On assure que ce peintre dut le goût qui a guidé ses

____

(1) MM. Crozat et de Julienne. Gersaint lui fut aussi d'un grand secours pendant toute sa vie.

études et son pinceau, à l'habitude qu'il avait contractée dès son enfance d'aller voir jouer les scènes grotesque de ces charlatans ou baladins bergamasques qui jadis débitaient leur orviétan sur des théâtres établis dans les places publiques.

C'est ainsi que le premier de nos poëtes comiques, conduit par son aïeul à de semblables spectacles, puisa le goût naturel qui inspira son génie et enrichit la scène française de ses chef-d'œuvres immortels.

Il est à croire que la même inclination qui avait développé le goût de *Watteau* à Valenciennes, l'entraîna par un penchant naturel, dès son arrivée à Paris, aux représentations de l'ancien théâtre italien. Ce fut sans doute dans cette mine féconde, dans le temple de la badine Thalie, qu'il trouva ses modèles.

Le docteur Pantalon, Mezetin, Scaramouche, Arlequin, Colombine et Pierrot lui fournirent, par leurs pantomimes, leurs jeux comiques et plaisants, des ressources infinies pour le genre qu'il avait choisi, et dans lequel il est resté au premier degré.

Il se passionna tellement pour les costumes de ces joyeux personnages, qu'ils se multipliaient sans cesse dans ses tableaux, et il en saisit si bien les manières, les attitudes, l'esprit et la tournure plaisante, qu'il est impossible d'y mettre plus de grâce et de ragoût.

Où trouver, en effet, autant de délicatesse que dans la touche de *Watteau*? Est-il rien de plus transparent, de plus riche en tons que la couleur de ce peintre, qu'il devait à l'étude réfléchie des ouvrages de *Rubens* dont il a été l'un des fidelles imitateurs.

Watteau, né avec ce sentiment de la couleur, si naturel aux flamands, devait se passionner pour *Rubens*, le plus grand coloriste et le chef de cette école; aussi copia-t-il avec soin tout ce qu'il put se procurer de ce grand homme.

Le coloris de *Watteau* est plein de fraîcheur dans les femmes et les enfants, chaud et doré dans les hommes. Ses compositions sont abondantes, elles offrent sans cesse l'image du plaisir et je ne sais quel air de mystère qui redouble la curiosité.

Il avait un talent particulier pour bien rendre les diverses étoffes de soie, mais c'était sur-tout pour celles qui présentent des rayûres de diverses couleurs qu'il avait une sorte d'adoption. Ses draperies en général sont agencées avec goût. Son dessin est vrai et correct, les attitudes de ses figures sont toutes puisées dans la nature, pleines de vie et de mouvement, sans être forcées; point de figures inutiles ou parasites dans les tableaux de ce maître, toutes sont à la place qui leur convient. La lumière répandue avec discernement laisse tout apercevoir sans confusion et sans papillotage.

Watteau a bien touché le paysage, sans cependant l'avoir peint avec toute la vérité du naturel; il s'était créé une manière à lui, et il paraît avoir adopté de préférence la vue des parcs et de ces bosquets délicieux qu'arrose souvent une source d'eau vive, ces jardins où une élégante architecture se trouve mêlée avec le feuillage et produit un certain air de féerie qui parle plus à l'imagination que le peintre n'a eu l'intention de le faire.

L'histoire du temps assure que *Watteau*, dont les

conceptions inspirent une folle gaieté , était d'un caractère mélancolique et atrabilaire. On ignore si l'excès du travail , la faiblesse de son tempérament ou une mauvaise conduite hâtèrent la fin de ce charmant artiste qui périt à la fleur de l'âge.

Tout annonce la gaieté et la plus douce volupté dans les productions de *Watteau*. Tantôt ce sont des danses champêtres qu'animent la flûte et le tambourin ; des groupes de jeunes gens et de jeunes femmes sont assis avec grâce sur le vert gazon , tandis que d'autres forment des danses gracieuses et animées.

Ici la scène se passe dans un sombre bosquet , séjour du mystère : un bassin , dont l'onde est aussi transparente que le cristal , procure une agréable fraîcheur dans cet asyle calme et paisible.

Une autre fois , c'est un bal dans un salon magnifique , où la beauté se dispute la palme de la danse et du talent. Des glaces ornées de guirlandes de fleurs répètent en mille manières les groupes varéis de cette brillante réunion : un dessert somptueux concourt à l'embellissement de la fête. Tout ce que l'opulence peut offrir de plus riche est étalé avec profusion dans cette assemblée où la jeunesse et les grâces sont réunies.

Là c'est encore une grande fête par un des plus beaux jours de l'été : la scène se passe en plein air dans un jardin délicieux où tout inspire le plaisir ; des groupes brillants de jeunesse et d'élégance sont assis nonchalamment sur la mousse et le gazon plus doux que le velours. Dans le fond sont des cascades où l'eau sous mille formes différentes se précipite en bouillonnant dans un vaste bassin d'où elle s'élève dans les airs et retombe ensuite en autant de perles d'argent.

La danse, la musique et tous les plaisirs champêtres dans lesquels n'a pas été oubliée l'escarpolette, animent cette jolie fête où *Watteau* a déployé toutes les ressources de son génie.

Souvent aussi il trouve le moyen de plaire en composant un tableau très-intéressant de deux ou trois figures au nombre desquelles est ordinairement un joueur de guitare. Il est à remarquer que dans ces tête-à-tête il y a toujours un témoin ou une confidente, et tout se borne à la simple galanterie.

Quelle scène plus aimable que son Départ pour Cythère, dont le joli fond et les pensées offrent l'image d'une véritable féerie. Une longue file de jeunes pélerins et pélerines se tenant par la main forme une danse en branle qui se termine dans des barques ornées avec élégance, et dont les amours sont les nautoniers. Un essaim d'autres petits amours semblables à une nuée de papillons voltige dans les airs, précède les voyageurs et leur indique l'île enchantée où préside la déesse souveraine du plaisir ; mais il faut le dire à la louange de *Watteau*, rien ne peut jamais faire rougir la pudeur dans les vives et gracieuses conceptions de cet artiste.

Il serait inutile de chercher dans les œuvres de *Watteau* ce style élevé, ces airs de têtes nobles et savants qui dans les grands maîtres rendent si bien les diverses passions de l'ame ; les seuls caractères des tableaux de *Watteau* sont ceux de la franche gaieté et du plaisir ; l'air de coquetterie et de minauderie y est sur-tout exprimé au suprême degré.

Telles sont les impressions qui naissent naturellement de l'examen des tableaux de ce peintre , où
pétillent l'esprit , la grâce et le goût , et qu'on pourrait
appeler le Chaulieu de la peinture.

Le genre de *Watteau* tient au moment où il a
vécu. Arrivé jeune à Paris , vers la fin d'un règne qui
fut grand et glorieux , auquel par un brusque passage
devait succéder l'empire de la folie , à cette époque
où elle se répandit sur un pays où la licence allait
succéder à l'extrême dévotion , où on la vit agiter
ses grelots jusque dans la cour d'un prince ami des
arts et des plaisirs , il était fort naturel qu'un peintre
dont l'imagination n'enfantait que des scènes galantes
et voluptueuses , fût reçu favorablement de ses contemporains. L'artiste est souvent l'homme de son
siècle ; si le siècle est grand , tous les œuvres du
génie sont nobles et majestueux.

Mais n'oublions pas une anecdote qui fit le plus
grand honneur à *Watteau* , et qui lui valut son
étonnante réputation.

Ce peintre ayant obtenu la permission de placer
au Louvre deux de ses tableaux dans une des salles
qui servait de passage aux académiciens , les jours
d'assemblée , se tenait respectueusement à l'écart ,
lorsque le célèbre *Delafosse* qui les aperçut le premier ,
surpris de leur perfection , apprit qu'ils étaient d'un
jeune homme qui avait le projet de faire le voyage
d'Italie. Il aperçoit *Watteau* qui vient à lui. Mon ami ,
dit *Delafosse* avec toute la franchise et la bonhomie
de son caractère , vous ignorez vos talents ; vous en
savez plus que nous , et vous pouvez honorer l'académie. *Watteau* encouragé par le suffrage de ce grand

homme, se détermine à rester à Paris ; il fait ses visites, et est reçu académicien sous le titre nouveau de peintre des fêtes galantes.

Aprés avoir passé quelques années dans cette capitale, ou il était fort occupé, l'inconstance naturelle de *Watteau* lui fit entreprendre le voyage d'Angleterre, où sa faible santé ne lui permit de rester qu'une année ; il fut obligé de revenir en France, et il arriva à Paris dans un état de langueur qui lui laissait à peine quelques moments pour se livrer à son art.

On lui conseilla d'aller prendre l'air à la campagne ; un de ses amis le mena au village de Châtillon près Paris, et c'est là qu'il eut la douleur de le voir mourir peu de temps après, à l'âge de trente-sept ans.

Watteau forma des élèves qui suivirent sa manière, mais avec moins de succès. *Pater* et *Lancret* sont les plus connus.

Le premier, qui était son compatriote, a le plus approché de la finesse de *Watteau* et de sa couleur.

Lancret, né avec plus de verve et de facilité, eut moins de finesse et de couleur, et il se laissa entraîner par la suite à une sorte de pratique et de manière qui répandent de la monotomie dans ses tableaux. Ce peintre a eu cependant quelques heureuses inspirations qui font quelquefois confondre ses tableaux avec ceux de son maître. Ils se sont multipliés à l'infini par la gravure. On rencontre ses estampes sur-tout dans les châteaux et les maisons de campagne.

On n'a jamais autant gravé que d'après *Watteau*, dont le génie embrassa tous les genres de peinture : arabesques, décorations de salon, panneaux de voitures, dessus et intérieur de clavecins, peintures sur glace, jusqu'aux paravents des riches particuliers, il entreprit tout avec le même succès ; ainsi son nom vola de bouche en bouche. Il a gravé lui-même à l'eau-forte, d'une pointe fine et légère, plusieurs morceaux recherchés des amateurs.

Watteau s'est amusé à peindre des marches d'armées, des haltes, des campements ; mais un de ses tableaux les plus renommés et les plus considérables, fut l'enseigne (1) qu'il peignit pour son ami Gersaint, fameux marchand de tableaux à Paris. *Watteau* y représenta une longue galerie remplie de figures de personnages et de tableaux de toutes les écoles, tellement vrais, que l'on y reconnaissait le genre et le faire de chaque maître. A peine cette enseigne fut-elle en évidence que la foule s'y porta , on la descendit, et elle passa peu de jours après dans une des plus célèbres collections de la capitale.

Il termina sa carrière par une composition des plus grotesques qu'ait produites son pinceau, c'est le tableau où il a représenté un malade en robe de chambre , faisant de vains et derniers efforts pour échapper à quatre ou cinq seringues braquées contre lui , et arrivant enfin au tombeau, son dernier asyle , au milieu de la faculté en habit de cérémonie.

Cette dernière plaisanterie qu'enfanta *Watteau*, a tous les caractères propres à chaque personnage , ils y sont tous peints au naturel et avec le coloris qui caractérise chaque profession.

Il eut encore cette ressemblance avec notre célèbre

____

(1) Ce tableau a été gravé par *Cochin* père, et fut acquis par M. de Julienne , d'où il est passé chez l'étranger

comique ; c'est qu'il finit ses jours en ridiculisant une science utile à laquelle sont obligés d'avoir recours les plus infidelles et les plus incrédules.

Les ouvrages de *Watteau* seront toujours estimés des gens de goût, malgré le changement de mode, car elle domine tout, et comme ils deviennent plus rares de jour en jour, j'engage les amateurs qui en possèdent à les conserver précieusement. Ils sont si aisés à reconnaître, que je ne crois pas devoir entrer dans aucuns détails sur ce qui les caractérise.

OUDRY (Jean-Baptiste),

Né à Paris en 1685, mort en 1755.

OUDRY eut pour père un marchand de tableaux, qui lui inspira dès son enfance le goût de la peinture, et lui enseigna les premiers principes du dessin ; il le confia ensuite aux soins de *Largillière*, son ami. Sous cet habile maître, le jeune *Oudry* ne tarda pas à faire des progrès rapides dans l'étude du dessin, et ce fut à l'exemple de ce savant coloriste qu'il acquit cette belle pratique de couleur qui a toujours assigné à ses ouvrages toute la distinction dont ils ont joui.

Largillière voulant perfectionner de plus en plus son élève d'adoption, lui fit copier au Luxembourg les plus beaux morceaux de la superbe galerie de *Rubens*, après quoi il l'occupa à peindre d'après nature.

L'élève devait naturellement s'adonner d'abord au genre du portrait (1), dans lequel son maître réussissait si bien. Il faisait un jour le portrait d'un chasseur en pied, ayant à côté de lui son chien qu'il peignit d'une manière si vraie, que *Largillière*, auquel il s'empressa de le montrer, lui dit en riant, tu ne seras jamais qu'un peintre de chiens, idée fort plaisante et qui s'est réalisée par la suite.

Oudry s'appliqua à l'étude de l'histoire, il y obtint

____

(1) Il peignit le portrait du Czar Pierre qui voulut l'emmener avec lui en Russie.

des succès (1) ; mais un penchant naturel l'entraînait souvent , comme malgré lui , vers l'imitation des animaux , des fleurs et des fruits.

Oudry continuait cependant de peindre des sujets d'histoire , et c'est en cette qualité qu'il fut admis au sein de l'académie de peinture (2) , sur un tableau qui représentait l'Abondance, dans lequel il avait trouvé l'occasion de placer une grande quantité d'accessoires très-bien faits , dans un genre qui faisait ses délices ; il fut nommé dans la suite professeur.

Le génie et le goût naturel qui ne perdent jamais leurs droits , le rappelaient souvent vers l'étude des animaux , et bientôt on le vit produire des tableaux d'animaux et des chasses traités avec un talent merveilleux , de sorte qu'il y fut tellement occupé , qu'il ne trouva presque plus de moments à donner aux autres genres qui avaient commencé sa réputation.

Louis XV , auquel on présenta des tableaux d'animaux d'*Oudry* , en fut si satisfait , qu'il lui ordonna de l'accompagner dans ses chasses à la grosse bête , pour faire des études de chasse qui embellirent d'abord Choisi (3).

Il était tout naturel que ce peintre , accoutumé dès

----

(1) On rapporte qu'il fut chargé de peindre une Adoration des bergers pour une paroisse de Paris , et qu'il y plaça un agneau peint d'une telle vérité , que ses amis et ses confrères lui dirent : Tu devrais t'adonner à peindre des animaux.

(2) Il fut reçu à l'académie royale de peinture et de sculpture en 1717. On voyait son portrait dans les salles de l'académie.

(5) Château près de Paris, sur le bord de la Seine, où le Roi allait souvent.

ses premières années à vivre au milieu des tableaux, y puisât le goût de la peinture.

On sait que la vue et l'exemple ont presque toujours servi à développer les talents et les passions. L'histoire des arts offre beaucoup de traits semblables, et *Oudry* en est la preuve la plus évidente. Il acquit sur-tout, à force de copier, une pratique rare pour l'exécution, et rien aussi n'est plus agréable que sa belle et grande manière de peindre, ainsi que la touche franche et large qui se fait remarquer dans ses ouvrages. Ce peintre savait sur-tout tirer un grand parti de la lumière la plus brillante, et l'on connaît beaucoup de ses tableaux qui, quoique peints tout-à-fait en clair, n'en produisent pas un effet moins merveilleux.

Disons à la louange d'*Oudry*, qu'il est du nombre des habiles peintres nés à la fin du dix-septième siècle, et l'un de ceux qui doivent occuper une place honorable dans l'école française: on sait qu'il fut le créateur de sa manière d'opérer, et que le nombre de ses ouvrages qui est considérable, décore tous les châteaux et toutes les maisons royales.

Il a fait plusieurs jolis tableaux de chevalet, qui peuvent trouver place dans les collections les mieux composées (1).

Oudry s'est aussi souvent délassé de ses grandes occupations, en peignant des tableaux de nature morte,

----

(1) Sa facilité à dessiner les chiens et les diverses bêtes fauves était si grande, et il les rendait avec une telle vérité, que Louis XV se plaisait sur-tout à nommer les chiens par leur nom à la première vue de ses tableaux de chasses. Il obtint une pension du Roi, un atelier et un logement aux Tuileries.

où l'on retrouve tout le prestige de la vérité.

On sait que cet artiste fut chargé de composer des dessins pour l'édition in-folio des fables de la Fontaine, connue de tout le monde, et qui fait l'ornement des plus riches bibliothèques (1).

Ses tableaux d'animaux offrent presque toujours de beaux morceaux d'architecture et des fonds de forêts qui réjouissent et reposent l'œil des scènes bruyantes et animées qui les composent.

Il est difficile de mieux réussir à peindre les chiens de toutes les espèces, ainsi que les canards, dont Oudry a tellement saisi les habitudes et les mouvements divers, qu'ils paraissent pleins de vie sous son pinceau ; c'est sur-tout dans la représentation des oiseaux aquatiques qu'il faut admirer sa touche spirituelle, moelleuse et vraie en même temps, ainsi que la manière avec laquelle il a su rendre jusqu'au duvet de cette espèce de volatiles.

Il est aisé, d'après ces détails, de juger du talent d'Oudry, et de connaître le caractère de ses tableaux, qui se rencontrent assez souvent dans les ventes.

J'ajouterai que ses chiens sont dessinés d'un trait ferme et vrai, qui annonce une profonde connaissance de l'anatomie de ces animaux. Si les fonds de ses tableaux sont enrichis par de beaux détails, les premiers plans n'offrent pas moins d'intérêt par la présence des belles et larges plantes qu'il y peignait avec beaucoup de goût, de même que les roseaux et les

---

(1) Deuxième volume in-folio, édition de Martenault, ornée de 152 sujets. C'est dans cet ouvrage qu'Oudry a signalé son goût et les grandes connaissances qu'il avait des formes et des inclinations des animaux.

divers

divers végétaux qui bordent les lacs et les rivières.

On admire dans les tableaux d'*Oudry* une force d'expression et des connaissances plus générales que dans ceux de *Desportes*, son prédécesseur, lequel cependant a été un peintre de mérite.

Oudry fut nommé directeur de la manufacture des Gobelins, il l'était également de celle de Beauvais qui lui devait toute la prospérité dont elle a joui.

Oudry d'une constitution fort replète, fut frappé d'apoplexie à l'âge de soixante-neuf ans, à laquelle il succomba au bout de trois mois, pendant lesquels il ne cessait de répéter ces paroles affligeantes : » Si je ne travaille plus, je mourrai «.

Ce peintre extrêmement laborieux, s'est aussi exercé à graver à l'eau-forte, d'après ses propres pensées. On connaît, entr'autres pièces considérables, le Roman comique de Scaron, en vingt-six feuilles, et plusieurs sujets d'animaux qui seront toujours très-recherchés, ainsi que ses dessins souvent à la pierre noire, lavés à l'encre de la Chine ou à l'aquarelle, dans lesquels tout annonce du génie et de la facilité.

LEMOINE (François),

Né à Paris en 1688 , mort dans la même ville en 1737.

Quels que soient les efforts de l'envie et de la jalousie pour déprécier les talents de *Lemoine*, il n'en sera pas moins regardé comme un des meilleurs peintres de l'école française du dix-huitième siècle.

Quelle injustice, je dirais même quelle ingratitude de refuser, de nos jours, à cet homme de génie les titres que lui ont mérités ses charmantes et spirituelles productions.

Qui n'a pas admiré son beau plafond du salon d'Hercule à Versailles, cette immense production où l'abondance des pensées le dispute au plus beau coloris (1).

Lemoine naquit vers la fin du règne de Louis XIV, mais il était malheuseusement trop jeune encore pour profiter des grandes leçons des peintres qui avaient illustré ce siècle fameux ; et à peine eut-il atteint l'âge de raison que déjà tout était changé dans les arts en France. Il semblait que par une singulière fatalité, ils dussent perdre tout-à-coup cette sublimité et cette grandeur qui les avait éminemment distingués sous le règne précédent. La folie, la légéreté et les fantaisies de la mode s'emparèrent comme par magie du génie de la nation, et l'on vit disparaître en peu de temps le bon goût dans les productions des arts.

---

(1) On sait que ce plafond est un des plus grands morceaux de peinture exécuté sous Louis XV.

Quelques artistes, déjà avancés en âge, avaient eu le bon esprit de résister à ce torrent dévastateur, et avaient conservé les débris de ce palladium ; mais le peu d'élèves formés par leurs soins, s'éloignèrent insensiblement des bons préceptes qu'ils en avaient reçus.

Ce fut sans doute un grand malheur pour *Lemoine* d'avoir été privé de visiter l'Italie dans les premières années de sa carrière pittoresque, quoiqu'il eût remporté très-jeune le grand prix de Rome qui lui accordait la pension ; mais les désastres de la guerre qui vinrent alors désoler la France, l'empêchèrent de profiter de cet avantage ; ce ne fut que bien des années après, en 1723, qu'un amateur, son ami, lui proposa de faire ensemble le voyage de Rome. Un trop court séjour de sept à huit mois lui laissa à peine le temps d'admirer les chef-d'œuvres de cette capitale des arts. *Lemoine* employa cependant ce peu de temps à faire de sérieuses études d'après *le Guide* et *le Cortone* qu'il trouva parfaitement en rapport avec son goût naturel : aussi eut-il peu d'efforts à faire pour s'initier avec la belle manière de ce père des grâces. *Carle Maratte* paraît aussi avoir été un de ses maîtres favoris. Il est à croire que s'il eût visité dans sa jeunesse cette terre classique, il se serait plus attaché à l'imitation de *Raphael* et des premiers maîtres de cette école fameuse.

Ce ne fut qu'à son retour d'Italie qu'il termina le plafond du chœur des Jacobins du faubourg Saint-Germain, qu'il avait commencé avant son départ. Pressé par tous les amateurs qui voulaient avoir de ses ouvrages, il n'en entreprit pas moins la superbe coupole de la chapelle de la Vierge, à Saint-Sulpice.

La belle composition, les grâces répandues dans cet ouvrage, jointes à la beauté du coloris, lui méritèrent la faveur du gouvernement, qui le chargea de peindre le plafond du salon qui conduit à la chapelle de Versailles, où il a représenté l'apothéose d'Hercule de la manière la plus poëtique (1).

Lemoine qui peignait souvent dans la nuit à la lueur d'une lampe pour satisfaire son ambition et l'envie de ceux qui voulaient avoir de ses ouvrages, força, pour ainsi dire, la nature et altéra beaucoup sa santé très-faible d'ailleurs. Ses amis ne tardèrent pas à s'apercevoir qu'il changeait de jour en jour, et que son génie paraissait diminuer.

Lemoine d'un tempérament mélancolique et atrabilaire, éprouva en même temps des chagrins domestiques qui vinrent encore l'accabler; il perdit en peu de jours une épouse adorée, tourmenté au-dehors par la jalousie de ses confrères, en fallait-il davantage pour altérer sa raison ; ajoutez à cela que la pension de 4,000 livres, ainsi que le titre de premier peintre du Roi, ne purent satisfaire son ambition ; il avait le désir d'être ennobli.

Le caractère le plus doux, le plus paisible se changea bientôt en une fureur intérieure qui devint d'autant plus à craindre qu'il n'en faisait rien paraître au-dehors.

On sait assez quelle fut la suite funeste du dérangement de son cerveau, qui le fit mourir dans les bras même de cet ami qui l'avait conduit en Italie, et qui venait pour l'emmener à la campagne afin de rétablir sa santé.

____

(1) Il employa sept ans pour terminer ce grand ouvrage.

Lemoine avait à peine quarante-neuf ans lorsqu'il termina sa carrière (1).

Ses tableaux se font aisément remarquer par une sorte de grâce dans l'agencement et la tournure des figures; on le reconnaît aussi par une touche légère et spirituelle, et par un coloris vrai et transparent.

Je suis loin de prétendre que l'on propose *Lemoine* comme modèle aux jeunes gens dans leurs premières études, c'est sur l'antique *Raphael* et *Michel-Ange* qu'il faut employer les premières années; mais quand ils sauront bien dessiner, qu'ils peignent d'après les ouvrages de *Lemoine*; c'est alors qu'ils pourront apprendre à l'apprécier et à profiter des progrès que l'art a faits en France avec lui, sous le rapport du coloris.

Lemoine, quoique chargé de faire de très-grands tableaux pour diverses églises de Paris, n'en a pas moins peint beaucoup de chevalet qui feront toujours l'ornement des cabinets les plus distingués, par les grâces qu'il a su y répandre, et par leur belle couleur. On connaît le joli tableau fait pour le Roi, dont le sujet est la Continence de Scipion, lequel a orné très-long-temps la galerie du Luxembourg, ainsi que son morceau de réception à l'académie, qui offrent tous deux une preuve non équivoque de ses talents comme grand coloriste.

Ce dernier représente Hercule assommant Cacus; il a été supérieurement gravé par *Cars*, son élève, qui a traduit la majeure partie de ses tableaux.

Il est placé au musée du Louvre avec plusieurs autres du même artiste.

(1) Il se perça lui-même de neuf coups d'épée en entendant frapper à sa porte, croyant qu'on venait l'arrêter.

PARROCEL (Charles),

Né à Paris en 1688 , mort en 1753.

PARROCEL (Charles), fils de *Joseph Parrocel ;* se distingua comme son père dans le genre des batailles. Sans s'être attaché à suivre la route tracée par son prédécesseur , il se fit une manière à lui toute différente et qui lui a mérité la réputation d'un des plus célèbres peintres.

Charles Parrocel s'était d'abord adonné avec succès au genre de l'histoire , lequel lui mérita le prix et la pension de Rome , où il se fit avantageusement connaître par plusieurs belles compositions historiques ; mais à peine fut-il de retour à Paris , que son penchant naturel et son génie plein de feu l'entraînèrent vers les tableaux de batailles , dans lesquels il n'a pas acquis moins de gloire que son père.

Parrocel se créa pour ainsi dire lui-même peintre de batailles ; il fit toutes les études nécessaires pour y acquérir beaucoup de gloire , et il a prouvé qu'il était bien difficile de dessiner les chevaux mieux que lui.

Peu après son retour en France , l'académie de peinture le reçut académicien , sur un combat de cavalerie et d'infanterie ; il obtint bientôt le grade de conseiller , et comme il dessinait parfaitement la figure , il fut nommé par la suite professeur en 1745.

Ce que l'on croira difficilement , c'est que *Parrocel,* membre de l'académie , pour se perfectionner dans le genre où il avait déjà obtenu beaucoup de succès , résolut de servir dans la cavalerie et de faire plusieurs campagnes pour mieux étudier les mouvements et les évolutions militaires.

Quel parti sut-il tirer de ce nouvel état pour son talent , et quelle quantité considérable d'études il en rapporta , non seulement par le nombre , mais par leur excellence et le beau choix qu'il avait su faire de tout ce qu'il avait eu sous les yeux.

Il ne lui était rien échappé de la souplesse , de la cadence et de la vérité des divers mouvements du cheval dont il avait scrupuleusement étudié l'anatomie. Aussi , comme on l'a dit , n'a-t-il pas été surpassé pour la vérité , ainsi que pour la belle manière de les dessiner.

Parrocel joignait à ces qualités une façon de peindre large et très-lumineuse ; son pinceau , gras et facile , répandait un charme singulier sur ses tableaux , malgré l'espèce de crainte qu'ils inspiraient.

Sans avoir possédé au suprême degré , comme son père , la force du coloris , il s'était fait une belle manière de colorier qu'on admire dans ses ouvrages , lesquels peuvent , quoique dans une autre pratique , soutenir le parallèle avec ceux de son père ; et comme ses tableaux ont moins changé , on les appréciera plus long-temps.

En 1744 et 1745 , *Parrocel* fut chargé d'accompagner le Roi et de peindre ses conquêtes en Flandre(1); le plus grand succès couronna l'entreprise , et les tableaux de *Parrocel* lui méritèrent de nouveaux droits à l'admiration de ses contemporains.

En 1721 , le Roi avait ordonné à *Parrocel* de

____

(1) Ces tableaux furent placés dans diverses maisons royales.

peindre deux tableaux de vingt-deux pieds de long ;
le premier représente l'entrée de l'ambassadeur turc
dans le jardin des Tuileries ; le second est la sortie
du même ambassadeur par le pont Tournant, après
son audience du Roi.

Ces deux tableaux (1) remplis d'un nombre immense de figures se font admirer par le bel ordre
qui y règne, malgré la diversité des troupes et des
personnages, tout y est d'une vérité surprenante.

Parrocel a prouvé comme il savait animer la toile
et à quel degré il possédait sur-tout le sentiment de
l'expression.

Les tableaux de *Charles Parrocel* son aisés à reconnaître par une exécution large, par une belle
touche de pinceau et par une couleur fraîche et
brillante, bien différente du caractère des tableaux
de son père, qui sont plus rembrunis, et avec lequel il
est impossible de le confondre.

Charles Parrocel avait naturellement un air martial
et on l'eût pris bien plutôt pour un commandant
de cavalerie que pour un professeur de l'académie
de peinture ; sa franchise égalait sa physionomie et
la noblesse de ses manières.

Les dessins de ce peintre ont toujours joui de
l'estime générale ; ils sont touchés avec une rare
facilité, soit à la plume, soit à la sanguine ; d'autres
sont lavés légèrement à l'encre de la Chine ; ils ont
toujours été également recherchés des vrais amis des
arts, comme tout ce qui porte le cachet du génie ;
aussi ont-ils vraiment un caractère original et une

____

(2) Ils ont été exécutés en tapisserie aux Gobelins.

fermeté de trait qui les fait distinguer aisément des autres productions de son siècle.

On voit assez souvent de ses tableaux de chevalet dans les bonnes collections , où ils se font remarquer au premier abord par le feu qui règne dans ses batailles ; ce sont très-souvent de simples escarmouches de cavalerie où les cavaliers combattent corps-à-corps à l'arme blanche : le fort de l'action se passe dans le fond du tableau ; il a su, en habile homme qui connaît les lois de l'harmonie , envelopper une portion de ses groupes dans la fumée qui s'échappe du canon et répand une vapeur générale dans le tableau. C'est à ses signes qu'il est aisé de reconnaître les productions de *Charles Parrocel* , qu'une cruelle maladie enleva beaucoup trop tôt aux arts.

CHARDIN (Simon),

Né à Paris en 1699, mort dans la même ville en 1780.

Il serait assez difficile de deviner quel fut le maître qui donna les principes de la peinture à *Chardin*, lequel vint au monde avec l'inspiration naturelle d'un art où il est arrivé à la perfection.

La nature que *Chardin* a toujours consultée, paraît avoir été son seul guide ; il est impossible à la vérité d'en être plus exact observateur.

Chardin reçut le jour à la fin du dix-septième siècle, et quoique fort jeune encore lorsque se termina le règne glorieux de Louis XIV, il semblait avoir conservé une portion de ce goût, de ce feu divin qui avait animé les grands hommes de ce siècle mémorable.

Chardin fut l'auteur du genre de talent auquel la nature l'avait destiné. Aucun peintre français n'avait peint avant lui les scènes naïves de la vie privée, qui, quoique traitées de petite proportion, n'en offrent pas moins toute la vérité de la nature.

Sa couleur, sans être brillante dans ces sortes de tableaux, est cependant d'un effet et d'un naturel tels, qu'on serait tenté de croire qu'il est aisé d'en faire autant ; c'est le sort commun des belles productions, lorsqu'elles se rapprochent le plus de la nature.

Chardin ne borna pas son talent aux scènes de la vie privée dont il paraît avoir choisi souvent les modèles au sein de sa famille ; il brilla dans beaucoup d'autres parties de la peinture ; il peignit le portrait avec succès et d'une vérité frappante ; il s'adonna aussi avec complaisance à des ouvrages d'un tout autre genre.

On vit paraître des tableaux de fruits , de légumes , ornés de divers accessoires qui les feront toujours admirer par la plus exacte imitation de la nature rendue avec un prestige dont ce genre offre peu d'exemples. Mais ce qu'aucun peintre de notre école n'avait porté au même degré de perfection , c'est l'entente supérieure de l'effet , la force et la transparence de la couleur , avec une certaine touche à lui , si l'on peu qualifier ainsi ce qu'on n'aperçoit qu'avec beaucoup d'observation dans sa manière d'opérer.

Il a trouvé l'art de répandre un grandiose sur des objets qui en paraissent le moins susceptibles , ce qui donne de la grandeur aux ustensiles du plus commun usage.

Il est vrai de dire que l'on découvre à une certaine distance dans les tableaux de *Chardin* des beautés qui semblent disparaître lorsqu'elles sont vues de près , tant il y a de prestige dans la manière dont cet habile homme a su se servir de son pinceau.

Rien dans les productions de *Chardin* ne rappelle aucun souvenir , aucun système d'école ; tout son secret était dans sa tête bien organisée et guidée particulièrement par un jugement sain et observateur.

La manière de *Chardin* est telle qu'il n'a rien peint comme un autre , tout en obtenant avec beaucoup d'avantage les mêmes résultats. Un simple balai , une cruche de terre , un couteau de cuisine , enfin les meubles les plus ordinaires sont rendus d'une manière inconnue jusqu'à lui.

Les plus habiles peintres des mêmes genres dans la célèbre école hollandaise , si renommés pour leur précieux fini , n'ont jamais produit autant d'effet et autant de grandeur que *Chardin.*

L'académie de peinture le reçut avec la distinction due à son rare talent , en 1728 , à l'âge de vingt-neuf ans (1).

Chardin présenta, plusieurs années après sa réception , un second tableau qui surprit par la nouveauté du sujet et par son étonnante exécution (2).

On s'arrête malgré soi et avec une sorte de curiosité devant cette production qui semblerait devoir faire fuir le passant.

Chardin a peint aussi , comme je l'ai dit , des portraits d'une grande vérité , des scènes de la vie privée , composées de peu de figures , souvent même une seule fait le sujet d'un tableau plein d'intérêt ; les attributs des arts , des raffraîchissements , des fruits , des légumes , des animaux avec toute l'énergie d'un talent supérieur. Ce peintre se servait du pinceau avec une touche expressive , un coloris vrai et propre aux objets qu'il peignait , avec des moyens d'exécution

____

(1) Il fut nommé conseiller et trésorier perpétuel de cette compagnie , jusqu'à sa mort arrivée en 1781.

(2) Le principal objet de cette originale composition , présente dans le centre du tableau une raie suspendue , vue de face , avec une large ouverture d'où s'échappent les intestins de l'animal ; plusieurs accessoires étendus çà et là sur une table de cuisine où sont quelques huîtres ouvertes et différents autres objets groupés avec goût , attirent les regards sur ce singulier tableau qui attestera à la postérité qu'il y a eu quelques talents dans le dix-huitième siècle si décrié. Il est aujourd'hui placé au musée du Louvre.

qui seraient difficiles à définir , joints à tous les prestiges d'une illusion qui se fait remarquer jusque dans
les moindres choses avec le sentiment de la création.

Ceux qui ont cherché à vouloir imiter cet habile
peintre et à rivaliser avec ce favori de la nature ,
se sont perdus en efforts inutiles , qui n'ont servi
qu'à le faire trouver encore plus admirable.

On pourrait proposer de placer dans chaque atte-
lier un tableau de *Chardin* comme le véritable signe
du talent pour l'harmonie et la couleur , je dirai
presque comme un dictionnaire complet de tous les
préceptes de l'effet, de l'entente du clair obscur et
du coloris (1).

______

(1) *Cochin* et *le Bas* , graveurs célèbres , contemporains et
amis de *Chardin*, se sont plu à graver la plupart des scènes
familières de ce peintre. Leurs gravures sont connues par tout.

On voit aussi des tableaux de *Chardin* , placés avec distinction
au Louvre et dans plusieurs autres musés , ainsi que dans les
principaux cabinets , où ils seront toujours admirés.

LATOUR (Maurice-Quentin),

*Né à Saint-Quentin en 1705, mort dans la même
ville en 1788.*

En nommant le peintre *Latour*, c'est annoncer
d'avance un talent très-supérieur dans un genre de
peinture qui, à quelques exceptions près, n'a été
exercé que par la médiocrité.

Latour porta le genre du pastel à un degré de
talent et de supériorité tel, qu'il est impossible de
l'imiter et de pouvoir l'égaler. Il faut avoir vu des
têtes de *Latour* pour se faire une idée juste du
grand talent de cet artiste extraordinaire.

Latour peut être assimilé dans le genre du portrait, aux plus grands peintres de toutes les écoles.

Uniquement occupé de la vraie représentation de
la nature, il n'embellissait rien, il se bornait à
être simple et vrai dans l'imitation des formes et du
coloris.

On pourrait dire que ses portraits sont le miroir
pur de la nature, j'ajouterai que l'on y trouve non
seulement la plus exacte ressemblance, mais les
physionomies, je dirais même les inclinations et les
habitudes de ses modèles.

Tout est illusion, non seulement dans ses têtes,
mais encore dans ses mains toujours dessinées de grand
goût et savamment étudiées.

Il serait difficile de rien ajouter de plus à l'éloge
de cet habile homme, si ce n'est qu'il porta l'amour

de son art, jusqu'à vouloir même après sa mort, exciter le zèle des élèves des écoles, en léguant une somme considérable à l'académie de peinture, pour un concours annuel destiné à l'étude d'une demi-figure peinte d'après nature. Il est distribué chaque année une médaille d'or à celui des élèves qui a le mieux réussi, au jugement de l'académie.

Cet usage qui s'observe exactement depuis la fondation, rappelle aux élèves la mémoire et l'exemple que leur a laissé à imiter l'artiste célèbre qui en fut le fondateur.

Il est impossible de faire un meilleur emploi des biens gagnés avec les ressources de son talent, et de donner un plus bel exemple à ses successeurs. On aurait lieu de regretter que *Latour* ait mis tant de perfection dans un genre de peinture aussi fragile que le pastel, que l'intempérie des saisons ne détruit que trop souvent.

Je ne puis cesser de parler de ce grand peintre de portrait pour ajouter à l'idée qu'ont laissée de lui ses grands talents, sans citer un quatrain composé en son honneur par le baron de Saint-Julien, l'un de ses plus grands admirateurs :

» Par les tons ravissants d'un pastel enchanteur
» Fascinant tous les yeux d'une commune erreur,
» Les chef-d'œuvres divers de ta main noble et sûre
» Sont au-dessus de l'art et trompent la nature. «

Dans le grand nombre des portraits que *Latour* a peints, qui est considérable, il est bon de citer les principaux : ceux de Louis XV, des Princes du sang, de Duclos, de l'académie française, de la Chaussée, de la Condamine, de d'Alembert, du Dauphin, du prince Edouard, du maréchal de Bellisle, de Moncrif, du prince Clément de Saxe, du comte de Provence, de Voltaire, Chardin et une foule d'autres grands personnages qu'il serait trop long de détailler dans cet article.

On doit dire à la louange de *Latour*, que tous ses portraits sont d'une ressemblance rigoureuse, que les attitudes en sont simples et prises dans l'habitude de ses modèles, que c'est l'expression de la vie, qu'ils sont d'une exécution savante, du coloris le plus vrai, et qu'il n'en est pas un seul qui ne doive obtenir une place dans les premières collections de l'Europe.

Latour quitta la cour et Paris dans un âge avancé pour aller terminer ses jours à Saint-Quentin, sa patrie.

DYETRICY,

DYETRICY , ou DIETERICK ,

Né à Veimar en 1712.

DYETRICY avait apporté en naissant une facilité rare pour tous les genres de la peinture ; l'histoire , le portrait , le paysage , les animaux lui étaient également familiers ; il avait aussi une grande pratique pour faire des pastiches.

On l'a vu imiter *Rembrandt* , *Berchem* , *Ostade* à tromper , tant il avait su se familiariser avec la façon de faire de chacun de ces maîtres.

Quand il a voulu être lui-même , il a fait des tableaux d'un grand intérêt , il a su joindre sur-tout une belle et large façon d'opérer à la grâce et à la variété de la nature. Tantôt ses paysages sont des vues de Saxe , toujours d'un beau choix et ornées de vieux châteaux de couleurs variées , dont il savait tirer le plus grand parti ; tantôt ce sont des sujets de fantaisie , des rochers de belle forme , des cascades qu'il ornait de sujets intéressants.

On l'a vu aussi s'exercer à faire des paysages dans le goût de *Salvator Rosa* , où il a placé des figures de soldats , absolument comme cet habile peintre.

La majeure partie des tableaux de *Dyetricy* est en Allemagne , où ils sont très-recherchés et très-estimés ; cependant plusieurs ont passé en France par le commerce , et ils y ont été très-bien reçus. Je me rappelle avec plaisir ceux que j'ai été à portée d'admirer en différents genres (1).

---

(1) *Wille* , un des graveurs les plus célèbres du dix-huitième siècle , possédait quelques tableaux du plus grand mérite de son

Dyetricy peignait le paysage avec beaucoup de goût et de finesse ; ses tableaux ont, je ne sais quoi de gracieux et de velouté, pour m'exprimer ainsi, qui les fait admirer sans fatigue, et devant lesquels on revient avec plaisir. On le reconnaît facilement à ses ciels toujours brillants, à ses nuages de belles formes et à la richesse des tons de couleurs dont il a su varier et embellir ses tableaux, qui obtiendront toujours l'estime des amis de la peinture.

Dyetricy a aussi gravé à l'eau-forte, d'une manière on ne peu plus agréable et spirituelle, une suite de jolies paysages. Il est fâcheux pour la France de ne pouvoir posséder que difficilement les charmantes productions de ce peintre, lesquelles ne sont guère répandues que dans sa patrie, car c'est bien l'un des artistes, dont les ouvrages soient plus faits pour l'ornement des cabinets et collections, par la grâce du pinceau et la belle couleur.

---

estimable compatriote. On sait qu'il en a gravé plusieurs. Qui ne connaît la superbe estampe des Musiciens ambulants, d'après *Dyetricy*, qui a fait tant d'honneur à son auteur, et qui sera toujours conservée comme un des chef-d'œuvres de la gravure. Plusieurs autres graveurs ont aussi produit de fort jolies estampes d'après *Dyetricy*.

Qui ne connaît la belle estampe de la Piscine, gravée avec tant de goût et d'effet par *Flipart*, d'après le tableau de *Dyetricy*, dans le goût de *Rembrandt*.

VERNET (Joseph),

Né à Avignon en 1714, mort à Paris en 1789.

VERNET enrichit le premier la France d'un genre de peinture presque inconnu jusqu'à lui dans notre école, et il l'a porté dès son aurore à un degré tel, qu'il peut passer à juste droit comme un des premiers peintres de marines de l'Europe.

Vernet dont le génie facile et abondant produisait sans peine, ne se contenta pas de la représentation de la mer, cet élément tantôt calme, tantôt terrible dans ses effets ; il voulut l'ennoblir, et il se plaça lui-même au rang des peintres d'histoire, par les scènes pathétiques et par les figures intéressantes et bien dessinées dont il orna ses productions.

Vernet peignit aussi des paysages avec le même succès, où l'on retrouve les plus beaux monuments de l'antiquité ainsi que les plus terribles accidents de la nature, saisis dans les Alpes et dans les Apennins. Des acqueducs, des chutes d'eau tombant avec fracas du haut des rochers, font le charme de ses belles et savantes conceptions.

Ce grand peintre n'arriva au degré de perfection qui l'a rendu si célèbre que par une suite de longues études et de sérieuses observations sur la nature qu'il savait pour ainsi dire par cœur. *Vernet* passa une grande partie de sa vie en Italie à dessiner tout ce que cette terre classique offre de monuments pittoresques. Non content des beautés de l'Italie, il parcourut non seulement les mers de ce pays, mais les diverses plages de la Grèce dont il a retracé avec tant de goût et de vérité la forme diverse des montagnes que baigne la Méditerranée, leurs couleurs variées suivant le climat de chaque pays : aussi est-il parvenu à rendre avec la plus grande exactitude les beautés et les bizarreries que présente la nature dans ces lieux jadis si célèbres ; on y reconnaît également les divers costumes et les physionomies des peuples qui les habitent.

Les tableaux de *Vernet* apportés successivement de l'Italie en France, furent vus avec surprise, et la France dût désirer la possession d'un artiste que l'Italie voulait s'approprier. Après plus de vingt ans d'absence *Vernet* arriva enfin à Paris, où ses débuts furent marqués par de grands succès, et à peine un tableau était-il fini qu'il lui en était commandé plusieurs autres. Il ne fut pas d'amateur, soit français, soit étranger, qui ne voulût obtenir des productions de cet habile peintre.

L'académie lui offrit une place dans son sein ; il y fut reçu en 1753, sur un beau tableau représentant les bords de la mer ornés d'une quantité de jolies figures peintes avec autant de goût que de vérité.

Vernet ne pouvait manquer d'occuper un rang distingué dans l'aréopage académique ; la réputation qui l'avait devancé avant son retour d'Italie, y avait déjà désigné sa place. Ses rares talents devaient lui mériter aussi la juste admiration du gouvernement, qui conçut la grande pensée de lui faire peindre les principaux ports de France. On sait assez de quelle manière il s'acquitta de cette tâche difficile. Il employa plusieurs années à perfectionner ce grand œuvre, qui offre une collection unique en Europe, et qui sera à jamais un des plus beaux trophées de l'école française ; monument que l'on ne cessera d'admirer, et qui seul eût conduit son auteur à l'immortalité.

Cet ouvrage considérable fut bientôt répandu dans le public par les belles gravures qu'en ont faites *le Bas* et *Cochin*, qui réunirent leurs talents supérieurs pour donner une nouvelle vie aux ports de France. On a vu tout le succès qu'a obtenu cette belle suite d'estampes qui fut répandue aussitôt dans l'Europe entière.

Qui ne connaît aussi les magnifiques gravures de *Baléchou*, d'après les trois superbes tableaux de *Vernet* : la Tempête, chef-d'œuvre incomparable connu dans toute l'Europe, le Calme et les Baigneuses du même graveur, qui sans être aussi supérieurs que la Tempête, n'en sont pas moins dignes d'être conservés avec soin.

Il est vrai de dire que *Vernet* a trouvé le moyen d'ennoblir un genre que les peintres de la Hollande ses prédécesseurs avaient traité avec beaucoup de succès, mais ces peintres accoutumés à ne rendre que la nature toute simple, s'étaient plus occupés de la vérité des agrès et de la forme exacte des différents vaisseaux, qu'à donner de l'expression à leurs sujets, et ils ne sont parvenus à plaire que par le rendu et le précieux fini qui font le caractère distinctif de cette école. Ils n'avaient point imaginé d'aller au-delà ; ce n'est pas qu'on ne puisse citer deux ou trois maîtres de l'école hollandaise, lesquels on su répandre plus de vie et d'intérêt dans la composition de leurs marines ; on peut vanter avec éloge *Backhuysen*

Everdingen, qui ont rendu avec une vérité effrayante
les effets de la mer en furie ; il n'a manqué à leurs
savants tableaux que des scènes analogues, qui les
auraient rendus encore plus intéressants.

Vernet a le grand avantage sur les peintres de
l'école hollandaise de s'être fait un genre tout
différent, d'avoir varié à l'infini les effets de la mer
suivant les divers changements de l'atmosphère,
ainsi que l'indication de chaque heure du jour, dont
il a tellement saisi le caractère et la couleur, qu'il est
impossible de s'y méprendre.

On remarque dans *Vernet* deux manières bien
différentes et pour ainsi dire opposées l'une à l'autre.

La première, celle qu'il se forma dans le commencement de son séjour en Italie, est un peu rembrunie et traitée avec une facilité rare ; elle semble
rappeler la grande manière de *Salvator Rosa*, tant
il y a de rapprochement avec le grandiose de cet
étonnant paysagiste.

Les tableaux de cette première manière sont en
droit de plaire particulièrement aux artistes et aux
amateurs de tout ce qui est grand et beau ; les
étrangers, et sur-tout les anglais en ont enlevé
beaucoup d'Italie et de France.

La seconde manière de *Vernet* est celle qu'il
adopta peu avant son retour ; il semblait deviner le goût de la nation chez laquelle il allait
porter ses talents, et l'on vit peu à peu ses tableaux
s'éclaircir, acquérir des teintes plus agréables et
plus variées, sans jamais cependant s'écarter de la
nature qui fut toujours son guide. Ce fut peu
de temps après son retour qu'il entreprit les

ports de France qui se ressentirent du changement opéré dans sa manière. Plusieurs de ces tableaux ne ne doivent pas moins fixer l'admiration par le choix, la vérité des attitudes et le nombre des figures, que par le sujet principal.

Ce grand travail qui mit le comble à la réputation de *Vernet*, le fit surcharger de tableaux à son retour à Paris, et il eut tant de commandes à la fois, que sa grande fécondité pouvait à peine suffire à l'empressement, non seulement des amateurs, mais des marchands qui en tiraient un immense profit. Sa facilité était telle, qu'on l'a vu souvent commencer un tableau le matin et le finir avant d'aller dîner. Il faut convenir que par cette extrême facilité à opérer, les tableaux de ses dernières années sentent un peu la pratique, mais on y trouve toujours le souvenir de la nature.

Le genre et les tableaux de *Vernet* sont si connus, qu'il est bien inutile de s'étendre davantage sur ses talents et sa façon d'opérer, dans lesquels il n'a pu être surpassé : j'ai cru seulement, pour l'instruction et la satisfaction des amateurs, devoir indiquer les diverses époques de ce rare génie.

Il est vrai de dire que *Vernet* a joui de son vivant d'une réputation bien méritée et que la postérité lui conservera. Ses grands talents le placent au premier rang des peintres de l'école française moderne, et il a eu la satisfaction bien rare, de jouir de la sensation qu'ont produite ses ouvrages sur le goût de son siècle.

Tel qu'une source féconde, *Vernet* enfantait journellement avec abondance les conceptions les plus enchanteresses.

Tout ce que l'on peut encore ajouter à la louange de ce grand homme, c'est qu'il a été le créateur de son genre, qu'il a voulu parcourir une route toute différente des autres peintres de marines, qu'il a eu l'art de les rendre plus intéressantes, et le bonheur de pouvoir conserver son talent jusqu'au fatal moment où la mort l'a enlevé aux arts.

Le nom de *Vernet* obtient un nouvel éclat de nos jours par son fils et ses petits-fils, dignes héritiers de ses talents et de sa gloire.

Joseph Vernet a eu un frère libraire à Paris, qui s'est occupé à faire d'excellentes copies d'après ses meilleurs tableaux, et qui ont souvent passé dans le commerce pour des originaux de *Vernet*. Quelques marchands se sont servi de ce moyen pour abuser de la crédulité des amateurs. Il en est beaucoup passé dans les provinces et chez l'étranger.

VIEN (Joseph-Marie),

Né à Montpellier en 1716, mort à Paris en 1809.

ON ne pouvait guère dans cette galerie parler des peintres célèbres sans rappeler la mémoire de deux artistes contemporains qui, avec un génie et des talents différents, n'ont pas moins brillé sur la scène des arts dans le dix-septième siècle. Celui qui fait le sujet de cet article, a eu une carrière plus longue que l'autre et a mérité par ses talents, son amour pour les progrès de son art, le titre du restaurateur d'un meilleur style, et du patriarche des peintres de son siècle.

Joseph-Marie Vien naquit avec de si grandes dispositions pour le dessin, que dès l'âge de cinq ans il commençait à copier déjà divers objets, et son amour pour cet art était tel, que ni les conseils, ni les réprimandes et les contrariétés que lui firent éprouver ses parents, qui voulaient en faire un homme de justice, ne purent le distraire du goût que la nature lui avait inspiré ; c'est la destinée de tous les hommes qui se sont rendus célèbres par leurs talents.

Né dans le midi de la France, *Vien* avait cette vivacité naturelle aux habitants de ces contrées. Le hasard, ou plutôt l'anecdote suivante, devait servir à éclairer ses parents sur sa destinée, car il avait à peine atteint sa dixième année que, sans avoir reçu aucune leçon, il copia fort bien l'estampe du Serpent d'airain, d'après *le Brun*, prodige que ne purent

croire plusieurs artistes de Montpellier. L'un d'eux ,
peintre assez habile , voulut s'en convaincre par lui-
même : il lui donna une nouvelle estampe (1) que
l'enfant copia en sa présence , dans la courte durée
d'un jour.

La surprise que lui causa cette nouvelle tentative ,
l'engagea à prendre le jeune dessinateur pour élève ;
il s'attacha beaucoup à lui. *Vien* étudia avec tant
d'ardeur sous ce premier maître , qu'au bout d'une
année il se crut en état de retourner chez lui pour
se livrer à des études solitaires qui lui faisaient souvent
oublier l'heure des repas.

Ce qu'on aura peine à croire , c'est que quelque
caractéristiques que fussent les indications de la nature ,
elles ne suffirent pas pour déterminer le père de *Vien*
à le laisser suivre la carrière des arts , il voulut le
placer chez un procureur ; mais comme aucune digue
ne peut arrêter les élans du génie , il sortit enfin de
l'antre obscur de la chicane pour se livrer entièrement
à l'étude de la peinture (2).

L'anecdote suivante tient cependant tellement à
l'histoire de *Vien* , que je me fais un plaisir de la
citer encore.

---

(1) C'était Judith montrant la tête d'Holopherne , d'après *le
Dominiquin.*

(2) J'ai passé sous silence beaucoup d'anecdotes du premier
âge de *Vien* , auquel on fit essayer d'autres états malgré lui ,
pour tenir à l'engagement de ne donner de détails que ceux
qui ont contribué à la gloire des artistes et à les faire connaître plus particulièrement , mais ce que je viens de citer
devenait indispensable pour donner une idée de la destinée
de celui qui devait occuper une place honorable dans l'histoire
des arts.

. Une tante de *Vien*, qui connaissait un peintre, lui dit un jour : » Puisque tu persistes à vouloir » être peintre, il faut bien te céder ; j'irai voir » M. *Giral* (1) «.

Ce maître chez lequel *Vien* resta quatre ans était donc bien capable de l'initier à la pratique de son art, et c'est à cette école qu'il se perfectionna assez dans la peinture pour être chargé d'exécuter trois grands tableaux pour l'hôtel-de-ville de Montpellier.

Ce premier ouvrage important et quelques autres lui rapportèrent une somme assez forte dont il employa partie à faire réparer la maison paternelle, qu'il laissa en jouissance à cette bonne tante à laquelle il avait l'obligation de son talent, l'autre partie lui servit à venir s'établir à Paris et entrer dans la grande lice des arts (2).

Je ne suivrai point *Vien* dans tout ce qu'il fit à Paris avant d'obtenir des médailles de dessin à l'académie, étant à l'école de *Natoire*, l'un des peintres les plus renommés du temps ; il lui avait été recommandé, ainsi qu'à M. le comte de Caylus, dont il cultiva la bienveillance que celui-ci lui a toujours conservée.

Le moment où *Vien* remporte le grand prix de Rome, commence la première époque de sa carrière pittoresque, et aussitôt après il partit pour cette capitale.

Ce fut dans ce sanctuaire des arts que le talent de *Vien* se perfectionna, qu'il abandonna les défauts de son

---

(1) *Giral* était un ancien élève de *Delafossse*, qui, après avoir remporté le grand prix de Rome et y avoir passé de longues années, était venu se fixer à Montpellier.

(2) Il était alors dans vingt-cinquième année.

maître et le mauvais goût qu'il trouva établi dans l'école de Rome même , mais qui ne put influencer les idées qu'il s'était faites et qu'il voulait suivre spécialement.

Vien fit ses études particulières d'après l'antique , et il s'attacha au *Guide* , au *Guerchin* et au *Dominiquin* , qu'il a souvent rappelés dans ses meilleurs tableaux , sans les imiter servilement.

J'ajouterai à la louange de *Vien* qu'il y a eu peu de peintres qui en cinq ans passés en Italie y aient fait autant d'ouvrages. Ce fut à cette époque qu'il peignit l'Hermite endormi (1), placé dans la galerie du Luxembourg , et qui est une des plus belles preuves de son talent.

Il est vrai de dire que , malgré tous les soins de *Vien* pour se défaire tout-à-fait de la manière de *Natoire* , si fort à la mode alors , c'est de lui qu'il tenait la belle façon de peindre large et facile qui caractérise toutes ses productions , mais à laquelle il a eu le bon esprit de joindre un style plus étudié et plus correct. Disons aussi à la louange de *Vien* , que ce fut particulièrement à ses conseils que les élèves prirent l'habitude de dessiner et de peindre d'après nature , ce qui lui composa un nombreux atelier où tous les jeunes gens brûlaient d'entrer et de s'instruire. Aussi a-t-il eu la gloire et la noble satisfaction d'avoir vu se former sous ses yeux une foule de bons élèves ,

---

(1) On sait que ce tableau ne coûta que huit jours à l'auteur. *Vien* ayant fait poser un hermite pour peindre une tête de vieillard , s'aperçut en travaillant que le bonhomme s'endormait , laissant à demi-échapper un violon dont il raclait pour se distraire. L'artiste , frappé de l'attitude heureuse , le dessine sur le champ et le termina les jours suivants,

lesquels , à l'aide de ces grands principes , sont sortis peu à peu de la routine et sont parvenus à ramener l'étude de la peinture à son véritable but , celui de l'imitation du naturel , dont plusieurs maîtres du même siècle s'étaient écartés , si l'on en n'excepte cependant quelques génies privilégiés qui avaient conservé dans leurs productions les principes de la bonne école.

Mais ce que la postérité aura peine à croire , c'est que *Vien* , revenu de Rome avec un talent perfectionné , et après en avoir donné des preuves non équivoques dans une infinité de grands ouvrages parmi lesquels on doit citer les quatre tableaux de la vie de Sainte - Marthe (1) , c'est que ce peintre ait eu les plus grandes difficultés à éprouver pour être agréé à l'académie de peinture (2) , dont il devait être un jour un des premiers soutiens , tant était différente sa manière d'opérer d'avec celle qui dominait l'école.

Vien ne se découragea pas de ce premier revers , et il reprit avec plus d'ardeur encore l'exercice de son art qu'il chérissait ; mais après une seconde épreuve tout aussi injuste , il se décida , malgré la modération de son caractère , à dire qu'il renonçait pour toujours à l'honneur d'appartenir à l'académie.

Une chose fort extraordinaire dans cette dernière aventure qu'on ne croira que bien difficilement , c'est que *Boucher* , ce peintre si décrié , homme plein d'honneur et de génie , ayant été curieux de voir le

------

(1) Il les peignit à Rome pour les capucins de Tarascon.

(1) L'injustice fut portée au point qu'on le refusa , sous le prétexte quil ne savait pas peindre,

second tableau refusé, ne put s'empêcher d'éprouver un tel enthousiasme, qu'il sauta au cou du candidat, en déclarant que, si ces confrères ne le recevaient pas, jamais lui *Boucher* ne remettrait le pied à l'académie ; ce qui prouve que, malgré la manière opposée des deux peintres, d'après l'honnêteté du caractère de *Boucher* et la sagacité de son esprit, il savait rendre justice à tout ce qui était vraiment grand et beau. Il n'a cessé tant qu'il a vécu de rendre une éclatante justice à *Vien* en lui donnant son propre fils pour élève.

Vien fut reçu à l'académie en 1745, il avait déjà environ quarante ans.

Dès-lors sa réputation s'étendit jusqu'à l'étranger, et il lui fut fait les plus belles propositions par divers souverains, qu'il refusa par attachement pour son pays et le gouvernement dont il avait reçu les bienfaits.

Les talents de *Vien* et sa bonne manière d'enseigner devaient lui ouvrir le chemin de toutes les places, aussi fut-il nommé presqu'aussitôt professeur, ensuite recteur, puis directeur.

Il obtint par sa moralité la place de directeur des pensionnaires qui remportaient les grands prix de Rome, et bientôt il alla lui-même diriger cette école en 1775, où il arriva pour la seconde fois au bout de vingt-cinq ans de son premier séjour en Italie.

On sait quel ordre il fut obligé de rétablir dans cette administration qu'il a améliorée, tant pour le service intérieur que pour l'avancement des bonnes études. Rappelé à Paris dans sa soixante-cinquième année avec l'estime universelle, son retour fut marqué par un grand service rendu aux études de l'académie, en faisant rétablir (1) le concours annuel du prix fondé par *Latour* pour peindre une demi-figure, concours qui avait été négligé depuis plusieurs années par l'insouciance des autres membres Il fallut tout le zèle et toute la véhémence de *Vien* pour convaincre ses confrères de l'utilité de ce concours.

Dans les ouvrages qui ont le plus contribué à la réputation de ce peintre, on cite particulièrement les tableaux de Sainte-Marthe, le Centenier, la Piscine miraculeuse, qui sont du plus grand caractère, c'était alors qu'il était bien pénétré du *Guide* et du *Guerchin*. N'oublions pas sa Vénus sur les eaux, sujet composé avec tant de grâces, dont le caractère du dessin est noble et d'une exécution brillante. Le tableau qu'il fit pour la paroisse de Saint-Germain-l'Auxerrois, surnommé la Bannière parce qu'il a été exécuté en tapisserie aux Gobelins, pour cet usage, a toujours été regardé comme l'un de ses meilleurs par la grande vérité de la nature. Voici la plus belle époque du talent de *Vien*.

On aurait lieu de regretter qu'ayant cédé depuis à un goût particulier et peut-être à quelques insinuations d'amateurs zélés de l'antique, il se soit laissé entraîner à faire beaucoup de tableaux de chevalet, dits du style grec, où il avait occasion de placer des meubles, des vases qu'il rendait fort bien ; ils durent séduire par la grâce et l'amabilité qu'il sut y répandre, jointe à une exécution facile et très-moelleuse. Ce genre, qui était une espèce

_____

(1) En 1781.

de mode, a donné lieu à quelques observateurs de s'apercevoir que peut-être le style du peintre y perdit de la force de son pinceau, de sa fermeté et de sa couleur.

Un grand tableau (1) dont il fut chargé, conjointement avec *Doyen*, son contemporain, prouve assez qu'il avait conservé son bon style, et que cet ouvrage est un des meilleurs de l'école française. On sait que les tableaux de ces deux peintres, qui sont placés en face l'un de l'autre, ont parfaitement répondu à l'attente du public et des amateurs qui les visiteront toujours avec plaisir.

On doit voir que *Vien* préférait la simplicité aux conceptions hardies ; son dessin avait peut-être plus de grâce que d'énergie, sa couleur plus agréable que très-vraie ; ses détails prouvent que dès sa première époque son pinceau fut brillant et plein de vigueur, qu'il devint doux et précieux dans le moyen âge et tel qu'il l'a fait voir jusque dans l'extrême vieillesse où il eut le bonheur de conserver les mêmes facultés du jeune âge sans avoir jamais éprouvé d'infirmités.

Le caractère égal et doux de *Vien* lui concilia une estime générale qui l'a suivi jusqu'à la fin de sa longue carrière. Toujours plein de bienveillance pour ses élèves, ils lui ont conservé le plus grand respect ; ses conseils et ses réprimandes furent celles d'un père dont l'affabilité portait la conviction.

Vien perdit toute sa fortune dans les circonstances fâcheuses qui ont agité la France, et il se vit privé

____

(1) La Prédication de Saint-Denis, placée à Saint-Roch.

du

du fruit de ses veilles, lorsque ses talents, qui hono-
raient la France, l'appelèrent au sénat conservateur;
à peine sa modestie pouvait-elle lui faire croire à cette
nouvelle prospérité; on le vit toujours le même dans
cet état d'élévation.

Il conserva jusqu'à l'âge de quatre-vingt-treize ans
son caractère égal, en se jouant encore, la veille de
sa mort, avec sa palette et ses pinceaux, emportant
avec lui la reconnaissance et la vénération de ses
nombreux élèves.

On ne rencontre encore que fort peu de tableaux
de *Vien* dans les ventes, la plupart ayant eu une
destination particulière, ne pourront passer dans le
commerce qu'après ceux qui les possèdent; ils se
reconnaîtront toujours à une couleur agréable qui,
sans avoir la vérité de la nature, a une certaine
grâce de faire et de pinceau qui les rendra toujours
chers aux amateurs du bon style et d'une belle
manière de peindre.

DOYEN (François),

Né à Paris en 1726, mort à Saint-Pétersbourg en 1806.

DOYEN (*François*), que les arts regretteront long-temps, naquit à Paris en l'année 1726. Ses ancêtres, ainsi que ceux de Molière, y exerçaient depuis très-long-temps la profession de tapissier ; son père avait une charge de valet de chambre tapissier à la cour. Le jeune *Doyen* montrant peu d'inclination pour l'état de ses pères, manifesta de très-bonne heure un goût décidé pour le dessin. Les premiers amusements de l'enfance des hommes extraordinaires annoncent ce qu'ils doivent être un jour.

Ses maîtres impatients et fatigués de ne pouvoir le fixer à l'étude , et de le voir sans cesse couvrir ses livres de figures , s'en plaignirent souvent à ses parents. Le hasard voulut qu'un amateur de peinture se trouvât chez le père au moment où il en faisait les plus vifs reproches à son fils.

L'amateur, curieux d'examiner ses livres, fut surpris des heureuses dispositions du jeune homme; il engagea son père à lui laisser suivre un penchant qui paraissait si naturel. Il se chargea de le présenter lui-même à *Carle Vanloo*, son ami particulier ; on sait que cet artiste jouissait alors de la première réputation parmi les peintres ses contemporains.

Le jeune *Doyen* entra à l'école de *Vanloo* avant d'avoir atteint sa douzième année. Sa vivacité naturelle et sa gentillesse plurent beaucoup à cet artiste, et lui attirèrent de suite la bienveillance de ce peintre généreux. *Doyen*, livré à son goût naturel, s'adonna tout entier à l'étude d'un art pour lequel la nature l'avait destiné.

A peine fut-il entré dans la carrière, qu'il franchit bientôt les premiers pas ; il passa à l'étude du modèle dans l'académie, où son assiduité et ses succès lui méritèrent plusieurs médailles. Doué d'un génie capable de tout entreprendre , et prompt à concevoir , *Doyen* s'exerça de très-bonne heure à la composition. Ses premiers essais surprirent *Vanloo*, qui s'applaudissait avec sa bonté naturelle, de ce que le hasard lui avait procuré cet élève ; car tel était le désintéressement et la bonhomie qui formaient la base du caractère de *Vanloo*. » Eh ! qui mérita mieux le titre » de père des artistes, que ce maître qui corrigeait » les élèves avec douceur, qui se plaisait souvent à » retoucher leurs ouvrages, qui avait l'art de les » encourager, et savait leur inspirer , par son exemple , » l'amour du travail ? (1) «

Doyen concourut pour le prix de Rome à vingt ans , et l'obtint. Dès ce moment, il s'établit entre le maître et l'élève une liaison et un attachement cimentés par la reconnaissance et l'amitié , qui ont duré jusqu'au moment où il se sépara de *Vanloo* pour aller à Rome en 1748.

M. *de Troy* était alors directeur de l'académie de France. Ce peintre, homme de génie , doué d'un esprit agréable, du commerce le plus doux , en possession

---

(1) On a vu souvent *Carle Vanloo* retoucher lui-même les dessins des élèves , étant professeur de l'académie. Plusieurs de ces dessins retouchés en entier sont devenus très-précieux.

de captiver la confiance des élèves, reçut le nouveau
pensionnaire avec amitié, et il en fut payé de retour ;
mais *Doyen* eut la douleur de le voir mourir avant
d'avoir terminé le temps de ses études à l'école de
Rome. Il me semble l'entendre encore parler de ce
triste événement, et payer long-temps après son tribut
de respect et de reconnaissance à la mémoire d'un
maître aussi généralement regretté de tous ceux qui
avaient vécu près de lui.

Dès le moment de son arrivée à Rome, les ouvrages
d'*Annibal Carrache* parurent fixer particulièrement
Doyen. On le retrouvait toujours à la galerie Farnèse,
où il passait des jours entiers à dessiner et à peindre
d'après ce chef-d'œuvre immortel. Son penchant pour
les grands ouvrages en peinture l'entraînait aussi vers les
plus belles coupoles de Rome. Admirateur de *Lanfranc*,
du *Cortone*, du *Bachiche*, il voulut copier, de petite
proportion, les coupoles immenses de ces géants de
la peinture. Il avait eu la patience, unique peut-être,
de peindre en entier, sur une toile de six à sept
pieds, le délicieux plafond de la galerie du *Cortone*
au palais Barberin, avec toutes les bordures, ornements et figures feintes de stuc. Ce charmant tableau,
terminé avec soin, rappelait parfaitement les souvenirs
d'une des plus belles fresques de Rome.

Son amour pour *le Cortone* était extrême, il ne
pouvait assez admirer les conceptions délicieuses de
cet artiste favorisé des grâces ; mais s'il en parlait avec
délices et avec complaisance, il n'en admirait pas
moins aussi ceux des peintres qui avaient brillé par un
grand caractère de dessin et par de fortes expressions,
tels que *Jules Romain*, *Polydore* et *Michel-Ange*,

dont il recommanda toujours l'étude à ses élèves. Il disait souvent qu'à la vue de la chapelle Sixtine, il fut frappé comme de la foudre, et qu'il ne pouvait revenir de la surprise que lui avait causée cette magnifique conception.

Doyen, après avoir fait une ample moisson d'études à Rome, passa à Naples, où les ouvrages de *Solimène* fixèrent aussi son attention ; il en fit beaucoup de souvenirs en peinture, dans lesquels on retrouvait toute la grâce et l'esprit de ce peintre ingénieux.

Il visita Venise, Bologne, Parme et Plaisance ; chacune de ces villes lui fournit de nouvelles occasions d'étudier et d'observer. Il revint en France par Turin, où il séjourna quelque temps. On lui fit des propositions avantageuses pour le fixer en ce pays, mais le désir de revoir sa patrie l'emporta sur tous les avantages qu'on lui proposait.

Doyen, de retour à Paris à l'âge de vingt-neuf ans, avec un talent formé par une longue suite d'études et d'observations, pouvait s'attendre à les voir utiliser. De soi-disants protecteurs se contentèrent de lui faire de vaines promesses et d'admirer l'abondante récolte qu'il avait apportée d'Italie, et il fut long-temps sans avoir d'occupation. Doué d'une trempe de génie forte, et peu propre à obtenir par l'intrigue ce qu'il ne croyait devoir qu'à ses talents, il prend le parti de s'enfermer dans son atelier pour s'adonner tout entier à l'exercice de son art. Il a le courage de concevoir une grande pensée, il veut l'exécuter de vingt-six pieds de proportion. Il choisit pour son sujet la Mort de Virginie. Jamais peintre n'a peut-être fait autant d'esquisses qu'il en fit pour ce seul tableau.

qui le combla d'honneur et qui lui mérita les suf-
frages de tous les artistes et de tous les savants de la
capitale. Il employa deux années à méditer et à exécuter ce grand ouvrage. Quand il le croit terminé,
il le fait voir à quelques amis particuliers, qui,
enchantés de ce début, l'engagent à le rendre public.

Le succès du jeune peintre est complet; mais la
jalousie et la cabale s'occupent à composer dans le
silence le venin qu'elles vont bientôt répandre. Elles
veulent mettre tout en œuvre pour le détacher de
Carle Vanloo qui l'avait tant aimé.

On parvient à lui persuader que ce tableau si
admiré est détestable, que son élève a perdu tout son
temps en Italie. Ces bruits calomnieux arrivent jusqu'à *Doyen*, qui en conçoit un chagrin violent. Ses
amis le rassurent, le consolent et veulent qu'il
aille inviter son maître à venir juger son ouvrage.

Sa première visite fut infructueuse; *Vanloo*, dont
le cœur était si bon, s'était laissé persuader par les
ennemis de son élève. Il reçoit un refus complet qui
l'accable; mais connaissant toute la bonté du cœur
de son maître, loin de se rebuter de cette première
visite, il y retourne quelques jours après. Il voit
encore *Carle Vanloo* qui le reçoit avec froideur;
Doyen le sollicite de nouveau. — » Eh bien! mon-
sieur, j'irai voir votre ouvrage «, et il lui assigne
l'heure pour le lendemain.

Que l'on se figure, d'un côté, la joie d'un jeune
artiste plein de l'amour de la gloire; et, de l'autre,
ses craintes de ne pas plaire à celui dont le suffrage
lui est si précieux; le sommeil lui refuse ses douceurs;
les heures lui paraissent des siècles. Enfin arrive le

moment favorable qui va calmer son âme agitée.

C'est avec crainte qu'il aborde son maître ; un siége est préparé pour le recevoir à l'endroit le plus favorable. (1)

Vanloo observe le tableau avec attention, garde long-temps un profond silence; puis, se levant avec vivacité, il embrasse son élève et ne peut prononcer que ces mots : » Je suis content. Comme ils m'ont trompé ! « *Vanloo* retourne chez lui fâché d'avoir prêté l'oreille à des bruits mensongers. Il traite les pensionnaires avec une dureté qui les étonne. Il leur vante les beautés du tableau de *Doyen* ; il exige qu'ils aillent le voir.

Cette nouvelle se répand bientôt parmi tous les peintres. *Doyen* est comblé de politesses par ceux qui, depuis son retour, lui avaient témoigné le plus d'indifférence. Son atelier se remplit de tout ce qu'il y avait d'artistes et d'amateurs ; quelques poëtes célé-brèrent son ouvrage. Tout Paris voulut voir le tableau de Virginie. Tels furent les premiers succès de *Doyen*, qui annoncèrent l'aurore brillante de sa réputation.

Ce tableau, d'une grande dimension, composé de beaucoup de figures, offrait de rares beautés de style et de dessin, et représentait fidellement la physiono-mie du peuple romain. Cependant *Doyen* fut négligé, et son tableau lui serait peut-être resté sans le zèle d'un amateur des arts (2) qui le fit acheter par la cour de Parme, pour une faible somme à la vérité;

---

(1) Ceux qui connaissent la peinture, savent de quelle impor-tance il est de faire voir un tableau dans un jour favorable.

(2) M. le comte de Caylus.

Doyen, plus sensible à la gloire qu'à l'intérêt, se trouva bien payé, et il abandonna le fruit de deux années de veilles et d'études : l'exemple n'était pas nouveau ; les plus beaux tableaux ont été souvent donnés pour des sommes bien plus modiques (1).

Il paraît qu'il fut encore long-temps sans être chargé de grands ouvrages ; il peignit pour des particuliers. On cite comme un des tableaux qui lui fit le plus d'honneur, celui où il avait représenté plusieurs Centaures avec des Nymphes de grandeur naturelle ; il le peignit pour M. Watelet, où on l'a vu fort long-temps.

Ce tableau, bien composé, d'une exécution large et d'une belle couleur, se fit remarquer avantageusement à l'exposition du Louvre. M. le duc de Choiseul, qui aimait ses talents, lui fit peindre, vers le même temps, un plafond, et lui a toujours depuis conservé une amitié particulière.

Mais un ouvrage qui devait mettre ses talents au grand jour, fut la Peste des ardents, pour l'église de Saint-Roch. Ce sujet échauffa son génie, et il se montra digne du choix qu'on avait fait de lui. *Doyen*, pour se préparer à ce grand ouvrage, voulut aller visiter les richesses de l'école flamande (2). Aucun tableau ne fut plus étudié et

____

(1) Je me suis étendu sur cet événement qui offre une des époques les plus intéressantes de la vie de *Doyen*, et dont il parlait souvent avec une sorte d'enthousiasme. Il fut agréé à l'académie sur ce tableau en 1758.

(2) Il passa plusieurs mois en Flandre à étudier et à observer les chef-d'œuvres de cette école. Il y fit la première esquisse de son tableau,

plus profondément pensé. Il allait dans les hôpitaux pour observer le caractère, la physionomie des moribonds et des malades attaqués de maladies très-douloureuses. Souvent mécontent de son tableau, on lui a vu détruire en un instant le travail de plusieurs jours ; il lui est même arrivé, son ouvrage étant presque fini, d'en avoir effacé la moitié qu'il recommença, tant il était difficile à lui-même.

C'est dans ce sujet, d'une belle ordonnance, que l'on retrouve le génie de *Doyen* tout entier : beaux caractères de têtes, figures bien groupées et profondément pensées ; l'expression de la douleur y est portée au plus haut degré ; la couleur en est forte et vigoureuse. Il a voulu, par une opposition digne des plus grands maîtres, établir un contraste entre la beauté en pleurs et richement parée, avec ce que la maladie la plus aigüe et les plus fortes angoisses de la douleur présentent de plus hideux. Ce tableau, qui honorera toujours la mémoire de son auteur, qui seul eût suffi à sa gloire, fut exposé au salon du Louvre, où il attirait la foule par la nouveauté du style et du sujet (1). Le public qui se plaît à rendre justice aux bons ouvrages, applaudit beaucoup le tableau de la Peste, et semblait désirer qu'il méritât à son auteur un avancement dans les grades académiques. L'académie s'empressa de confirmer l'opinion publique, en le nommant adjoint à professeur.

(1) *Vien*, le Nestor de la peinture, fut chargé dans le même temps de peindre le tableau de la chapelle parallèle. Le sujet est Saint-Denis prêchant la foi dans les Gaules, dont la composition sage et savante, le beau style, lui méritèrent également l'admiration et les applaudissements des amateurs du bon goût.

La mort de *Vanloo* , arrivée vers cette époque, lui procura l'honneur d'être choisi pour peindre la Chapelle de Saint-Grégoire aux Invalides , que devait exécuter cet artiste , dont les esquisses peintes étaient déjà exposées au salon , avec plusieurs tableaux dont la vue excitait d'autant plus les regrets sur la perte de cet habile homme. *Doyen* , très-honoré de remplacer son maître , dont il respectait la mémoire, ne voulut rien négliger pour se montrer digne d'un tel prédécesseur. Il sentait toute la difficulté de le remplacer et de peindre à l'huile sur des murs de pierre exposés à l'humidité intérieure des hivers , et peu propres à conserver la fraîcheur du coloris. Ses pensées se reportaient vers les belles fresques qu'il avait tant étudiées en Italie , et il regrettait de ne pouvoir exécuter de cette manière , les murs étant déjà depuis long-temps imprimés à l'huile.

Aprés s'être occupé de toutes les études et de tous les moyens qui pouvaient le faire réussir et donner à ces sortes de tableaux tout l'effet qui en fait le prestige , il commença ce grand ouvrage qui pensa lui coûter la vie dès la première année qu'il y travailla , ayant eu le malheur de tomber de deux étages par une trappe laissée négligemment ouverte. Ses élèves effrayés le crurent mort ; il souffrit des douleurs affreuses causées par l'enfoncement de plusieurs côtes , qui l'obligèrent de garder le lit pendant très-long-temps. Mais à peine se croit-il rétabli qu'il retourne à sa chapelle , qu'il n'abandonne plus que l'ouvrage ne soit entièrement terminé.

De retour à son atelier de Paris, il fit un tableau de l'Adoration des mages , de dix pieds de haut, d'une couleur brillante et vigoureuse, d'un bel effet, et dans lequel on admirait des beautés de détails parfaitement rendues (1).

On le chargea, conjointement avec d'autres artistes, de faire plusieurs tableaux pour la cour. *Doyen* eut en partage le Triomphe de Thétis sur les eaux, accompagnée de Neptune, d'une foule de néréïdes et de tritons. Il ne déploya jamais autant de grâces que dans cette charmante composition, ornée de toutes les richesses de la poësie. Une chose digne de remarque, c'est que les grâces répandues sur ce délicieux tableau n'avaient rien de l'afféterie et du mauvais goût trop à la mode à cette époque. L'impartialité doit rendre justice à cet artiste; c'est d'avoir su éviter cette manière à la mode qu'il détestait et qu'il s'efforçait de combattre par une opposition quelquefois outrée, plein des idées que lui avait inspirées *Michel-Ange*, pour lequel il avait conservé la plus grande vénération.

Il avait eu le projet de peindre un tableau représentant l'Hiver; c'eût été un de ses meilleurs ouvrages, à en juger par les différentes esquisses et sur-tout par un magnifique dessin au bistre (2). Il avait répandu dans cette belle composition, d'un très-grand style, tout l'intérêt dont ce sujet est susceptible. On voit dans le haut et au milieu Saturne qui, les bras étendus, paraît transformer tout

---

(1) Ce tableau a été gravé à l'eau-forte, dans le temps, par l'auteur de cet ouvrage, son élève.

(2) Il appartient à M. d'Herbouville, pair de France, qui a été un de ses élèves.

en pluie. Près de lui, le verseau affaissé sur son urne la répand tout entière ; sa barbe, ses cheveux, tout est transformé en eau. Borée et tous les vents déchaînés soufflent le froid et répandent à pleines mains la grêle et la neige par flocons ; les flancs de la terre entr'ouverts laissent un libre passage à d'autres vents qui s'en échappent avec furie. Le char de Cybèle est brisé, la déesse est renversée, ses lions abattus et terrassés font de vains efforts pour se relever. Tout concourt à augmenter le désordre de cette scène terrible et magnifique.

Le grand sujet de la Mort de Saint-Louis, qu'il peignit pour l'autel de la chapelle de l'École militaire, est encore une de ses belles conceptions, sur-tout pour la savante ordonnance de ce tableau dont la forme en hauteur exige beaucoup d'art et de talent. Cette belle composition le fit remarquer comme le meilleur de tous ceux qui avaient été ordonnés pour cette chapelle.

Si je me suis étendu sur les principaux ouvrages de mon maître, je n'ai point entrepris de décrire tous les autres tableaux qu'il a faits pendant son long séjour à Paris. On en a vu successivement aux différentes expositions du Louvre, la plupart d'une grande proportion et destinés pour la manufacture des Gobelins, dont presque tous les sujets sont tirés de l'Iliade, poëme dont il ne pouvait se lasser d'admirer les beautés.

Quoique *Doyen* n'eût pas fait d'études dans sa jeunesse, qui fut consacrée tout entière à la peinture, sa facilité naturelle et celles qu'il fit dans un âge plus avancé lui avaient tellement orné l'esprit et l'imagination, qu'il ne se trouva jamais étranger dans la société des gens de lettres. On eût dit à le voir parmi eux qu'il avait employé une partie de sa vie à l'étude des belles-lettres. Son courage et sa ferme résolution d'apprendre ne rencontrèrent jamais de difficultés.

Doyen, sollicité depuis long-temps de passer en Russie, où on lui promettait les plus belles occasions d'employer ses talents, cède enfin aux offres obligeantes que lui faisait proposer l'impératrice Catherine. Il obtient un passe-port comme artiste et fait le voyage avec un seigneur russe ; rien n'a été plus ordinaire que de voir dans tous les temps des artistes aller chercher sous des climats étrangers des occasions d'exercer leurs talents.

Les glaces du nord, loin de paraître refroidir le génie de *Doyen* qui commençait à avancer en âge, mais dont le tempérament était robuste, semblaient lui donner un nouvel élan. Honoré dès son arrivée en ce pays, où sa réputation l'avait devancé, il sembla renaître une seconde fois pour la peinture.

Catherine le reçoit avec la distinction et l'affabilité qu'elle accordait à tous les hommes de mérite. Elle lui assigne une pension de douze cents roubles avec un logement dans un de ses palais ; on le nomme professeur de l'académie de peinture de Saint-Pétersbourg, avec de nouveaux appointements attachés à cette place. Plusieurs élèves s'empressent de profiter de ses savantes leçons ; la plupart sont allés depuis en Italie.

Dès-lors, *Doyen* ne songea plus qu'à la gloire, il voulut, par un nouvel effort, se livrer de nouveau à l'exercice de son art et produire des choses dignes de sa réputation. Il est chargé par l'impératrice d'orner ses palais. Après la mort de cette princesse, et à l'avénement de Paul Ier. au trône de Russie, il en reçoit les mêmes marques d'affection. Le nouveau monarque augmente sa pension et lui donne une de ses voitures (1). Il le charge de peindre plusieurs plafonds, entr'autres celui de la grande salle dite de Saint-Georges. Il peint aussi celui de la chambre à coucher de l'empereur. Celui de la bibliothèque de l'hermitage est aussi de lui, ainsi que le plafond d'une galerie à Parlouski. C'était préparer de nouvelles jouissances à *Doyen* qui avait une facilité rare et une grande prédilection pour ce genre de peinture qui convenait à son génie bouillant et hardi.

L'empereur Paul Ier. qui avait pour lui une affection toute particulière, se plaisait à le voir travailler, et sa conversation l'amusait beaucoup. On sait que *Doyen* avait de la gaieté naturelle, et qu'il plaisantait avec finesse et avec grâce. Son commerce était d'ailleurs aussi instructif qu'agréable, et c'était profiter beaucoup en s'amusant. Cette justice lui a été rendue en Russie comme en France, par ceux qui ont eu le plaisir de le connaître. On le chérissait, on le respectait pour ses talents et pour sa personne. Sa mémoire est restée en grande vénération parmi les membres de l'académie de Saint-Pétersbourg, qui n'ont rien négligé pour lui rendre les derniers devoirs avec toute la pompe due à son mérite. Plus heureux que *Léonard de Vinci* qui ne vint en France dans un

---

(1) L'empereur l'ayant un jour aperçu à pied par un mauvais temps, le fit appeler, et lui demanda pourquoi il s'exposait ainsi à son âge; sur sa réponse très-spirituelle, l'empereur lui envoya une voiture qu'il a toujours conservée.

âge très-avancé que pour mourir entre les bras d'un grand Roi, *Doyen* eut encore le loisir d'employer avec fruit ses talents pendant les dernières années de sa vie dans le pays qui devait conserver sa cendre.

Puis-je cesser de parler des talents de ce maître sans m'arrêter encore sur celui qu'il possédait à un degré éminent, de disserter savamment sur son art et sur les véritables principes de la composition. Peu de peintres ont peut-être autant médité que lui sur cette partie de l'art qui règle le génie dans ses opérations, qui sait imposer des lois à l'enthousiasme immodéré. Il s'était fait des règles certaines d'après ses observations sur les grands maîtres qui avaient mieux réussi dans cet heureux arrangement des plans et des groupes, qui ne peut être l'ouvrage du hasard ; cet intéressant accord qui parle à l'ame par les yeux, comme l'harmonie des sons sait captiver et enchanter le sens de l'ouïe ; cette science d'éviter la monotonie si fastidieuse dans les ouvrages des arts, qui apprend à cadencer, à varier les attitudes et à grouper heureusement les figures sans contrainte ni roideur, telle que *le Poussin*, *Bourdon*, *le Brun* et *Jouvenet* l'ont pratiquée parmi nous.

Doué d'une heureuse fécondité, *Doyen* ne fut point étranger aux différents genres de peinture. On l'a vu souvent se délasser du genre de l'histoire en peignant des tableaux dans le goût du *Benedette* et d'autres maîtres agréables ; il eût peint aussi très-bien le paysage ; semblable en cela à *Bourdon* dont il faisait grand cas et qu'il proposait à ses élèves comme un véritable modèle à suivre pour apprendre à bien traiter un sujet.

Jetons maintenant un coup d'œil sur les qualités personnelles qui le firent chérir et estimer de ses amis. Je n'entrerai point dans tous les détails de sa vie privée. Je dirai que jamais il ne s'engagea dans les liens du mariage par un certain amour de la liberté, quoiqu'il enviât souvent le sort de deux époux bien unis, entourés de nombreux enfants qu'il chérissait et qu'il traitait avec beaucoup de complaisance. Sans luxe et sans faste, il joignait à un extérieur simple beaucoup de gaieté d'esprit et de bonhomie. Il parlait avec une extrême facilité ; personne n'avait de plus heureuses saillies, sur-tout lorsqu'il était excité par une conversation animée.

Si sa trop grande franchise lui occasionna des ennemis dans la médiocrité, qu'il ménagea peut-être trop peu, on le vit toujours louer avec chaleur tout ce qui portait l'empreinte du génie. Personne n'aima plus que lui à rendre justice aux grands talents et au mérite distingué : aussi fut-il lié avec tout ce qu'il y avait d'habiles gens dans les sciences, les lettres et les arts. En est-il une preuve plus éclatante que ses liaisons intimes avec *Diderot*, *d'Alembert*, *Pigalle*, *Ducis*, *Sédaine*, *Cars*, le *Bas*, *Mariette*, le plus savant amateur de France, la célèbre *Clairon*, *Colardeau* avec lequel il passa une partie de sa vie, et qu'il aima et consola jusqu'au dernier soupir ; *Vernet*, *Chardin*, deux des plus illustres artistes du siècle dernier, qui l'honorèrent de leur estime et de leur amitié; *Bailli*, le trop malheureux *Bailli*, le compagnon, l'ami de sa jeunesse, qu'il voyait tous les jours, et pour lequel il avait une amitié sincère. A ce nom, il me semble encore voir couler ses larmes. Que de chagrins a

dû

de lui causer la fin tragique de ce savant, son meilleur ami.

Doyen ne pouvait aimer pour peu, et celui auquel il accordait son amitié avait droit d'attendre de lui tous les services. Jamais on ne le sollicita en vain ; on l'a vu quitter ses affaires personnelles et ses travaux pour appuyer de tout son crédit la demande de l'homme qu'il savait être dans le malheur, ou la victime de l'injustice.

Entrait-on dans son atelier, on y trouvait un père au milieu de sa famille ? Plusieurs personnes recommandables par leur rang et leur fortune, ne dédaignèrent pas de s'y ranger au nombre de ses élèves. Un prince, protecteur des arts, voulut aussi prendre de ses leçons et créa dans son école des prix d'encouragement pour ceux qui réusissaient le mieux à rendre un sujet proposé : ses élèves le respectaient et avaient pour lui un attachement sans bornes. C'est honorer les talents et la mémoire d'un tel maître que de citer parmi ses meilleurs élèves, MM. *Valenciennes* et *le Thiers*, ce dernier a été directeur de l'école de France à Rome ; plusieurs autres sont allés exercer leurs talents dans les pays étrangers.

Malgré son grand âge, *Doyen* n'avait cessé de travailler, son génie seul ne vieillit point ; mais ses infirmités augmentant chaque jour, il se vit obligé d'abandonner sa palette et ses pinceaux. Il ne put achever un dernier plafond qu'il avait commencé quatre ans avant sa mort, lequel, suivant des témoins authentiques, n'aurait pas été inférieur à aucune de ses productions. Après avoir passé plus de seize ans en Russie, dont une grande partie fut constamment employée à l'exercice de son art, *Doyen* est descendu au tombeau le 5 Juin 1806, à l'âge de quatre-vingt-deux ans, emportant avec lui les regrets de tous ceux qui l'ont connu.

Doyen s'est délassé de ses importants travaux par des tableaux de chevalet très-agréables et pleins de goût, d'une touche spirituelle et toujours propre à la chose.

Plusieurs de ses productions très-ingénieuses sont placées avec distinction dans les collections des amateurs, où elles soutiennent toujours la réputation qu'il s'est acquise par ses grands tableaux.

SUBLEYRAS (Pierre),

Né à Uzès , mort à Rome en 1749.

RIVALZ (*Antoine*), peintre célèbre de Toulouse , forma les talents de *Subleyras* , le meilleur élève de son école , et qui y acquit assez de réputation pour être chargé d'exécuter plusieurs grands plafonds dans sa patrie , qui lui firent beaucoup d'honneur.

Il vint à Paris avec des talents formés et il se trouva fort au-dessus des autres élèves qui se présentèrent comme lui pour concourir au grand prix de Rome ; aussi l'emporta-t-il sur ses rivaux avec une telle supériorité , que son prix eût pu facilement lui ouvrir les portes de l'académie de peinture (1).

Subleyras partit pour l'Italie en 1728 , où sa réputation s'établit facilement , et où son mérite ne tarda pas à le faire distinguer du nombre des jeunes peintres qui arrivaient annuellement pour se perfectionner dans cette patrie des beaux arts.

Plusieurs grands ouvrages de marque lui méritèrent la protection du pape et l'estime générale des principaux personnages de Rome qui s'empressèrent de le faire travailler.

Il fut chargé de faire pour l'église de Saint-Pierre un très-grand tableau , par l'entremise et la protection du cardinal Valenti de Gonzague , secrétaire d'état , et grand connaisseur , qui lui donna en toutes

---

(1) Le sujet de ce tableau est le Serpent d'airain , placé aujourd'hui dans le musée du Louvre , avec plusieurs autres ouvrages du même.

occasions des preuves sensibles de son estime pour
sa personne et ses talents.

Benoît XIV qui accordait une protection particulière à l'auteur, ordonna qu'il fût exécuté en mosaïque ;
il fut exposé dans cette basilique pendant trois
semaines, à la curiosité du public, dont il reçut
l'approbation générale, et il lui mérita les plus
grands éloges de tous les artistes et de tous les
connaisseurs de Rome, avant d'être transporté au
local où s'exécutent les mosaïques (1). C'est peut-être,
dit un savant écrivain sur la peinture, la première
fois qu'on a fait cet honneur réservé aux seuls anciens
maîtres italiens, à un peintre moderne, et de son
vivant.

On cite encore au nombre de ses plus fameux
tableaux, celui de la Madeleine au repas que fait
Jésus-Christ chez Simon le pharisien, qu'il peignit
pour les chanoines d'Asti en Piémont, et qui se trouve
également répété au musée du Louvre en plus petite
proportion, ainsi que celui où l'empereur Théodose
reçoit la bénédiction de Saint-Ambroise, et celui de
Saint-Bruno guérissant un enfant, outre un grand
nombre de tableaux en différents genres. On connaît
de *Subleyras* de jolis petits tableaux de chevalet,
qu'il faisait pour se délasser de ses grands travaux, qui
hâtèrent la fin de cet artiste d'un faible tempérament.

Il est fâcheux pour les amateurs de France, que

---

(1) Ce tableau représente l'Evanouissement de l'empereur
Valence à l'offrande d'une messe célébrée par Saint-Bazile.
L'esquisse en est placée au musée du Louvre, de la hauteur de
quatre pieds sur deux pieds quatre pouces de largeur, ainsi que
quelques autres du même auteur.

ée peintre estimable, dont les ouvrages où respirent la sensibilité et l'esprit, auraient tourné au profit des collections de ce pays, soit resté en Italie ; mais disons que l'air de cette ville convenant mieux à la faiblesse de sa santé qui exigeait une vie tranquille et plus conforme d'ailleurs à l'état d'un peintre qui aimait son art, et le peu de dépense qu'on est obligé d'y faire, tout le détermina à s'y établir.

Il épousa la célèbre signora *Maria-Felice Tibaldi*, très-recommandable par son grand talent pour la miniature.

Il fut reçu peu après à l'académie de Saint-Luc ; honneur réservé aux italiens, et que *le Vouet* seul avait partagé avant lui.

Il donna pour son morceau de réception l'esquisse du repas chez Simon le pharisien, dont j'ai parlé ci-dessus.

On ne peut pas dire que le dessin de *Subleyras* soit d'un très-grand caractère, mais ainsi que son coloris, il est toujours en harmonie avec sa brillante facilité qui coulait de source, et que la nature lui avait donnée ; il n'a jamais paru en faire usage qu'avec modération, et autant qu'elle devenait nécessaire à l'abondance de son génie et à ses productions bien réfléchies, toujours sûres de plaire et de toucher le cœur.

Le pinceau de *Subleyras* est très-gracieux, large et spirituel ; il n'eut pas moins de succès dans le portrait que dans les compositions historiques, aussi fut-il très-occupé à faire ceux des personnes les plus distinguées de Rome, par leurs dignités ou leurs talents. On connaît en France celui de Benoît XIV, par quelques belles copies placées dans divers musées.

Personne ne possédait mieux que *Subleyras* la

théorie de son art , dont il parlait en homme qu'une profonde étude et une longue expérience avaient toujours guidé. Il aimait passionnément les belles lettres, il écrivait avec beaucoup d'esprit , et sa satisfaction était de s'entretenir des sciences mêmes les plus abstraites. La musique le délassait et charmait son caractère mélancolique , qui était peut-être une suite de sa mauvaise santé : aussi cet état de langueur l'empêcha-t-il souvent de jouir des agrémens de la société pendant l'hiver , qui fut toujours pour cet artiste la saison la plus fâcheuse , sur-tout vers ses dernières années.

Ses tableaux d'histoire autant que ses autres ouvrages jouiront long-temps de l'estime bien méritée des véritables connaisseurs , soit par le beau ton de couleur, la délicatesse du pinceau , soit par la belle ordonnance de ses compositions qui serviront à le faire reconnaître , mais leur rareté autant que leur mérite les rendront toujours très-chers (1).

____

(1) L'esquisse du sujet de Saint-Bazile , qui est placée au musée du Louvre , fut vendue à la vente de M. de Boisset , 6,799 livres 15 sols.

Deux jolis petits tableaux , la Courtisane amoureuse et le Faucon , de onze pouces de haut sur huit de large , furent vendus à la même vente , 1,100 livres.

FRAGONARD (Honoré),

Né à Grasse en 1732, mort à Paris en 1807.

FRAGONARD a été l'un des peintres les plus féconds de l'école française, au dix-huitième siècle. Tout à la fois le Lafare et le Chaulieu de la peinture, comme le premier de ces poëtes il a conservé jusque dans un âge avancé tout le feu et la vivaeité de la jeunesse.

Jamais on ne produisit avec plus de facilité, et d'une manière plus originale, que *Fragonard.* Les grâces et les amours animent ses riantes compositions dont le goût n'appartient qu'à lui seul. Tout chez ce peintre ne respire que bonheur et plaisir. Son pinceau flou, léger et délicat n'effleure que la toile et semble se jouer d'un art si difficile. Le faire de *Fragonard* est original et ne ressemble à aucun peintre contemporain : on serait cependant tenté de croire qu'il a cherché à deviner le secret de *Rembrandt* pour l'entente de l'effet et du clair obscur dont il a suivi rigoureusement les lois avec une intelligence extrême. C'est par là, sur - tout, que ses ouvrages seront toujours recommandables, et qu'il conservera une place distinguée dans les fastes de notre école.

Né au pays délicieux où chanta Pétrarque, il en eut la grâce et ce sentiment délicat qui prête à tout un charme inexprimable. On croit voir couler sans cesse au milieu de ses tableaux la source enchanteresse de Vaucluse sous mille formes différentes.

Quoique *Fragonard* ait peint plus ordinairement des tableaux de chevalet et de petite proportion, pour satisfaire l'impatience des amateurs, il a prouvé, en plusieurs occasions, qu'il n'était pas moins propre aux grandes machines. Son tableau de Callirhoé, qu'il peignit pour être exécuté en tapisserie, et qui lui fit tant d'honneur à l'exposition du salon du Louvre, est une preuve convaincante de ce qu'il aurait fait dans la suite (1), et que servi par des circonstances plus favorables, il eût parcouru cette carrière avec distinction. Entraîné par le goût frivole du moment, il fut obligé de céder aux instances des amateurs, qui ne voulaient alors qu'amours et plaisirs. Cependant *Fragonard*, à travers toutes les fantaisies de son siècle, produisit, à différentes époques, plusieurs beaux ouvrages qui furent souvent portés à un très-haut prix.

Ce fut un grand malheur pour cet artiste d'avoir été destiné à l'école de *Boucher*, et d'avoir paru dans un moment où les arts n'étaient plus que les enfans de la mode et du caprice. *Fragonard* fit le voyage d'Italie, mais il y fut plus séduit par le charme qu'inspirent à tous les peintres les sites agréables et pittoresques de cette délicieuse contrée, que par les beautés de l'antique et la majesté des ouvrages des grands maîtres.

Né avec un goût naturel pour le paysage, il fit en ce genre une infinité d'études et de dessins d'une

---

(1) Il fut reçu à l'académie sur ce tableau en 1765; il avait remporté le grand prix de peinture en 1752.

variété et d'un effet admirables. On connaît de lui de simples ébauches que l'on serait tenté de prendre pour de beaux rêves, quand, avec des couleurs vagues et indécises, il trouve le moyen de présenter à l'imagination bien plus qu'il n'a eu l'intention de faire, et d'offrir à l'homme de goût une foule d'idées qu'il croit y apercevoir. Le génie facile de *Frago-nard* se prêtait à tous les genres de la peinture. On l'a vu souvent imiter *Ruisdaal* et d'autres peintres de cette école, à tromper.

Mais quand cet artiste a voulu être lui-même, il a créé des paysages délicieux où l'on retrouve toujours le souvenir et l'image de la nature. Ils sont recom-mandables sur-tout par l'effet surprenant de la lumière, et la belle forme des terrasses. Ses arbres sont touchés avec goût ; il se plaisait souvent à peindre des chênes, dont la forme variée et pittoresque convenait à son génie. Peut-on mieux entendre la magie des ciels qu'il peignait d'une manière exquise, et saisir les beaux effets que la nature ne présente qu'après les orages, ou quand le ciel couvert et nébuleux laisse darder quelques rayons de soleil sur la terre.

Il est impossible de mettre plus d'esprit et de charmes que dans ces scènes familières. Quelle grâce d'expressions dans ses têtes et ses mains de femmes ! Quelle tournure naïve et enfantine il savait donner à ses jolis petits bambins ! Les accessoires, dans ses tableaux, sont toujours peints et placés avec goût et d'une bonne forme.

Combien ce peintre eût mis à profit le talent qu'il avait reçu de la nature, s'il eût paru jeune dans un moment où le bon goût reprenant ses droits, ramena les artistes aux belles formes du dessin, et vers les ouvrages immortels de *Raphael*, de *Léonard de Vinci*, de *Michel-Ange*, trop long-temps négligés.

Fragonard a cessé de vivre ; mais ses tableaux et ses dessins chers aux amateurs de la peinture, rappelleront toujours ses rares talents. Les charmantes eaux-fortes qu'il a gravées d'un goût exquis, seront placées à côté des *Benedette*, des *Salvator* et des meilleurs artistes en ce genre.

Ce peintre n'a point formé d'élèves. Il trouva dans sa famille un talent rare à cultiver, une femme (1) aujourd'hui célèbre parmi les plus grands artistes de son siècle, à laquelle il dévoila les secrets de son art, et dont on admire avec tant d'intérêt, à toutes les expositions, les scènes pathétiques et familières qu'elle rend avec un art et un fini précieux.

Il laissa aussi un fils digne de son nom, dont le talent lui a mérité depuis long-temps une réputation distinguée parmi les meilleurs dessinateurs de nos jours.

Fragonard a joui de son vivant du grand succès de ses ouvrages, non seulement par les amateurs qui s'empressaient de posséder ses productions, mais dans les ventes publiques, où tels de ses tableaux ont été portés à des prix considérables.

Je me rappelle entr'autres avoir vu exposer en vente publique un charmant petit tableau représentant une Visitation, d'un effet si piquant et si harmonieux, qu'il fut enlevé sur le champ, et payé une très-grosse somme.

____

(1) Mademoiselle *Gérard*, peintre célèbre, vivante.

Cet artiste avait souvent d'heureuses inspirations qui semblaient l'élever au-dessus de lui-même, et comme il a été le créateur de son genre et de sa manière d'opérer, il est bien difficile de pouvoir le confondre avec aucun des peintres de la même école et du même siècle.

Ajoutons que la composition de son tableau de Callirhoé est riche d'expression, échauffée jusqu'à l'enthousiasme, qu'elle fut reçue du public avec exclamation. Il faut avouer que l'entente de la lumière y est admirable, et que ce tableau eût suffi pour le placer au rang des meilleurs peintres de son siècle.

Quelques autres sujets noblement choisis l'annonçaient dans la carrière brillante de l'histoire, et comme un athléte supérieur, si la mode et le mauvais goût du siècle ne l'eussent détourné de ses études sérieuses.

Il se laissa entraîner à peindre les passions vives, et sur-tout celles de l'amour.

L'Arioste, Bocace et la Fontaine furent ses inspirateurs. Ingénieux et spirituel, il rappelle dans ses délicieuses productions la fraîcheur du coloris de ses grands modèles.

On connaît assez les jolies estampes qui ont été gravées en ce genre d'après ses compositions agréables.

ROBERT (Hubert),

Né à Paris en 1752, mort dans la même ville
en 1808.

Robert fut un de ces génies privilégiés qui, ayant reçu de la nature une extrême facilité pour l'exercice de leur art, et une constitution forte et robuste, ont traversé une longue carrière comme une promenade agréable, sans avoir rencontré de difficultés, sans avoir jamais éprouvé les infirmités de la vieillesse qu'ils n'aperçoivent que dans une perspective très-éloignée.

Depuis *Teniers*, qui a été le plus abondant des peintres, aucun autre n'a produit peut-être avec plus de facilité et d'effervescence de génie, que *Robert*. Quel peintre, si l'on n'en excepte l'immortel *Vernet*, a conservé plus long-temps cette faculté qui crée sans s'épuiser, et qui, semblable à une source abondante, n'a cessé d'enrichir les arts de productions aussi variées qu'agréables !

Le pinceau de *Robert* a retracé tout ce que l'antiquité a élevé de plus grand et de plus merveilleux. Son génie, riche de toutes les études de sa jeunesse, a reproduit, sous mille formes différentes, les édifices et les temples dont les restes fameux attestent encore aujourd'hui la grandeur des grecs et des romains.

Si les tableaux de *Robert* réjouissent l'œil par l'élégance de ses compositions et par la finesse et la légéreté de son pinceau, ils répandent aussi dans l'ame une sorte de mélancolie en la promenant sur

les débris épars d'une longue suite de siècles accu-
mulés. Ils rappellent à l'œil de la méditation que
jadis une multitude vivante animait ces enceintes
abandonnées ; qu'en ces murs où règne un morne
silence, retentissaient sans cesse le bruit des arts,
les cris d'alégresse et les fêtes.

Robert est le premier peintre de l'école française
qui ait cherché à rendre avec vérité la chute et les
ruine des monuments. Ceux qui l'avaient précédé
dans la même carrière, s'étaient plutôt exercés à
peindre de l'architecture nouvellement démolie, qu'à
rendre la véritable physionomie des édifices ravagés
par la faulx du temps.

Il ne chercha point à imiter ses prédécesseurs, et
il se fit un genre absolument à lui. Il prit la nature
pour guide, elle l'avait créé peintre et elle lui inspira
un genre de couleur qui rend parfaitement celle des
monuments en ruines. Le mélange adroit et le parti
qu'il a su tirer des tons gris et jaunâtres contribuent
à faire des oppositions charmantes avec le verdâtre
des bronzes et la couleur rouge violacée des granits
antiques, qui donnent à ses tableaux une harmonie et
une variété de teintes qui plaisent à l'œil.

La manière de composer de ce peintre et de disposer ses masses, produit un effet piquant. La perspective aérienne qu'il a parfaitement observée, contribue aussi à rendre ses fonds vagues et vaporeux :
rien de plus magique et qui respire davantage un
certain air de féerie, que ses jardins de Rome, ses
cascades, ses jets d'eau lancés avec force et profusion dans le vague de l'air, dont la vapeur humide
et transparente comme une gaze légère, répand un

brouillard argentin sur tous les objets des environs;

Robert, pendant son long séjour en Italie, dessina
et peignit tout ce que ce pays intéressant offre de
sites et d'objets à l'œil de l'artiste studieux et observateur. Il n'est pas de monuments qu'il n'ait dessinés
de tous les points de vue possibles ; pas de jardins
publics et particuliers dont les sites variés et pittoresques n'aient enrichi son porte-feuille.

Il vécut en Italie avec l'ingénieux *Fragonard* et
avec *Saint-Non*, amateur distingué et passionné pour
les arts. Le même goût qui les entraînait tous trois
vers l'étude, les unit ensemble pour la vie ; ils
n'eurent plus qu'une même volonté, qu'un même
désir, celui de voir, d'admirer et d'observer tout ce
qu'ils rencontrèrent de pittoresque dans cette délicieuse
contrée.

Inspirés par le dieu du goût, ils s'électrisaient
ensemble à la vue des merveilles qu'ils remarquaient
de toutes parts ; tout devient prestige et féerie en
passant sous leurs crayons créateurs.

Saint-Non qui avait une prodigieuse facilité et un
goût exquis pour la gravure à l'eau-forte, les suivait,
pour ainsi dire, la pointe à la main, et traduisait à
mesure qu'ils inventaient : aussi n'a-t-il pas peu contribué à enrichir les amateurs des charmantes productions de ces deux peintres amis.

Les études et les tableaux que *Robert* rapporta
d'Italie, le firent paraître à Paris comme un phéno-
mène nouveau : ils rappelaient la mémoire des grands
monuments, et les lieux enchanteurs de cette contrée ;
en fallait-il davantage ?

Ses premiers tableaux eurent le plus grand succès

dans les différentes expositions au salon du Louvre, et ne tardèrent pas à lui mériter une place à l'académie de peinture, dont il devint ensuite conseiller. Son tableau de réception est fait pour l'immortaliser, par le bel ensemble, le choix des beaux monuments, et sur-tout par un effet grandiose qui charme et qui surprend : on y voit, comme objet principal, ce fameux Panthéon, reste entier de la grandeur des romains et qui honore à jamais le nom du généreux Agrippa qui le fit élever à ses frais. Sans vouloir préjuger ne pourrait-on pas espérer de voir un jour cet excellent morceau placé parmi les chef-d'œuvres de l'école française du musée du Louvre, où les grands artistes jouissent, après leur mort, des honneurs de l'immortalité? Le génie de *Vernet* qui voltige dans cette enceinte lui ferait l'accueil du bon voisinage ; ils furent nourris tous deux à la même école.

Robert a éprouvé ce qui arrive à tous les artistes qui produisent avec trop de facilité, et dont le génie prompt à enfanter ne connaît point de bornes. A peine un tableau était-il ébauché, que de nouvelles pensées plus ingénieuses encore couvraient déjà d'immenses superficies : aussi la postérité toujours juste saura-t-elle faire un choix parmi les productions de ce laborieux artiste ; elle le vengera de ce qu'une trop grande multiplicité d'ouvrages faits la plupart à la hâte, mais toujours marqués au coin du goût, l'ont placé souvent au-dessous de sa réputation.

C'est une vérité incontestable que si *Robert* eût été moins prodigue de son talent, il eût plus fait pour sa réputation et pour sa fortune, dont il ne s'occupa point assez ; mais ses bons ouvrages faits en Italie et dans les premières années de son séjour en France, ceux qu'il a terminés avec soin, seront toujours appréciés, et mériteront une place honorable parmi les meilleurs de l'école française. Il est beaucoup de tableaux de ce maître peints avec une légéreté et une finesse de touche, un transparent qui lui étaient particuliers, et qui le rapprochent souvent de *Teniers* pour la finesse du pinceau, sans avoir jamais approché de la richesse de couleur du peintre flamand.

Composés toujours avec goût et avec noblesse, ils offrent des effets de lumière séduisants, et ce qui prouve en faveur de l'artiste combien il avait étudié les effets différents de la nature, c'est la variété de ses ciels, où l'on reconnaît les différentes heures du jour. C'est toujours ce prestige qui plaît dans les tableaux de *Robert*, quoique souvent peu terminés, sans pouvoir se rendre raison du plaisir qu'ils causent.

Le nombre de ses dessins, aussi précieux pour l'homme de goût que ses tableaux, est immense ; ils sont répandus dans tous les porte-feuilles de l'Europe. Loin de ressembler à certains artistes, il les abandonnait volontiers à l'amateur qui paraissait en faire cas et les désirer, persuadé que son génie réparerait aussitôt ces pertes passagères. C'est ainsi qu'abusant de sa faiblessse et de son extrême générosité, il est maint amateur qui est parvenu à en accumuler d'immenses collections.

Ses dessins sont, pour la plupart, à l'aquarelle, légérement coloriés sur un facile et large trait de plume souvent au bistre ; d'autres hachés librement à la pierre noire ou à la sanguine, se font connaître

assez

assez par la liberté du crayon et le feu qui les animent. Ils seront un jour conservés aussi précieusement qu'il les laissait échapper facilement de ses mains libérales.

Cet artiste joignait à ses talents de grandes qualités sociales, une belle ame et une franchise aimable qui lui conservèrent de véritables amis. Son caractère paisible et son extrême assiduité au travail ne purent le dérober aux suites funestes de l'orage politique qui avait obscurci l'horizon de la France, sa liberté lui fut ravie ; mais on ne put enchaîner son génie et son talent : sa palette le consola de ses malheurs passagers, et il ne cessa de peindre. Tout devint alors propre à l'exercice de son art, et il est tel de ses ouvrages faits sur des meubles du plus commun usage, qui seront un jour des monuments précieux pour l'histoire du temps (1).

Il peignait encore lorsqu'une attaque d'apoplexie l'a enlevé aux arts et à ses amis, à l'age de soixante-quinze ans, le 14 avril 1808, après avoir donné l'exemple de la plus grande aptitude au travail.

La manière de *Robert* est si aisée à reconaître que je crois inutile d'entrer dans aucuns détails sur le genre distinctif de cet artiste, c'est aux vrais amateurs à faire le choix de ses plus belles productions.

____

(1) Il peignit dans sa prison de jolis tableaux sur des revers d'assiettes.

LOUTHERBOURG (Jacques-Philippe),

Né à Strasbourg en 1733 , mort en Hollande en 1804.

LOUTHERBOURG , né avec le sentiment de la peinture arriva jeune encore à Paris , mais avec un talent déjà formé , et il s'y fit bientôt connaître par des paysages et des animaux qui frappèrent les amateurs par la nouveauté de sa manière de peindre , par sa couleur très-fraîche et très – agréable. *Loutherbourg* peignait les ciels admirablement , la forme de ses nuages était grande et transparente ; il savait répandre une vapeur générale dans ses paysages , surtout dans les tableaux où il a représenté le matin , qui semblent encore tout couverts de rosée et enveloppés de légers brouillards ; on croit sentir l'air frais qui s'annonce au lever du soleil , et qui précède une belle journée (1).

Chaque conception de *Loutherbourg* était marquée par de nouveaux applaudissements du public aux expositions , mais ce qui dut causer une surprise extrême parmi les peintres et les amateurs , ce fut de voir quelque temps après *Loutherbourg* présenter des tableaux de marines.

On vit, non sans un grand étonnement , l'exposition inattendue de plusieurs de ces nouvelles conceptions d'une fraîcheur et d'une vérité surprenantes , et

(1) *Loutherbourg*, dès son arrivée à Paris, acquit une réputation qu'il conserva pendant plusieurs années qu'il passa dans cette capitale. Ses tableaux firent long-temps l'ornement des diverses expositions du Louvre. Il avait été reçu à l'académie en 1763, sur un tableau de bataille.

Loutherbourg rivaliser avec le célèbre peintre si connu en ce genre.

Les tableaux de marines de *Loutherbourg*, traités d'une tout autre manière que ceux de *Vernet*, n'en étonnèrent pas moins par la vérité de ses mers agitées, de ses tempêtes qui glaçaient d'effroi, en même temps que l'on croyait se sentir mouillé par l'écume qui s'élève des vagues, et par une certaine humidité générale que j'appellerai une poussière d'eau, si sensible pour ceux qui ont voyagé ou qui ont long-temps habité le bord de la mer.

Si *Vernet* étonna par ses tempêtes de la Méditerranée, *Loutherbourg* ne surprit pas moins par la représentation des horreurs de la mer Baltique, et par les dangers qu'éprouvent les vaisseaux qui parcourent les mers du nord, dont il avait justement saisi la forme et les agrès.

Loutherbourg, comme je l'ai annoncé d'abord, peignait aussi des paysages avec la naïveté de la nature, et d'une couleur fraîche, peut-être un peu trop sentie dans les beaux verts, mais qui rappellent les sites sauvages de l'Allemagne ; il y ajoutait assez souvent des scènes familières de pâtres, de troupeaux de toute espèce, qu'il peignait avec goût, mais avec sa manière à lui.

Il ne réussit pas moins dans les chasses et les batailles ; on le vit peindre aussi avec le même succès des intérieurs d'écuries remplies d'animaux d'un grand effet.

Les tableaux de *Loutherbourg* sont répandus dans toutes les belles collections, où ils plairont toujours par la fraîcheur du coloris, par une touche large, onctueuse , facile et agréable , qui se remarque sur tous les objets qui les composent , joignez à ces avantages qu'on reconnaît , malgré la manière séduisante que ce peintre avait adoptée, tout le sentiment de la nature très-bien observée. Telle était , dit-on , son extrême facilité , qu'il peignait beaucoup mieux de souvenir que devant la nature ; effet singulier et rare des génies bouillants dont les annales des arts offrent quelques exemples ! *Le Lorrain* , lui - même , le prince des paysagistes , ne travaillait jamais mieux que dans le secret de son atelier , où sa mémoire heureuse lui retraçait fidellement ce qu'il avait long-temps observé (1).

Il est facile de reconnaître les productions de *Loutherbourg* à une couleur fraîche et brillante , à des verts peut-être un peu exagérés , à des ciels pétillants , souvent ornés de nuages de belle forme , à une façon particulière de dessiner et de peindre les moutons , les vaches parmi lesquelles il est rare de ne pas voir un jeune taureau blanc qui sert à former le foyer de la lumière.

Ses tableaux de marines sont également reconnaissables par une fraîcheur de couleur admirable et se distinguent facilement de ceux de *Vernet* auxquels ils ne ressemblent nullement, soit par la forme des vaisseaux, soit par la tournure des figures ; ses vagues produisent un mouvement qui semble vouloir repousser le spectateur par cette écume qui se répand sur le rivage au moment de la marée et lorsque la mer est poussée par un grand vent.

____

(1) Je me garderai bien de proposer de semblables exemples à tous ceux qui sont destinés à parcourir la carrière des arts.

On serait tenté de croire, en examinant les tableaux de *Loutherbourg*, qu'il aurait connu *Diétricy* dans sa jeunesse, ou qu'il en aurait reçu quelques principes, tant sa façon de peindre approche de celle de cet artiste distingué.

Il est vrai de dire que l'on retrouve en général dans les ouvrages des habiles peintres de l'Allemagne et de la Suisse, un certain air de famille, le même faire gras et moelleux qui semble héréditaire aux artistes de ces contrées. Il y a toujours une teinte de ressemblance qui annonce d'abord l'école.

Ce que l'on peut dire en leur faveur c'est que la manière des paysagistes allemands, ainsi que celle de toucher le feuiller des arbres, est extrêmement attrayante. Serait-ce parce que ces peintres inspirés par l'aspect neuf et agreste de ce pays, sont plus à portée d'observer la nature encore pour ainsi dire dans son état primitif, ce qui se rencontre plus rarement dans plusieurs contrées de notre France, où la culture, la manie de changer et de tout réformer, donne en général à nos campagnes une physionomie moins pittoresque ; je parle sur-tout de celles où sont établies des fabriques, des usines, des manufactures qui n'offrent que des lignes, et où l'industrie livre une guerre continuelle à la nature.

On sait aussi que *Loutherbourg* n'a pas moins mis de talent et d'adresse à graver à l'eau-forte diverses estampes pleines de goût, parmi lesquelles on distingue les quatre Heures du jour, divers paysages, intérieurs d'écuries et une longue suite de soldats à la manière de *Salvator Rosa*, lesquelles seront toujours chères aux amis du bon goût.

LEPRINCE (Jean-Baptiste),

Né à Metz en 1733, mort en 1781.

LE PRINCE, issu d'une famille où le goût des sciences et des arts était héréditaire (1), devait en recevoir l'inspiration naturelle ; aussi témoigna-t-il très-jeune encore une forte inclination pour le dessin.

Après en avoir reçu les premiers principes dans sa patrie, il vint à Paris, et il entra dans l'école de *Boucher*, auquel il avait été recommandé. *Le Prince* né avec du génie, et sur-tout avec beaucoup de goût, s'électrisa bientôt à l'inspiration brûlante de son maître.

Après avoir passé quelques années dans cette école, une circonstance particulière vint l'enlever de Paris pour le transporter dans des climats éloignés. Il était question alors du voyage de l'abbé Chappe en Sibérie, pour aller faire une observation astronomique, et le jeune *le Prince* fut choisi pour faire partie de l'expédition en qualité de dessinateur et peintre. Le voilà transporté dans les climats hyperboréens au milieu des neiges et des frimats, mais où son génie loin de se refroidir trouve une nouvelle occasion pour se livrer à l'étude des mœurs, des usages et des costumes

----

(1) Il était frère puîné de madame *le Prince de Beaumont*, auteur du Magasin des enfants et des adolescents, d'un frère qui a joui de la réputation d'excellent musicien, jouant du violon avec toute la grâce dont cet instrument est susceptible ; ils sont morts tous deux depuis long-temps.

des peuples divers répandus sur la grande étendue de ces déserts.

Il y séjourna long-temps, ainsi que dans les capitales de l'empire de Russie (1) et de Moscovie, et autres villes.

Le Prince qui avait pénétré jusqu'aux bornes de l'Asie, fit paraître à Paris un spectacle tout nouveau pour les français, en revenant chargé d'un grand nombre d'études et de tableaux charmants, d'un coloris brillant et frais, touchés avec beaucoup de goût et d'esprit.

Il offre aux diverses expositions du Louvre les modes, les usages, les caractères de physionomie singulière de cette variété de nations qui couvrent l'immense Russie depuis la Néwa et le mont Caucase jusqu'aux bords de la mer Caspienne, et l'on vit paraître avec surprise les costumes civils et militaires, et la représentation des cérémonies religieuses, les foires, les marchés, les exercices et les jeux de peuples aussi variés d'ajustements que de physionomie. Tout ce que ces contrées lointaines peuvent offrir de singulier et de curieux fut passé en revue dans les conceptions nouvelles de *le Prince* (2).

L'académie royale de peinture qui le reçut dans son sein, dut faire un bon accueil à un talent aussi

---

(1) Il peignit pendant son séjour à Saint-Pétersbourg, la vue du port de cette ville, d'une assez grande proportion, qui a été gravée depuis à Paris.

(2) *Le Prince* ne se contenta pas de revenir chargé d'études, il avait aussi apporté avec lui une immense collection d'habits, de vases, de meubles à l'usage de ces différents peuples, qui lui ont servi à en conserver la représentation véridique dans tous les tableaux qu'il fit après son retour en France,

agréable qu'étranger, et dont rien n'avait offert d'exemple en France. Il donna pour sa réception un tableau représentant un Baptême russe, qui lui fit beaucoup d'honneur ; la pensée fut trouvée neuve. Les yeux fatigués depuis plusieurs années du système exagéré qui régnait dans l'école, se reposèrent avec délices sur cette auguste cérémonie du rite grec.

Le costume des prêtres, très-différent de ceux de l'église latine, l'ordre et le silence qui paraissaient présider à cette scène religieuse du christianisme, rappelaient dans un autre mode les conceptions des grands maîtres qui se sont occupés de sujets religieux avec ce caractère de simplicité et d'éloquence qui distingue leurs pensées.

Le Prince sut répandre dans cette production, ainsi que dans ses autres tableaux, un charme qui séduisait, joint à un heureux choix dans l'invention ; mais on ne peut disconvenir qu'il y manque je ne sais quoi pour le spectateur qui cherche à trouver dans une scène quelque chose au profit des sentiments, enfin ce qui constitue l'ame et la vie.

Les figures de *le Prince* dans ses tableaux de conversation ou de la vie privée, paraissent assez souvent insensibles, elles ne respirent point, mais elles sont placées avec soin et avec tout l'art du compositeur, on croirait qu'il a sacrifié la vie et l'expression au charme du pinceau. Malgré ces reproches, les succès de *le Prince* ont été mérités par une exécution facile et soignée, dont l'école de France n'avait point offert d'exemples avant lui dans les petits tableaux de cabinet. L'émulation qu'ils ont fait naître a excité beaucoup d'artistes à l'imiter, et quelques-uns de ceux qui lui ont succédé brillent encore de nos jours.

Le Prince a peint des intérieurs de corps-de-garde, et c'est dans ce genre de tableaux qu'il a placé plus d'effet, d'entente de lumière et de vigueur dans le coloris (1). Il a peint aussi des paysages pleins de goût et touchés avec beaucoup de finesse ; on y remarque sur-tout une certaine manière qui lui est propre pour rendre le feuiller du chêne avec art et une grande vérité.

Le Prince à peine de retour à Paris, se fit bientôt connaître par l'air de nouveauté de ses tableaux qui devinrent l'objet du désir des amateurs ; aussi, peu de peintres ont été plus occupés que *le Prince*.

Il a composé un grand nombre de pastorales, et divers sujets champêtres de ces contrées alors à peine connues du reste de l'Europe. Ses tableaux d'un coloris brillant plairont toujours, ainsi que ses paysages, sur-tout ceux de sa seconde époque. Les rigoristes reprochèrent à ses premiers un peu de manière et trop de luxe de pinceau. Quoique touchées avec esprit, ses diverses conceptions se ressentaient encore de la teinte et de la manière, je dirais même de la minauderie de l'école qui l'avait formé, et que de longs voyages n'avaient pu lui faire oublier tout-à-fait.

Le Prince en homme de génie plein d'amour pour son art, s'aperçut bientôt qu'un coloris brillant ; qu'une touche spirituelle sans la vérité, ne pouvaient

---

(1) On voit au musée du Louvre deux tableaux de corps-de-garde, de *le Prince*, du meilleur effet, et son Baptême russe.

lui assurer une réputation durable ; et il résolut de ne pas s'écarter de l'étude de la nature (1).

On ne tarda pas à s'apercevoir du changement opéré dans sa façon de traiter le paysage , à chaque nouvelle exposition les éloges du public vinrent couronner ses heureux efforts , et les amateurs ne virent plus dans *le Prince* que l'élève de la nature , auquel il n'a manqué qu'une meilleure santé , laquelle , délabrée dans son long et pénible voyage , ne pouvait lui permettre une très-longue existence , aussi la mort le ravit-elle aux arts encore dans la force de l'âge.

On avait vu paraître dans les dernières années de sa vie , aux expositions du Louvre , de jolis tableaux de scènes de villages , de cabarets , de foires , ornés d'une foule de petites figures et d'animaux , touchés avec tant d'esprit , qu'ils le disputent à *Wouwer-mans* et aux autres peintres de l'école hollandaise dans les mêmes genres ; et il est à présumer qu'il arrivera un temps où ceux de *le Prince* pourront les remplacer.

Ce que l'on aura peine à croire , c'est qu'un artiste qui a fait autant de tableaux que *le Prince* dans sa courte carrière , ait pu trouver encore assez de moments pour produire ce nombre considérable de gravures à l'eau-forte , où l'on découvre autant de goût , d'esprit et de finesse , que dans la touche de son pinceau (2).

---

(1) Il acheta une jolie petite habitation dans un site très-pittoresque sur les bords de la Marne , où il passait toute la belle saison , et c'est là que la palette à la main , il ne s'occupa plus qu'à observer les beaux effets de la campagne , et à les saisir sur le fait.

(2) On connaît divers cahiers de figures retraçant les costumes

Mais ce qui lui assure la reconnaissance des amis des arts , c'est une nouvelle découverte d'une manière de graver au lavis, dans laquelle il a joint l'exemple au précepte , en produisant dans ce nouveau genre beaucoup de sujets , parmi lesquels on distingue sur-tout l'estampe où il a représenté Jésus-Christ dans le temple , au milieu des docteurs , production qui peut le disputer à *Rembrandt* pour le grand effet. (1)

de la Russie et de la Sibérie, des pastorales , des intérieurs de famille de paysans avec leurs diverses habitudes.

(1) Plusieurs de nos meilleurs graveurs se sont occupés à produire aussi de très-jolies estampes d'après les tableaux de *le Prince*, soit en sujets de conversation, soit en paysages. La plus considérable en ce genre est celle gravée par *François Godefroy*, si répandue sous le titre des Nappes d'eau , dans laquelle cet habile graveur a rivalisé avec le peintre par la finesse de sa pointe, la force de son burin et par l'harmonie qu'il a su répandre sur cette charmante estampe , laquelle a contribué aussi à la réputation si bien méritée du graveur qui avait déjà donné des preuves de ses talents distingués.

GREUZE (Jean-Baptiste),

*Né à Tournus en Bourgogne en 1734 , mort à
Paris en 1807.*

UN artiste qui a consacré sa vie entière et ses
grands talents à retracer l'image de la vertu, a dou-
blement droit à l'estime de son siècle et aux honneurs
de l'immortalité.

Greuze voulut, en peignant les différents événements de la vie humaine, inspirer l'amour du bien
et la haine du vice. Il fut du petit nombre des hommes
qui ne durent leur talent qu'à eux seuls , et il n'eut
d'autre maître que la nature dont il s'est montré le
plus fidelle imitateur.

Greuze créa un genre en peinture inconnu en
France avant lui, celui de la vie privée , dans lequel
les peintres de l'école flamande et hollandaise avaient
développé beaucoup de talents ; mais il y ajouta une
sorte de noblesse qui leur avait manqué. *Greuze* n'alla
point chercher ses modèles sous les lambris dorés de
l'opulence , ce fut sous le modeste toit de la médiocrité qu'il trouva l'image du bonheur et les sujets des
scènes patriarcales , qui font autant d'honneur à la
bonté de son cœur qu'à la supériorité de son talent.

Il voulut, peindre la vie du peuple ; c'est là qu'il
trouva la nature sans masque et la véritable physionomie de l'homme avec ses vertus et ses vices. *Greuze*
puisa dans cette classe laborieuse tous les sujets de
ses intéressants tableaux.

Après avoir médité long-temps dans le silence ,

pour deviner les secrets de la nature, il parut tout-
à-coup et débuta par un prodige. L'académie surprise
de n'avoir pas formé le nouveau peintre, se demandait
avec étonnement : D'où vient-il ? De qui est-il élève ?
Quel pays l'a vu naître ?

Le premier tableau qu'il produisit au jour, fut un
triomphe complet pour cet artiste, qui jeune encore
osait à peine lever les yeux sur ses juges. Le Père de
famille qui explique la bible à ses enfants, étonna
tous ces peintres, par la nouveauté du style et la
perfection de ce tableau où se trouvent réunies toutes
les qualités essentielles en peinture ; pureté de dessin,
force d'expression, caractères de têtes de la plus
grande beauté, une couleur riche et vraie ; c'est
l'image de la nature, et de la nature toute simple.

Ce merveilleux tableau fut acheté par un amateur
dont le souvenir sera cher à jamais. Cet homme
respectable joignait à la qualité d'amateur, celle
bien rare d'aimer les artistes pour eux-mêmes. Il
fut le premier qui eut l'idée grande et noble de
former son cabinet uniquement des productions des
peintres français, ses contemporains ; exemple qui eût
dû trouver bien des imitateurs parmi les riches de la
nation. Quel moyen plus sûr d'encourager les arts
et d'entretenir dans l'école française cette émulation
et ce véritable amour de la gloire, qui créent les grandes
choses, et dont les italiens nous avaient laissé un si
bel exemple !

M. de la Live de Jully fut cet amateur distingué qui
allait découvrir les talents jusque dans leur retraite,
quand le hasard les y laissait ignorés. On ne peut
trop célébrer le nom de l'homme qui acheta cet

étonnant tableau. Il l'expose chez lui aux yeux de tout
ce qu'il y avait d'artistes et d'amateurs à Paris ; il
encourage le jeune auteur en lui commandant de
nouveaux ouvrages qui mettent de plus en plus au
grand jour ses talents, et ne font qu'accroître sa célébrité. De ce moment *Greuze* devient l'idole des
amateurs, son nom est répété de bouche en bouche,
et bientôt il va parcourir la France et l'Europe
entière avec le secours de la gravure, qui ne manque
pas de s'emparer de ses productions naissantes, dont
l'air de nouveauté devient une mine féconde pour
l'art de la chalcographie. Le meilleur graveur d'alors,
Cars, dont les talents sont si justement célèbres,
fut le premier qui voulut transmettre à la postérité
un tableau de *Greuze*, tandis que son habile élève,
Martenasie, s'occupait déjà du magnifique sujet
du Père de famille qui explique la bible, gravure si
connue, qui rend tout l'effet, la couleur et le sentiment du tableau. Jamais estampe n'eut un cours aussi
prompt, et n'a été plus copiée dans tous les genres.
Cet exemple fut suivi par les meilleurs graveurs :
le Bas, le patriarche de la gravure du dix-huitième
siècle, fit paraître plusieurs charmantes estampes
rendues avec cet esprit qui caractérise tout ce qu'il
a fait, ainsi que plusieurs autres graveurs célèbres,
parmi lesquels je citerai avec distinction le modeste
Flipart (1). Quel début glorieux pour *Greuze* ! La
nouveauté du genre, point de rivaux qui viennent
traverser sa gloire ; les artistes l'encouragent, l'académie
l'admet dans son sein avec toute la distinction qu'il

____

(1) Qui a gravé le Paralytique, l'Accordée de village, etc.

mérite. Il n'est que simple académicien et non dans la classe des peintres d'histoire. *Greuze* a la faiblesse d'ambitionner ce titre, il présente un tableau dont le sujet est tiré de l'histoire romaine, il a le désagrément de ne pas réussir. Qu'avait-il à désirer, puisqu'il avait été reçu comme le peintre de la nature, lui qui avait fait paraître tant de talents dans ses tableaux à jamais fameux du Paralytique servi par ses enfants, de l'Accordée de village, du Gâteau des rois, de la Mère bien-aimée, de la Malédiction paternelle, de la Dame de charité, de la Veuve et son curé, où tout rappelle l'image de la sagesse, de la vertu et de la bienfaisance ? Quelle leçon plus terrible pour les fils pervers, que le tableau où cet artiste a peint le retour d'un fils qui, après avoir encouru par ses débauches la malédiction de son père, dont il a abreuvé la vieillesse de chagrins, et qui, revenu de ses égaremments, vole à la maison paternelle pour obtenir sa grâce de celui qu'il a si cruellement offensé ? Mais il est trop tard, son malheureux père expire à ses yeux, sans qu'il ait eu la consolation d'obtenir son pardon : fut-il jamais scène plus déchirante ?

Outre ses principaux tableaux qui lui avaient fait une réputation bien méritée, et dont la fécondité a peu d'exemples, *Greuze* en a fait une prodigieuse quantité d'autres moins considérables, mais où l'on trouve toujours la naïveté de la nature, jointe au charme du coloris et à la franchise de la touche. Il a parfaitement réussi dans les portraits, qu'il rendait avec une étonnante vérité. Rien n'est beau comme ses têtes d'enfants, répandues dans tous les cabinets de l'Europe, parmi lesquelles il en est

plusieurs qui ne le cèdent en rien aux plus belles
têtes de *Vandick*, telles que l'Enfant qui joue avec
un petit chien, si heuréusement gravé par *Porporati*,
l'Enfant au capucin, et tant d'autres qui se soutiennent auprès de celles des plus grands maîtres. Est-il
rien de plus intéressant que la jeune fille qui pleure
la mort de son serin, où l'image de la douleur est
si bien rendue ? Peu de peintres ont été plus fertiles,
et ont autant occupé le burin de nos graveurs modernes, que *Greuze*.

Ses estampes charmantes sont répandues par tout,
et il serait bien à désirer qu'on ne mît jamais sous les
yeux des enfants que de semblables modèles. Ce serait
le moyen de former d'avance leurs jeunes cœurs à la
pratique de la vertu, j'appellerais presque cela des
estampes classiques ; je voudrais qu'elles fussent exposées dans les écoles et dans les lieux d'instruction
publique. Les premières impressions se prennent
bien plutôt par les yeux que par les autres organes,
un grand poëte l'a dit. L'enfant curieux dès l'âge
le plus tendre, accoutumé à voir les bonnes actions
retracées sous ses yeux, les mettrait plus facilement
en pratique dans un âge plus avancé, tandis qu'au
contraire il arrive très-souvent que des objets tout
différents les familiarisent de bonne heure avec des
idées de dissipation et de frivolité déjà bien dange-
reuses pour la jeunesse, quand elles ne produisent
pas d'effets plus funestes encore.

Greuze avait épousé une femme fort jolie, qui
joignait à la beauté une certaine physionomie senti-
mentale et telle qu'il fallait à cet artiste. On la
trouve dans presque tous ses tableaux, ce qui leur
donne

donne un air de famille qui les fait reconnaître au premier coup d'œil. Il avait affecté aussi certains airs de tête, et il a peut-être trop souvent chargé les extrémités de ses vieillards, qu'il dessinait avec beaucoup de vérité, et dans lesquelles il faisait trop briller de science anatomique a force de multiplier les détails ; mais ce faible reproche ne diminue rien de son talent.

Greuze était d'une taille médiocre, il avait la tête forte, le front très-grand, les yeux vifs et bien fendus, une figure spirituelle. Son abord annonçait la franchise et l'homme de génie ; il était même assez difficile de ne pas dire voilà *Greuze*, sans presque l'avoir vu. Il discourait volontiers et avec plaisir sur son art, et souvent dans les endroits publics, avec beaucoup de chaleur et avec la noble fierté d'un homme pénétré de son mérite, sur-tout quand on paraissait vouloir le lui contester. Il se montra toujours très-galant auprès du sexe qu'il idolâtra toute sa vie, et il eut le talent bien rare aujourd'hui de savoir prodiguer des louanges aux femmes, avec cette grâce, cet air affectueux qui leur plaît sans leur causer d'inquiétude. Il eut la délicatesse d'Anacréon, et comme cet agréable poëte de l'antiquité, il effleura les roses du plaisir jusque dans l'âge le plus avancé.

Cet habile peintre a manié le pinceau presqu'au dernier moment de sa vie, obligé de réparer, par un nouveau travail, les pertes qu'il avait faites à la chute du papier monnaie. On voyait avec plaisir plusieurs de ses derniers ouvrages à l'exposition du musée des artistes vivants de l'an 12. On applaudit sur-tout à son portrait qu'il venait de peindre lui-même. Il a terminé sa carrière, à Paris, le 3o Ventôse an 13, à l'âge de plus de soixante-dix-neuf ans ¯, sans avoir formé aucun élève et sans avoir été surpassé , ni même égalé dans un genre dont il est resté le seul possesseur.

Les tableaux de *Greuze* sont aisés à reconnaître au premier examen , par une certaine touche qui lui est propre et qu'il n'a imitée d'aucune école. La nature le créa peintre et il n'eut pas d'autre maître. Son pinceau tantôt lâché , tantôt ferme , suivant les objets qu'il voulait imiter , rend la nature dans toute sa naïveté ; il serait cependant peut-être dangereux de proposer pour exemple sa manière. On aperçoit, en examinant avec attention ses tableaux , que , souvent mécontent de lui-même , il est revenu plusieurs fois sur la même partie , mais avec une adresse extrême et en employant les glacis avec le plus grand succès. Le seul reproche qu'on puisse lui faire , c'est de n'avoir pas assez étudié les draperies ; mais ses têtes sont pleines de vie , les yeux sur-tout ont toute la transparence de la lumière.

Il est malheureux pour notre pays que la majeure partie de ses conceptions les plus capitales , passent de jour en jour chez l'étranger qui nous les enlève à prix d'argent.

Greuze , qui doit être regardé comme le peintre des passions de l'ame , est unique dans l'école française ; il n'a été ni précédé , ni remplacé. On pourrait l'appeler le la Chaussée de la peinture , et par l'énergie de ses caractères le *Hogarth* français.

Il a trouvé dans les diverses expresssions des passions de l'homme , cet art d'enchaîner les événements de toutes les situations du cœur , qui donnent des mœurs et qui les font aimer.

Comme il était né avec une ame élevée, il essaya de faire un tableau d'histoire qu'il présenta à l'académie ; mais à cet égard son ambition fut peut-être trop humiliée par ses confrères, qui auraient dû jeter un voile sur l'erreur du génie, plutôt que de l'irriter.

THÉOLON (Etienne),

Né à Aigues-Mortes en 1739, mort à Paris le 10 Mai 1780.

THÉOLON est un de ces peintres dont la carrière beaucoup trop courte a laissé de vifs regrets aux amis de la peinture.

Il est bien rare d'avoir reçu de la nature un goût plus décidé et aussi exquis pour l'exercice de ce bel art , que *Théolon* qui a mérité une place distinguée dans le nombre des meilleurs peintres qui ont honoré la clôture du dix-huitième siècle.

Ses talents supérieurs et d'un genre nouveau le firent agréer à l'académie royale en 1774.

Formé comme le plus grand nombre des élèves , à l'école d'un peintre d'histoire (1) , *Théolon* suivit cette carrière jusqu'au moment où la nature et le génie reprenant leurs droits , le décidèrent pour un genre qu'il a pour ainsi dire créé , et qui sans doute eût marqué une des époques remarquables dans les annales de notre école.

On ne peut guères assigner de nom particulier au genre qu'avait adopté *Théolon.* Les pensées de ce peintre gracieux ne sont point précisément ce qu'on appelle le genre de la vie privée ou des conversations , quoiqu'il ait paru s'en rapprocher souvent. Son génie , d'une tournure facile , produisait de jolies fantaisies , toujours puisées et étudiées d'après nature , qui plaisent et qui enchantent par un charme inexprimable.

Le caractère particulier de ses tableaux offre un

______

(1) *Vien.*

rendu très = exact de la vérité de la nature , un fini précieux , des attitudes pleines de grâces , une couleur transparente , une touche très-légère et une entente parfaite des effets de la lumière.

On imaginera difficilement quels soins et quelles précautions *Théolon* prenait pour conserver la fraî-cheur et la propreté de ses ouvrages , auxquelles il tenait très-scrupuleusement. Je l'ai vu soigneusement couvrir d'un rideau de taffetas ses jolis petits tableaux sur son chevalet pour éviter la poussière , soit en quittant sa chaise , soit en cessant de travailler.

Le précieux fini que *Théolon* avait adopté dans sa manière de peindre , quoique plus large et plus facile, le rapprochait beaucoup du genre de certains peintres de l'école hollandaise , qui ont poussé plus loin ce degré de perfection. Mais ce qui le met au-dessus de beaucoup de ces artistes , c'est la noblesse qu'il savait introduire dans ses compositions , la tournure pleine de grâces de ses figures de femmes , dont les extrémités et les membres bien dessinés et peints avec vérité augmentaient le mérite de ses charmantes productions.

Le temps que *Théolon* employait à terminer ses tableaux , et la délicatesse de sa santé ne lui ont pas permis de produire beaucoup d'ouvrages ; mais le petit nombre qu'il a exécutés ont été vendus , même de son vivant , un très-grand prix. Je me souviendrai long-temps d'avoir vu payer assez cher un des premiers qui avaient fait sa réputation , c'était un charmant paysage sur le bord d'une rivière où plusieurs jeunes femmes prenaient le plaisir du bain , composition des plus agréables.

Les tableaux de *Théolon* , dont la majeure partie est conservée dans les cabinets , ou passée à l'étranger , sont devenus extrêmement rares ; on en rencontre peu dans les ventes actuelles. Il fut un temps , de son vivant , où ils étaient plus communs et tellement en vogue , que plusieurs ont produit de gros bénéfices à ceux qui en faisaient alors le commerce. On voit au musée du Louvre une tête de vieille femme vêtue de noir , de petite proportion , peinte par *Théolon* , qui ne le cède en rien aux productions de *Rembrandt.*

FIN.

TABLE.

Fin de la Table.

ERRATA du Tome Ier.

Page 22 , en titre , *au lieu de* SAUZIO , *lisez* SANZIO.

Page 74 , ligne 6 , *au lieu de* Il en , *lisez* Il est.

Page 75 , ligne 15 , au lieu de *Van Vlies* , *lisez* *Van Vliet.*

Page 76 , ligne 2 , au titre , *au lieu de* Remi, *lisez* Réni.

Page 85 , ligne 18 , au lieu de *Segueres* , lisez *Seghers.*

Page 138 , ligne 15 , au lieu de *c'était là* , lisez *c'est là.*

Page 288 , ligne 15 , *au lieu de* signes , *lisez* figures.

ERRATA du Tome IIe.

Page 42 , ligne 7 , au lieu de *Saviry* , lisez *Savery.*

Page 152 , ligne 3 , *au lieu de* 1504, *lisez* 1704.

Page 224 , ligne première de la note , *au lieu de* Deuxième volume in-folio, *lisez* Deux volumes in-folio.

Page 245 , ligne 30 , *au lieu de* on , *lisez* ont.

Page 247 , ligne 26 , *au lieu de* le placer, *lisez* la placèrent.

Page 249 , ligne 19 , *au lieu de* homme de justice , *lisez* homme de loi.

9 782329 497099